« Jeune homme, vous ne savez pas
de quoi vous parlez »

DU MÊME AUTEUR

Le Dernier Mitterrand, Plon, 1997.
C'était un temps déraisonnable (les premiers résistants racontent)
Robert Laffont, 1999.

François Mitterrand, *Mémoires interrompus*.
Entretiens avec Georges-Marc Benamou, Odile Jacob, 1996.

GEORGES-MARC BENAMOU

« Jeune homme, vous ne savez pas de quoi vous parlez »

Plon

ISBN 2-259-18726-9

Pour mon fils
Emmanuel Benamou,

A la mémoire d'Albert Cohen
qui me l'avait dit.

Avant-propos

Je pensais en avoir fini avec lui. J'imaginais que le temps ferait son œuvre, que l'éclat de nos rencontres se ternirait, que le souvenir de ses trois dernières années rejoindrait un brouillard lointain, un *sfumato*. Je croyais m'en être affranchi avec *Le Dernier Mitterrand* – mais la scène de sa mort m'avait écrasé. L'image sanguinaire des ortolans, si insoutenable pour les conformistes, m'avait dépassé. Les caprices de la mémoire – et ceux de l'époque – m'ont joué des tours. C'est le contraire qui advint.

Les années fuyaient et il m'accompagnait. Les phrases, les souvenirs, les anecdotes remontaient, avec en arrière-fond, en son absence, les mêmes acteurs, les mêmes polémiques s'alimentant aux mêmes sources. Avec le temps, le souvenir de ce « Dernier Mitterrand », ruminant avec moi son passé, changeait. Il ne se flétrissait pas comme ses ennemis s'empressaient de le croire. Il se complexifiait. Souvent il m'échappait.

Ce qui me fit entreprendre ce livre, c'est la lecture

du *Rapport Gabriel* de Jean d'Ormesson [1]. J'en suivis la glauque polémique sur le « lobby juif » ; j'écoutais les explications de l'académicien ; et surtout j'étais frappé par l'écho jouisseur, parisien, légèrement obscène, à l'annonce de cette révélation : « Mitterrand était antisémite, lui aussi »... Je ne me suis pas résolu à cette image d'un Mitterrand antisémite avoué – même si le terme « lobby juif » fait frémir.

On ne comprend rien à cette conversation sur le « lobby juif » si l'on ignore qu'il y eut à la fin du XXe siècle une guerre singulière. Celle de la *mémoire française* : télescopage entre une Histoire idéale et une histoire réelle ; entre la mémoire des témoins et l'Histoire des historiens ; entre l'Histoire et la Justice. On a voulu croire qu'il ne s'agissait que d'une « brouille » entre Mitterrand et les Juifs, à travers la polémique sur la responsabilité française dans les déportations. Mais ce fut un événement bien plus profond, presque tellurique – ce moment où la Mémoire s'éteint et où l'Histoire prend le relais, et, comme deux plaques de l'écorce terrestre, s'entrechoquent. Ce séisme n'a pas fini, à travers l'affaire Renaud Camus, le débat sur la libération de Maurice Papon, les travaux de Paul Ricœur [2] ou la réédition du Morand le plus abject, de produire ses effets. Ce fut une guerre symbolique, de celles qui sont les plus pernicieuses, les plus ravageuses. Une guerre de générations, de celles qui tuent le Père.

Ce fut une guerre familiale aussi. Car si les propos

1. Gallimard, 1999. Cf. *infra*, p. 239.
2. Paul Ricœur, *La Mémoire, l'Histoire, l'Oubli*, Seuil, 2000. En particulier quand il parle de « politique de la juste mémoire ».

rapportés par Jean d'Ormesson sont incontestables, ils étaient adressés à quelqu'un, étranger à une histoire de famille, qui aurait attrapé à la volée un mot malheureux. Il faut savoir qu'entre Mitterrand et les Juifs ce fut une histoire intense, excessive, passionnée jusqu'à l'obsession. Il était l'ami des Juifs et les Juifs l'aimaient – piège du philosémitisme... Les Juifs, communautaires ou pas, étaient persuadés au début des années 80 qu'avec Mitterrand ils renouaient avec la nation, qu'ils ressuscitaient le rêve fracassé – sur Vichy – du « franco-judaïsme » disparu [1]. Ils y crurent si fort que le réveil fut traumatisant dès que l'on reparla de Bousquet et de Vichy.

Mitterrand fut cet « ami des Juifs » qui donna l'impression qu'après les années du silence d'après-guerre la France les « reconnaissait ». J'emprunte à Claude Lanzmann la métaphore de la « reconnaissance [2] ». Il y eut, depuis l'infâme statut de 1940, deux hommes qui comptèrent pour les Juifs français : Jean-Paul Sartre et, à sa manière, François Mitterrand. Sartre avec la première « Reconnaissance », ce brûlot de 1945 devenu un classique : *Réflexions sur la question juive*, qui permit aux persécutés de respirer autrement; et François Mitterrand avec cette seconde « Reconnaissance » – , qui paracheva, après

1. Dominique Schnapper date cette disparition des années 70. « Au modèle du " franco-judaïsme ", fondé sur la conciliation, au nom de valeurs universelles, d'un patriotisme ardent et reconnaissant avec la fidélité aux traditions juives, ont succédé des formes éclatées d'identités et d'institutions juives » (« Intégration et citoyenneté : le modèle français », *in* Elie Barnavi, Saul Friedländer (dir.), *Les Juifs et le XXe siècle : dictionnaire critique*, Calmann-Lévy, 2000, p. 385).

2. *Les Temps modernes*, avril 1982.

la période de la glaciation gaulliste, l'intégration sociale et politique des Juifs en France.

Mais en 1990, avec le procès Bousquet, rejaillissent des fantômes français refoulés depuis cinquante ans. Et tout alors, cette « étrange défaite [1] », la débâcle de 1940, le traumatisme de l'exode, la veulerie maréchaliste, le trou noir du Vél' d'Hiv, le retournement résistant de 1943, les compromissions de l'après-guerre, toutes les zones grises de la mémoire française vont s'incarner dans un homme, le dernier roi de France, François Mitterrand.

Il avait été un sincère maréchaliste autant qu'un résistant de 1943 plutôt courageux – et malgré la remarquable *Jeunesse française* de Pierre Péan [2], on ne le comprit pas. Cette ambivalence était irrecevable, elle ne cadrait pas avec l'histoire officielle d'une France résistante. Duhamel [3] a raison de dire que de Gaulle fut une certaine idée de la France et que Mitterrand fut la France. Et le jeune Mitterrand qu'on découvrait collait à l'esprit, à la chair d'un pays réel, à ses humeurs, à ses retournements. La France

---

1. L'historien Marc Bloch, fondateur de l'école des Annales, officier en 1939-1940 dans la 1re armée, rédige, de juillet à septembre 1940, *L'Etrange Défaite*, ouvrage publié en 1946 par les éditions Franc-Tireur. Il peut continuer à enseigner au début de l'Occupation, échappant au statut des Juifs à cause de services scientifiques exceptionnels rendus à la France. Révoqué en mars 1943, il entre dans la clandestinité, membre du mouvement Franc-Tireur, il est arrêté en mars 1944 à Lyon, emprisonné et torturé à la prison de Montluc, il est fusillé le 16 juin 1944.

2. Pierre Péan, *Une jeunesse française : François Mitterrand, 1934-1947*, Fayard, 1994.

3. Alain Duhamel, *De Gaulle/Mitterrand, la marque et la trace*, Flammarion, 1991.

d'alors ne supporta pas de se voir laide en ce miroir. Durant quarante ans, on lui avait répété : « Tous héros. » Et depuis Paxton [1], on lui disait : « Tous salauds... »

Cette guerre, je n'y ai pas participé, j'étais sans illusions. Je n'ai jamais cru à ce mouvement de balancier – au détour d'un livre inachevé sur Jean Moulin, j'avais découvert cette contrée interlope que fut l'Occupation, et qui n'a rien à voir avec les schémas gaullistes. J'en avais visité les placards avec quelques autres, Modiano, Lévy, Lambron [2]. J'en savais trop pour me scandaliser du « Vichy de Mitterrand », et il n'est pas indifférent qu'avant ce livre j'aie voulu, comme un hommage, recueillir les témoignages de cette poignée de premiers résistants. Les « déraisonnables [3] ». Ces mille Justes à peine. Mitterrand n'en fut pas...

Si j'étais conscient de la nécessité d'une thérapie nationale, d'en finir avec ce *Vichy qui ne passe pas*, la guerre manichéenne qui se déroula alors entre 1992 et 1995, entre le Bien et le Mal, les Juifs et Mitterrand, les jeunes et les vieux, les médias et les historiens, fut pour moi trop sommaire, trop tardive peut-être trop cathartique. A la nécessité du *devoir de mémoire*, je préfère le *travail de mémoire*.

1. L'historien américain Robert O. Paxton a publié son ouvrage pionnier, *La France de Vichy, 1940-1944*, en 1972, traduit l'année suivante aux éditions du Seuil.

2. Patrick Modiano, *La Place de l'Etoile*, Gallimard, 1968; Bernard-Henri Lévy, *L'Idéologie française*, Grasset, 1981; Marc Lambron, *1941 : roman*, Grasset, 1997.

3. Georges-Marc Benamou, *C'était un temps déraisonnable*, Robert Laffont, 1999.

Je me demande encore quelle était son intention, pourquoi il se laissa voir, et se raconta ainsi durant trois ans, au cours d'une cinquantaine de rendez-vous. Nos rencontres s'étalèrent de l'été 1992, où j'eus droit à l'initiation de Latche, jusqu'à nos deux dernières séances de travail du 12 octobre et du 28 novembre 1995 – nous mettions alors une dernière main aux *Mémoires interrompus*. Alors que dans *Le Dernier Mitterrand*, je relatais, sous une forme chronologique, cette sortie de vie qui stupéfia les Français comme elle me saisit alors, je n'ai pas ici procédé de la même manière avec ce « *Jeune homme, vous ne savez pas de quoi vous parlez* ». J'ai choisi un ordonnancement thématique fidèle à l'esprit de ces entretiens.

Ce livre n'cst pas celui d'un historien. Je ne cherche pas à l'être. Je les ai lus, des mémorialistes de Vichy aux historiens contemporains. Ils m'ont été utiles pour ne pas me perdre tout à fait dans le labyrinthe de ces années sombres. Ce livre n'est pas non plus le fruit d'une investigation comme Catherine Nay avec *Le Noir et le Rouge*, Franz-Olivier Giesbert avec *Le Président* ou Pierre Péan avec *Une jeunesse française* en ont mené, rencontrant des dizaines, parfois des centaines de personnes.

Je suis un témoin. Ce sont des « choses vues » : trois années auprès de lui où il se dévoilait, se reprenait, brouillait les pistes, mais laissait entrevoir, jusqu'aux limites de l'impudeur, son passé tortueux, sa mémoire encombrée, tandis que nous préparions *Mémoires interrompus* – ce livre qui fut en définitive le sien, tandis que celui-ci porte ma voix. J'étais avide, j'étais fasciné, souvent je me demandais où tout cela mènerait ; je me taraudais, où allions-nous, que faire de ces entretiens, que donneront ces rencontres ? Parfois je m'interrogeais sur sa préférence. Séduisait-il le jeune Candide ? Serai-je son bon Juif, celui de Voltaire ? S'emparait-il de moi ?

J'ai douté bien sûr, mais j'avais décidé de durer, de noter, de tout noter. J'étais convaincu, comme Erich Maria Remarque, que « pour bien décrire une guerre il importe de se trouver dans le camp des vaincus » – et ce fut une guerre de la mémoire. J'avais auprès de Mitterrand un point de vue admirable pour envisager la France, celle d'hier, d'aujourd'hui parfois, *ce cher et vieux pays* qui, à travers lui, s'épuisait à chasser ses fantômes. J'observais, au fil de nos entretiens, cette vieille France qui s'exténuait, cette mémoire qui se mourait. J'assistais à une agonie française.

1

Les rôdeurs *

Le vieil homme est arrivé dans notre bistrot du samedi, sans dire un mot, martial. Je fus frappé par l'arête aiguë de son nez. Il a sorti de la poche intérieure de sa veste une liasse de papiers jaunis, soigneusement pliés en carré, ce genre de paquet que conservent sur eux les vieillards si longtemps qu'ils finissent par être collés, misérable petit tas de secrets, coffre-fort intime d'une fin de vie. J'avais vu ça chez mon grand-père. Il a posé la liasse sur la table, en a décollé les couches sédimentaires, les a battues, fouillées en cherchant je ne sais quoi. Il n'avait toujours pas dit un mot quand il a fini par trouver un rectangle de papier, le plus jaune d'entre tous. Il me l'a tendu, m'en a fourré les lambeaux dans la main et m'a dit : « Lisez ! » C'était un ordre.

Il a attendu que je m'exécute, l'air remonté, raide et impatient. Il me surveillait du coin de l'œil, et relisait par-dessus mon épaule. C'était un article d'août 1944, annonçant la composition du Gouvernement provisoire nommé par de Gaulle. L'antiquité venait, à l'évi-

---

* *(Déjeuner à « L'Assiette », rue du Château, selon mes notes un samedi de l'été 1992.)*

dence, d'être retrouvée : tout en bas de l'article, à la dernière ligne, un trait d'encre fluorescente était encore frais : le dernier nom de la liste était surligné : « Secrétaire général chargé des prisonniers de guerre, François Mitterrand. » Il pointa d'un doigt impératif un autre passage : « ... répétons que les secrétaires généraux ont été nommés par le général de Gaulle en accord avec le CNR [1] dans le plus parfait esprit démocratique... »

J'avais fini. Il m'épiait toujours.

J'approuvai de la tête plusieurs fois – un peu trop, pour gagner du temps. Il répéta d'une voix lourde : « ... nommé par le général de Gaulle en accord avec le CNR. » Je hochai la tête, à nouveau. Il eut l'air d'apprécier – où voulait-il en venir ?

Après cette lecture, ces silences, ces hochements, et alors que je n'avais toujours rien dit, pas commenté, rien demandé, il s'est mis à plaider. J'étais stupéfait par cette mitraille : « Si de Gaulle m'a nommé là en 1944, à la Libération, il savait ce qu'il faisait, tout de même... »

Il se pencha, reprit son souffle et, dans un brutal changement de ton, poursuivit, mystérieux : « Et je peux vous dire... que si de Gaulle avait trouvé le moindre prétexte pour ne pas me nommer là, il n'aurait pas hésité. Vous pensez bien... » Il mettait dans cette exclamation tant de secrets, tous les des-

1. En effet, le CFLN (gouvernement d'Alger), sur la proposition du Conseil national de la Résistance, a nommé par une ordonnance du 19 mai 1944 les 15 secrétaires généraux qui, sous la direction d'Alexandre Parodi, vont s'emparer du pouvoir civil au nom de la France libre, lors de la libération de Paris. Ils assurent l'intérim des ministres du Gouvernement provisoire de la République française jusqu'à leur arrivée à Paris.

sous d'une histoire officielle dont il s'était joué. Et il conclut à haute voix pour que tous l'entendent, dans le restaurant, les tables alentour et l'aubergiste toujours plantée là attendant sa commande : « Alors qu'ils sachent, ces petits messieurs du Bétar [1], comment vous dites, Bétar... ?, que je n'ai pas de leçons de Résistance à recevoir d'eux, ni de personne. »

Cet article de 1944, au moment où son passé trouble commençait à remonter à la surface, devait lui servir de sauf-conduit, pensait-il. C'était sa ligne de défense dont il testait sur moi les arguments et les effets. Ce poste de sous-ministre à la Libération, avec la bénédiction de De Gaulle, était censé couper court aux polémiques. La parade idéale selon lui. Il se réfugiait dans une guerre qu'il prenait par deux bouts seulement.

Un début sans déshonneur : dix-huit mois de stalag et trois évasions [2].

Et une fin glorieuse : ministre de De Gaulle à vingt-huit ans, pensez... – sans s'appesantir sur la durée de son mandat : seize jours [3].

---

1. Organisation extrémiste de jeunes sionistes, créée en Palestine en 1923 par Zev Jabotinsky. Le Bétar s'est implanté dans les années trente en France. Aujourd'hui, actif et réputé pour son radicalisme, le mouvement recrute en région parisienne, dans quelques villes de province, propose des cours « d'éducation sioniste » et un entrainement à l'autodéfense dans l'idée que la communauté juive doit être capable d'assurer sa sécurité.

2. Le 5 mars 1941, François Mitterrand s'évade du kommando 1515, à Schaala, en Thuringe. Repris trois semaines plus tard, il est réexpédié au stalag IX A, à Zigenheim (Hesse), d'où il s'échappe à nouveau, le 28 novembre 1941. Arrivé à Metz, dénoncé par son hôtelier, il parvient, quelques jours plus tard, le 10 décembre, à s'enfuir du camp de Boulay-Moselle (alors Bolsheim).

3. Du 18 août 1944, date à laquelle Alexandre Parodi convoque les secrétaires généraux pour leur donner les instruc-

Entre les deux, le trou noir, ces années qui n'existaient pas, qu'il avaient escamoté tout au long de sa vie, avec des phrases d'équilibriste : « Rentré en France, je devins résistant sans problème déchirant [1]. »

Rien n'avait encore éclaté.

Mais tout était là : la francisque, Pétain, la Cagoule, dix-huit mois à Vichy et Bousquet, les fantômes de la *Vieille France*. Il pensait que de Gaulle, son vieil ennemi, et l'histoire officielle qu'il avait imposée, continueraient à le protéger – *Vichy, circulez, y a rien à voir*. Mais tout commençait à craquer. Ses certitudes se dérobaient. Les *rôdeurs* – comme il disait – menaçaient.

A la fin du déjeuner, je lui reparlai de ce projet de livre d'entretiens évoqué quelques semaines auparavant. Depuis je lui avais fait découvrir le singulier dialogue Berl-Modiano [2]. Il l'avait apprécié et venait d'accepter le principe de ces entretiens à venir : « Je veux bien l'année prochaine... J'aurai du temps... Mais à condition de ne pas être devant un tribunal », avec dans le regard un voile, comme la trahison d'un frisson.

Tout allait refaire surface. Il semblait paniqué.

Les rôdeurs vont arriver. Les rôdeurs sont là. Voilà ce que signifiait cette étincelle inquiète dans son œil à l'instant.

---

tions à suivre au moment de l'insurrection de Paris, au 2 septembre, lorsque Henri Frenay, commissaire aux Prisonniers de guerre, prend possession de son ministère.

1. *Ma part de vérité*, Fayard, 1969.
2. *Interrogatoire*, Gallimard, 1976.

Cinquante ans qu'il devait les guetter, apprendre à les sentir, les repérer de loin. Y penser sans relâche. Quelle inquiétude, quel travail ! Cela avait tenu cinquante ans, un miracle. Pendant toutes ces années, il les entendait tourner, chercher, fouiller, mais les rôdeurs n'osaient pas. Il était puissant alors. Ou bien ils n'avaient pas voulu voir. Ce n'était pas difficile pourtant : il avait été l'homme le plus surveillé de France.

Cinquante ans à tiquer j'imagine quand quelqu'un commandait de l'eau de Vichy à table, à se demander si l'autre se moquait, s'il menaçait, ou si, lui aussi, avait été à Vichy et tentait de se faire reconnaître. A se méfier, à soupçonner, à tout surveiller. Sans parler de ce neveu [1] qui, en pleine campagne de 1965, avait eu la brillante idée de se faire engager à la publicité des eaux de Vichy. Cinquante ans de traque et d'une vie méthodique, ils le prenaient pour un artiste... ! A l'affût de tout : ne rien négliger, tout lire, pour savoir si les rôdeurs avaient subodoré quelque chose. Eplucher tous les torchons de l'extrême droite afin de repérer le frémissement d'une affaire enfouie, et quand le danger se faisait pressant, dévier la meute, toujours vers l'extrême droite. La ruse. *Minute* et *Le Crapouillot* étaient un alibi en or. Ce qui était écrit là, c'était une campagne, une ignominie, une saloperie de plus. L'extrême droite, quelle trouvaille : c'était l'enterrement garanti. Chaque fois tous le plaignaient et le défendaient. Il en ressortait grandi, renforcé, martyr républicain.

---

1. Il s'agit de Jean-Gabriel Mitterrand, le fils aîné de Robert Mitterrand et de Mme, née Edith Cahier, qui a débuté sa carrière en 1964 comme chef de publicité à la société Vichy.

En cinquante ans, combien d'alertes ! Cette folle journée de 1954 [1] où il avait fait toutes les travées de l'Assemblée, arpenté tous les couloirs pour jurer à chacun que ce que venait de dire Dronne, c'était encore de la calomnie, à cause de l'Indochine, et contre Mendès France. *Vous pensez, avec ma Résistance...* Ils avaient tous marché ! Cinquante ans pour fuir la francisque. Leur expliquer d'abord qu'elle n'avait jamais existé. Puis admettre – sans que personne le remarque – qu'il l'avait reçue sur ordre. Une couverture. *Vous pensez, avec ma Résistance...* Combien d'alertes ! Celle de 1965 quand Martinet [2], cette *vipère lubrique* – il l'appelait toujours ainsi –, avait failli avoir sa peau avec son dossier « Mitterrand-Vichy » qu'il distribuait comme des tracts. Il avait eu son succès dans les milieux de la « petite gauche » où on le détestait.

Cinquante ans à leur échapper. Il avait eu une chance... En 1965 de Gaulle pouvait le tuer aussi, avec cette photo de Pétain et lui dont il disposait déjà, dit-on. Mitterrand l'avait humilié en le mettant en ballottage. De Gaulle n'avait pas bougé. C'est curieux.

---

1. A l'Assemblée nationale, le 3 décembre 1954, Raymond Dronne, député gaulliste de la Sarthe, Compagnon de la Libération – à la Libération, il commandait le premier détachement de la 2e DB entré à Paris le 24 août 1944 –, accuse François Mitterrand, ministre de l'Intérieur du gouvernement de Pierre Mendès France, d'avoir « arboré successivement la fleur de lys et la francisque d'honneur » (*JO*, débats Assemblée nationale, 2e séance du 3 décembre 1954, p. 5778).

2. Le journaliste Gilles Martinet, secrétaire national adjoint du Parti socialiste unifié de 1960 à 1967, soutint, en 1965, la candidature de Daniel Mayer comme candidat de la gauche aux élections présidentielles. Puis il adhéra au Parti socialiste dont il

Mitterrand allait mourir et mort ce serait pire. Les rôdeurs se déchaîneraient. Ils étaient à sa porte. Il les entendait. Il y avait des rôdeurs sanguinaires et il y avait des rôdeurs polis. Les choisir était le seul pouvoir qui lui restait.

---

devient secrétaire national en 1975. Ambassadeur en Italie de 1981 à 1984, il est ensuite élevé à la dignité d'ambassadeur de France.

2

L'émeute du Vél' d'Hiv' *

Je cherchais le Vél' d'Hiv'. Je ne pensais pas le trouver là, sous cette minuscule plaque commémorative à l'ombre des buildings, si près de la tour Eiffel, dans ce carrefour ordinaire, grouillant, ouvert sur les cieux de l'Ouest prometteur. J'imaginais un coin perdu de Paris, une zone sombre près des boulevards de ceinture – j'étais surpris de n'avoir jamais cherché à le situer, comme si le Vél' d'Hiv' était une région oubliée de l'âme. Je n'en avais jamais rien vu, sauf cette photo prise le 16 juillet 1942, – la seule existante – censurée par les Allemands [1], où l'on aperçoit, en contre-plongée, l'immense façade rococo du Vélodrome d'Hiver, et à l'entrée de la piste aux étoiles, là

* *(Le 16 juillet 1992, monument du Vél d'Hiv', Paris.)*

1. Une seule photographie de la rafle est connue à ce jour. Serge Klarsfeld l'a découverte en 1991 dans le fonds *France-Soir* de la Bibliothèque historique de la Ville de Paris. Le quotidien avait hérité des archives du journal collaborationniste *Paris-Soir*. Au verso, une date : 16 juillet 1942 et la mention allemande indiquant que la photo était censurée. L'avocat l'a reproduite dans « 1941-préludes à la solution finale », *Bulletin de liaison des Fils et Filles des Déportés juifs de France*, n° 37, juin 1992.

où l'on devait séparer les familles, des flics sortis de *La Traversée de Paris*.

J'aimais que Mitterrand vînt là. J'avais voulu le lui dire le matin mais n'avais pu le joindre. Paris, ce jour-là, n'était pas encore en vacances, mais dans cet état de suspension, de disponibilité particulière aux lendemains de 14 juillet. On allait s'enfoncer dans l'été, plus rien n'intéressait sauf cet événement officiel, le dernier de la saison : c'était le cinquantième anniversaire de la rafle des Juifs de Paris. Pour la première fois un président de la République se rendait sur les lieux du Vél' d'Hiv'.

Etait-ce l'effet de cette commémoration exceptionnelle ? Le scandale provoqué par la cour d'appel de Paris qui venait d'acquitter Touvier [1], ou la polémique naissante sur « la responsabilité française dans l'Holocauste » ? On n'avait jamais vu autant de monde à cette cérémonie du 16 juillet. Des groupes confluaient ; des jeunes gens et des vieillards se croisaient, se mêlaient, s'entassaient sous les jambes du métro aérien. On distinguait, dans cette foule hétéroclite, la centaine d'intellectuels du très actif « Comité Vél' d'Hiv' 1942 », qui faisait parler de lui depuis qu'il avait demandé à Mitterrand, – sans l'obtenir –, « la reconnaissance officielle des persécutions et des crimes de Vichy contre les Juifs » ; les jeunes Juifs extrémistes du Bétar avec pancartes et drapeaux, très agités ce jour-là ; la vieille gauche juive, les amis des

1. Le 13 avril 1992, la chambre d'accusation de la cour d'appel de Paris rend un arrêt de non-lieu en faveur de Paul Touvier, l'ancien chef du service de renseignement de la milice dans la région lyonnaise pendant l'Occupation, inculpé depuis 1989 de crimes contre l'humanité.

Aubrac, et puis la foule des déportés, des enfants de déportés et des anonymes.

Il y avait de l'électricité dans l'air.

Mitterrand arriva enfin. Il descendit à pied jusqu'au monument. La foule s'ouvrait lentement quand des pancartes surgirent. Des cris fusèrent : « Le voilà... le voilà... », suivis d'un slogan qui s'imposa vite : « Mitterrand à Vichy ! », concurrencé par un autre : « Bousquet 42-Le Pen 92 ! » Tout le monde cherchait Mitterrand des yeux, la rumeur hostile l'accompagnait. C'était la cohue.

A l'angle de la rue Nélaton, je croisai Arno Klarsfeld [1], je tentai de le questionner. Que se passait-il ? Que voulaient son père et ses amis ? Pouvait-il faire quelque chose ? Il eut un geste fataliste et grogna : « A quoi bon... laisse tomber. C'est parti. » J'insistai mais il était déjà loin, à quelques mètres, emporté par une foule de plus en plus dense. Il la contemplait comme un capitaine à la manœuvre.

Le ministre Mexandeau continuait son discours mais plus personne n'y prêtait attention. Le calme revint quand la chanteuse Talila entonna le *Chant des Marais*, l'hymne de la déportation. La colère s'était apaisée mais pas la fièvre. Comme une onde elle serpentait dans la foule. On entendit quelques sanglots. Aux fenêtres des immeubles des gens, attirés par la mélopée, s'agglutinaient. On ne voyait que lui, François Mitterrand, sur l'estrade, assis sur une chaise de cérémonie, entouré d'une dizaine de ministres et de tous les notables juifs. Il était raide, mains serrées sur les genoux, n'avait salué personne. Immobile depuis

1. Avocat, fils de Serge et Beate Klarsfeld.

son arrivée. Prostré plus que recueilli. Son regard n'avait pas quitté la tribune, perdu on ne sait où. Il avait un masque d'absence et les lèvres crispées dans une expression mécanique.

Le métro aérien vint hurler la fin du recueillement.

Le président du CRIF reprit la parole. « La France républicaine n'entend pas occulter les heures sombres de l'Occupation et de la Collaboration. » Et l'indignation reprit de plus belle.

Quand le Président se leva pour déposer une gerbe, il y eut deux brouhahas, l'un hostile, l'autre favorable, et ils rivalisaient tant qu'on ne savait plus. Des cris partirent à nouveau et des applaudissements, mais les uns et les autres ne faisaient qu'enfler le grondement. Décomposés, les officiels à la tribune tentaient de se reprendre, échangeaient des gestes d'impuissance, et se tournaient vers lui avec un air de désolation. Impavide, il avait le même sourire figé. Ne rien montrer. Ne rien laisser paraître. « Mépriser l'événement », comme il me disait.

Soudain Badinter surgit, tout en angles, une colère sèche à la bouche. Il engueulait les Juifs : « Vous m'avez fait honte, vous m'avez fait honte. » Silence dans les rangs, tétanisation du peuple du Veau d'or. Il hurlait : « Taisez-vous, quittez ce lieu de recueillement ! », et l'on était assommé par ce cri antique – et sa référence aux déportés : « Les morts nous écoutent », avait-il clamé avant son discours [1]. Quel-

1. Le discours de Robert Badinter, s'il exonère la République des crimes de Vichy, conclut par la nécessité du travail de la justice : « Une grande nation, dont le destin a souvent été tragique.[...] La République ne saurait être tenue pour comptable des crimes commis par les hommes de Vichy, ses ennemis. Mais

ques slogans fusèrent encore mais assourdis, domptés un instant. Durant le discours de Badinter, François Mitterrand n'avait pas regardé l'ami venu à son secours. Son regard était rivé sur ce bout de tribune qu'il n'avait cessé de fixer. Il attendait la fin de l'humiliation.

En repartant il m'aperçut.

D'ordinaire, il aurait fait un signe de la main ou un salut, si je m'étais trouvé sur son passage. Mais il fendit la foule. Je le vis s'approcher. Il était blême comme jamais – c'était deux mois avant sa première opération de la prostate. Il venait vers moi, et les manifestants alentour étaient intimidés tout à coup. De la même assemblée, hostile quelques minutes plus tôt, des mains se tendaient, des saluts montaient, de braves gens l'assuraient que les-Juifs-n'étaient-pas-des-excités, et que ces-jeunes-étaient-une-honte, et qu'ils savaient-eux-qu'il-avait-toujours-été-de-leur-côté. Ils l'aimaient encore et s'excusaient sans fin. Je le saluai. Il s'accrocha à moi comme un nageur à bout de souffle et il bredouilla quelque chose que je ne compris pas. Sa main tremblait, elle resta dans la mienne.

Il me fit signe d'approcher et le souffle court, comme un reproche, ou une plainte, il articula des mots désordonnés : « Vichy... Vichy... ils ne savent pas de quoi ils parlent, ces écervelés... »

Autour on se poussait, ses gardes du corps s'impatientaient, et lui se cramponnait toujours à moi. Il resta ainsi un moment, la respiration haletante, inter-

---

elle doit à leurs victimes l'ultime hommage que nous puissions leur rendre : l'enseignement de la vérité est la force de la justice. »

rompu un instant par une vieille dame plus insistante que les autres qui elle aussi l'aimait toujours. Puis il revint à moi, me demanda d'approcher encore, et chuchota, plus calme : « S'ils savaient, ces écervelés, que mon beau-père Gouze – le père de Danièle – a été renvoyé par Vichy. Il était directeur d'école à Cluny et avait refusé de donner la liste des élèves juifs... » Il eut un sifflement d'exaspération et crispa sa main, qui tremblait toujours, dans la mienne.

Qu'avait-il besoin à cet instant d'appeler à la rescousse ce bon M. Gouze, instituteur magnifique et républicain... ? Des années après, je m'interroge encore sur cette phrase incongrue, à la compassion déplacée. Cette scène du 16 juillet 1992 au Vél' d'Hiv' me paraît résumer le grand malentendu d'alors.

Une *guerre de la mémoire* commençait, elle allait dégénérer.

3

L'affaire de la gerbe *

Sur l'air du « Rendez-vous compte » qu'on chante dans les bistrots, dans un bavardage désordonné, sans effort, sans manières, tête penchée sur son assiette et broyant son pain, il lança : « Vous avez vu Klarsfeld... »

Depuis le 16 juillet, Mitterrand était obsédé par Serge Klarsfeld. Il voyait sa main partout : dans les slogans lancés ce jour-là, armant le bras du Bétar et tenant la plume du « Comité Vél' d'Hiv' 1942 ». Klarsfeld était à l'origine de tout. Il était devenu un personnage de sa vie, un invité de son destin, l'intrus.

Je m'étonnais qu'il n'en ait pas parlé plus tôt, d'autant que le dernier esclandre en date, cette histoire de gerbe déposée sur la tombe de Pétain, avait pris de telles proportions. C'était une sidérante provocation après les incidents du Vél' d'Hiv'. La confirmation du pire, de ce que Klarsfeld, Martinet et les autres répétaient depuis des années : Mitterrand avait été vichyste. Le choc de cette révélation, le mystère de son entêtement, fut, je crois, le début du

* *(Un déjeuner, restaurant « L'Assiette », fin juillet 1992.)*

« grand chagrin de la gauche ». Depuis 1987, l'Elysée faisait déposer par des militaires, chaque 11 novembre, une gerbe à l'île d'Yeu, et le fait que le général de Gaulle ait cru bon, en 1967, de se livrer à la même opération pour le cinquantième anniversaire de Verdun, puis que les présidents Pompidou et Giscard aient institutionnalisé en catimini cette étrange coutume, n'atténuait en rien la déception causée par Mitterrand.

L'« affaire de la gerbe » avait connu un brusque rebondissement. Un communiqué de l'Elysée, rapporté par l'Agence France-Presse, était venu annoncer qu'il serait mis fin désormais à ce dépôt de gerbe [1]. Je m'en réjouissais. Mais François Mitterrand précisa aussitôt que c'était un faux communiqué, inventé de toutes pièces par Serge Klarsfeld.

« Il est incroyable, ce Serge Klarsfeld. Il ne manque pas de culot. Il me fait déclarer, par une dépêche qu'il envoie à l'AFP, que je lui aurais promis de ne plus déposer de gerbe sur la tombe de Pétain à l'île d'Yeu. Je ne l'ai pas rencontré depuis des années ! Je n'ai jamais assuré ça et, j'ai fait vérifier à l'Elysée, aucun de mes collaborateurs n'a pris une telle initiative comme il le prétend, c'est un fou... »

Son œil s'alluma : « Un fou... ou un manipulateur. »

Il marqua une pause, puis réfléchit à haute voix comme s'il prêtait à Klarsfeld des stratagèmes insoupçonnés – et ce n'était pas faux : « Ce Klarsfeld, avec qui j'ai entretenu des relations courtoises, a décidé de me mener là où il l'entend. Il a un plan, il est prêt à tout, et même à ce genre de mensonges. Je n'ai rien décidé quant à cette gerbe. Et si j'avais eu à

1. Le 21 juillet 1992.

annoncer quelque chose, je ne me serais pas adressé à lui qui me mène ouvertement la guerre. C'est curieux d'ailleurs... »

J'observai une grimace de mécontentement sur son visage. Il était à la fois exaspéré de se retrouver dans cette situation et cherchait à tout prix une échappatoire.

Il était coincé par la ruse de Serge Klarsfeld. Il avait beau ricaner, fanfaronner, se moquer de la « manœuvre grossière » de son adversaire, les mots « chasseurs » et « proie » revenaient sans cesse dans la conversation. Klarsfeld chasseur de nazis, chasseur de Bousquet, et maintenant Klarsfeld chasseur de Mitterrand.

Fleurir ou ne pas fleurir la tombe de Pétain cette année. Céder ou ne pas céder. Il était acculé, mais ne s'avouait pas vaincu. « Que voulez-vous que je fasse... ? Je vais bien être obligé de démentir. »

Il avait dû peser et soupeser les termes de l'alternative. Depuis quelques jours que ce vrai-faux communiqué circulait, il avait dû trier les avantages et les inconvénients, dominer son orgueil blessé et s'appliquer à trouver une issue – il y en avait toujours une selon lui –, une faille, l'esquive en quelque sorte au piège de Klarsfeld. Une idée lui était venue.

« Je ne peux plus après ces événements continuer à faire fleurir la tombe de Pétain, mais je ne peux pas non plus donner l'impression de céder à Monsieur Klarsfeld... Alors je crois que j'ai trouvé... »

Un silence. Cette inspiration paraissait lumineuse, et lui aérien, facétieux tout à coup. « Cette année, je vais faire fleurir la tombe... [un autre silence, plus court celui-là] de tous les maréchaux de la guerre de

14-18... Ainsi, disons que j'aurai tenu compte de la polémique... mais que j'y aurai répondu à ma manière, avec hauteur, du point de vue de l'Histoire de France. Vous entendez : cette année je vais faire fleurir toutes les tombes. »

Et tandis qu'il affirmait cela, sa main balayait la table. Elle se posait ici, là, et semblait, à grands gestes décidés, poser des gerbes partout, à Verdun, dans l'ossuaire de Douaumont, à l'île d'Yeu, dans tous les cimetières de France, au pied de chaque monument aux morts. Il le voyait ainsi, son prochain 11 novembre, grandiose, et ne dissimulait plus son plaisir, son malin plaisir à voir Klarsfeld – son « chasseur » affolé par la manœuvre.

Entre François Mitterrand et Serge Klarsfeld ce fut une guerre impitoyable. Elle s'étendit de 1990 à 1994, fut tordue, sourde, folle au sens où la mémoire française, à travers « Mitterrand », semblait se convulser dans ces batailles, se crisper, se refuser à une lumière crue. Cette guerre fut pénible mais nécessaire et l'on aurait pu croire que le vieux Mitterrand, ficelle, homme de tant de ruses, servi par l'appareil d'Etat, que ce stratège hors pair réduirait Klarsfeld à rien, le circonviendrait, le séduirait, le mènerait dans l'impasse comme il n'avait jamais manqué de le faire avec ses autres adversaires. Or pendant toutes ces années Serge Klarsfeld va mener la danse et conserver l'avantage en permanence.

Curieusement, c'est chaque fois la même dialectique, fatale pour Mitterrand. D'abord, le Président provoque. Ensuite Serge Klarsfeld réplique, s'insurge, se mobilise, joue la rupture. Et chaque fois, Mitterrand se retrouve dos au mur, dépassé, perdant pied, contraint par la pression de toujours céder, petit à petit, jamais grandi par la décision qu'il prendra de toute façon. Ainsi la journée de commémoration nationale du 16 juillet, décrétée en 1993, sera, suivant ce curieux processus, la « réparation » de la gerbe du 11 novembre 1992 ; de même que la nomination en 1990 de Georges Kiejman au ministère de la Justice n'aura servi que de chiffon rouge à Serge Klarsfeld, et finalement permis d'éviter l'enterrement d'un éventuel procès Bousquet qui aurait eu lieu sans son assassinat en 1993.

Cette guerre pour la mémoire s'était transformée en guerre personnelle entre les deux hommes, l'un des ultimes combats que perdit le vieux lutteur Mitterrand.

Pourtant Mitterrand et Klarsfeld étaient de vieilles connaissances. Ils se fréquentaient, se croisaient souvent dans les rencontres du CRIF [1], s'estimaient. Le Président avait remis la Légion d'honneur à Beate Klarsfeld à « titre exceptionnel » et Serge Klarsfeld passa longtemps pour un mitterrandien dans la communauté juive. Mais il y avait mieux.

J'étais frappé par le caractère obsessionnel, presque intime, de cet affrontement. Ils avaient l'air de se connaître si bien. Je percevais des codes, des menaces, des non-dits de part et d'autre. J'ai fini plus tard par connaître leur secret partagé grâce à une tribune de Klarsfeld publiée dans *Libération* en septembre 1994 [2]. Un texte étrange qui venait clore la

---

1. Conseil représentatif des institutions juives de France.
2. 12 septembre 1994.

guerre qu'ils s'étaient menée ; déroutant par le ton familier de l'adresse au Président et par la largesse de vue historique dont il témoignait (« Vous étiez à Vichy, mais du bon côté... ») ; et carrément énigmatique à l'évocation de ce souvenir de guerre commun aux deux hommes :

« [Mon] insolence aussi, elle se justifie parce que le 12 février 1943, quand vous faites partie de cette réunion décisive au château de Montmaur dans les Hautes-Alpes, où vous entrez ouvertement en Résistance sous l'influence d'Antoine Mauduit [1], j'étais moi aussi à Montmaur. »

Ensemble au maquis... On n'a pas fait attention à ce coup de théâtre – leur guerre était finie. Klarsfeld savait tout sur Vichy depuis toujours ; tout sur Mitterrand et Bousquet depuis 1972, et n'avait jamais rien dit. Cette péripétie biographique éclaire le duel entre le vieux Président et le fils de déporté. Il y avait donc entre eux cette part d'ombre qui échappait aux spectateurs, aux Juifs, aux historiens, à tous les autres. Leur secrète connivence. A l'hiver 1943, Serge Klarsfeld était à Montmaur avec Mitterrand. Il avait

1. En 1942, Antoine Mauduit, officier de la Légion étrangère qui a juré de continuer la lutte, commence à installer au château de Montmaur, dans les Hautes-Alpes, un centre d'accueil pour les évadés et une organisation de résistance, La Chaîne, noyau d'un des premiers maquis de France. Il a sans doute joué un rôle important dans l'engagement de François Mitterrand qu'il rencontre en juin 1942. Pour ce dernier, en effet, c'est là que le 15 août 1942 est né le RNPG, le mouvement Pinot-Mitterrand, pour d'autres, il est né le 11 novembre 1942, au lendemain du Débarquement, ou encore le 12 février 1943, après le départ de Maurice Pinot du commissariat aux Prisonniers de guerre. Antoine Mauduit, déporté en 1944 à Bergen-Belsen, y décédera.

sept ans, habitait au pied de ce château où les résistants se réunissaient. Son père, Arno, faisait partie de la même mouvance que le capitaine Morland : celle des prisonniers de guerre évadés [1]. La nuit, dans les annexes du château, le petit Serge entendait, venant de la cave, le bruit de l'imprimerie du réseau qui tirait les faux papiers.

Pourquoi Klarsfeld garda-t-il ce secret si longtemps ? Longtemps il ne se scandalisa pas de ce « parcours complexe ». Il était trop historien et trop pessimiste. Il ne niait pas l'existence d'une résistance antiallemande à Vichy. Peut-être pensait-il même se faire un allié de Mitterrand en s'appuyant sur sa mauvaise conscience. Mais celui-ci entrava le combat de Klarsfeld, l'objectif qu'il s'était fixé des années auparavant, et lui offrit par là même son passé comme levier.

Des années après, Serge Klarsfeld en convient : « Grâce au maréchalisme de Mitterrand, nous avons obtenu en fait ce que nous n'aurions jamais obtenu d'un autre [2]. »

---

1. Le père de Serge Klarsfeld, Arno, appartenait au réseau fondé par Antoine Mauduit, La Chaîne.
2. Entretien avec l'auteur le 29 juin 2000.

4

L'ami des Juifs... *

« Croyez-moi, j'ai bien du mérite de n'avoir pas été antisémite... »

Il eut un geste de la main qui semblait embraser l'air et ajouta : « Oh! là! là!... Ce qu'on pouvait entendre... Dans mon milieu, ça dérouillait, ça ne plaisantait pas, c'était une passion répandue. » Puis il mima un homme qui se dandine, passe à travers les gouttes, se faufile, qui ne se frotte pas à ce zinc-là. D'un air étonné, presque réjoui, il ajouta : « Oui, je suis passé à côté. »

Il devina ma surprise devant ce propos peu conforme à la légende d'une famille Mitterrand catholique et ouverte, proche du catholicisme de gauche et du Sillon [1], d'une mère qui confiait dans son journal intime sa révolte contre l'antisémitisme

---

* *(Un dîner au restaurant « Le Duc », 27 janvier 1993.)*

1. Mouvement fondé par Marc Sangnier dans les premières années du XXe siècle, qui voulait regrouper les forces catholiques pour les orienter dans un sens démocratique et social. La tentative échoua face à la politique anticléricale de la IIIe République

ambiant, au retour d'une visite à Déroulède en exil à San Sebastian. Que voulait-il dire précisément par son « milieu » ? Quel « milieu » ? La famille Mitterrand ? la famille Sarrazin ? La bonne société charentaise dans laquelle il baigne, traditionnaliste et maurrassienne, qui supporte mal la domination des industriels du cognac protestants qu'on traitait de « demi-Juifs » ? S'agit-il de sa famille d'adoption, ce 104, rue de Vaugirard chez les Pères Maristes [1] ? Ou encore de Vichy ? A moins qu'il ne faille la chercher dans les conclaves virils de ses amis cagoulards ?

J'ai cherché une trace de son antisémitisme – je ne suis pas le seul. Je n'en ai pas trouvé. Pas un indice d'antisémitisme. Sa vie privée, ses textes de jeunesse, ses confidences d'ambitieux, tout a été passé au crible. Personne, je crois, n'a fait l'objet d'autant d'investigations, n'a eu sa vie auscultée sous tant de coutures, ses placards ouverts, ses correspondances scrutées, ses amis épiés. Et rien. Je m'étonne même que, avec « ce milieu-là », le jeune homme maréchaliste, écrivant à son père ou à Mlle Terrasse [2] au détour d'un accès lyrique ou vengeur dans un de ses textes qu'il donnait à *France, revue de l'Etat nouveau*, n'ait jamais failli. On n'y trouve aucune allusion, emprunt ou image symbolique. Pas même le début d'une métaphore antisémite – dont on était friand à l'époque. Il ne semble pas avoir été touché par le virus. Mystérieusement. Malgré « son milieu »...

---

et l'intransigeance de la hiérarchie catholique qui fit condamner le mouvement par le pape en 1910.

1. La pension des Frères Maristes où François Mitterrand séjourne durant le temps de ses études à Paris.

2. Marie-Louise Terrasse, future Catherine Langeais, dont François Mitterrand tomba amoureux en 1938.

Je pourrais écrire dans un élan hagiographique : « Il ne mangeait pas de ce pain-là. » Ce n'est pas l'expression adéquate. Elle ne lui ressemble pas, elle est trop morale, trop « bon sentiment », trop vertueuse. Elle suppose le refus brutal, insurrectionnel, la rupture avec son milieu. Elle renvoie l'image d'un Mitterrand indigné, obligé de quitter la table, ou de claquer la porte, ou de se bagarrer au zinc du bistrot. Non, on ne trouve pas non plus cette intransigeance dans son itinéraire. Plutôt de l'ironie, de la tempérance, un pas de côté, comme s'il ne s'était pas attardé avec les « vicieux » de l'antisémitisme qui s'enfoncent dans la nuit, avec leurs ivresses fantasmatiques. Pas le besoin, pas le goût, pas le temps.

Il était passé à côté de la maladie de l'époque. Il n'avait pas été pris par la ferveur antisémite, comme ses amis, comme Bettencourt [1], comme ces vieux cagoulards qui toute leur vie cuvèrent cette haine. Il n'a jamais été vu, ni signalé, ni même suspecté de traîner dans ce « lieu géométrique des médiocrités » qu'est l'antisémitisme, selon l'expression de Pierre Benichou. Ce racisme singulier, qui charrie les passions tordues, les ratages et les impuissances, les immondices de l'âme, semble ne pas l'avoir tenté.

Pas de ce pain-là... ?

En tout cas pas le vice. Un vice qui avec l'âge devient encombrant, entêtant ; une « passion », disait Sartre, une de ces passions coûteuses qui accrochent les hommes ; une drogue dure du bourgeois d'avant-guerre, maurrassien et provincial... Dans ces

1. Qui, entre autres propos antisémites, traite les Juifs de « pharisiens hypocrites » (12 avril 1941, chronique hebdomadaire in *Terre française* intitulée « Ohé ! Les jeunes ! »).

milieux-là, on est « accro » jeune et on le reste – cela prend des aspects hideux. En vieillissant les vieux antisémites me font penser aux opiomanes.

J'en ai connu un, croisé à Solutré. Il était l'un des plus anciens amis de Mitterrand. J'aimais bien ce général d'Empire, leurs tutoiements, leurs mots d'avant-guerre, leurs manières de pensionnaires de Saint-Agil, leur jeunesse retrouvée, leurs chuchotements, leurs petits secrets, leurs rires pouffés, et ces prévenances qu'ils avaient l'un pour l'autre – « Pierre, tu as pensé aux chaussures... ? » « François, tu as pris ton chandail ? »

J'étais venu pour qu'il me parle d'une énigme de la Résistance. Il ne m'apprit rien – on ne passe pas une vie de coffre-fort pour l'ouvrir au premier venu. De toute façon, il aurait menti encore. Il me baladait, je me laissais faire – c'était charmant.

La campagne d'Italie avec de Lattre qu'il racontait comme s'il avait été avec Bonaparte, cette marche triomphale, ces villes qui tombent, ces femmes qui se pâment. Entre Stendhal et Fanfan la Tulipe. L'histoire de ce président du Conseil de la IVe, admirable résistant, qu'un grand banquier compromis à Vichy avait choisi pour être l'amant de sa « très belle » femme et employé dans sa banque. Le Paris des années 50 et 60, ses amis juifs, ses amis monarchistes. Il avait été, durant des décennies, le plus efficace officier de liaison entre les anciens vichystes et la « haute société israélite ». Il les présentait, les fiançait, les bénissait, mettait de l'ordre dans ce chaos de l'après-guerre. C'était son pouvoir, sa spécialité. Il protesta ce jour-là avec une véhémence qui me toucha contre les gaullistes qui soutenaient l'horrible Papon au procès de Bordeaux, jura sa « fidélité aux Juifs » et au Roy avec sa fougue de vieillard. J'allais chavirer devant cette déclaration d'amour quand mon regard glissa, comme on trébuche en marchant, sur une trace blanche sous la pile de magazines posée à nos pieds.

Trois livres, des opuscules techniques plutôt, couverture blanche à la typographie simpliste. Trois livres disposés autrement qu'au hasard des piles brouillonnes. Excepté des journaux, il n'y en avait aucun autre. Je tentais de cacher ma curiosité à mon interlocuteur tout en me contorsionnant pour déchiffrer à l'horizontale les titres cachés. J'ai été aussi sidéré en les découvrant que si j'étais tombé sur une pipe d'opium chez le gouverneur de la Banque de France.

Le vieux général avait planqué là sa came. Sa came ? Trois grands classiques de l'antisémitisme qui n'étaient pas des livres de collection. Des rééditions récentes, des livres qui ne s'achètent pas en librairie mais se vendent sous le manteau, toujours par correspondance, avec une garantie d'enveloppe cachetée, d'anonymat absolu. Le dealer de cet antisémitisme pur et dur, érudit, archiviste et ennuyeux, s'appelait Henri Coston [1]. Ancien du

1. Henri Coston dirigeait, de 1930 à 1939, le journal antisémite *La Libre Parole*, fondé par Edouard Drumont. A Vichy, il créa un Centre d'action et de documentation qui s'occupait de propagande antisémite et antimaçonnique. Condamné aux travaux forcés à perpétuité en 1946, il fut gracié en 1951. Il poursuit ses activités d'écriture dans diverses revues (*L'Echo de la presse, Carrefour, Monde et Vie*), fonde en 1957, *Lectures françaises, revue de la politique française*, et publie de nombreux

« commissariat aux Questions juives », il dénichait à l'intention de tous les « opiomanes » de France des livres indispensables. Ceux d'Edouard Drumont, *La France juive* bien sûr, sans oublier les siens, des dictionnaires recensant les noms de Juifs connus, surtout quand ils en avaient changé. Le vieux général était un opiomane d'un autre âge. Un antisémite clandestin, prudent et poli comme il l'avait été toute sa vie. Sa dernière livraison venait d'arriver, il avait eu la délicatesse de dissimuler sa « came » avant notre rendez-vous.

Je me souviens. C'était notre première conversation sur les Juifs, vers 1991. Il était un Président encore admiré, courtisé, pressé de toutes parts.

Que voulait-il ce soir-là... ? Que cherchait-il... ? Pourquoi avait-il provoqué ce dîner dans ce restaurant parisien... ? Nous nous connaissions à peine – je l'avais interviewé une fois en 1986.

J'avais appris qu'il s'était renseigné sur moi, mon engagement insolite, non conformiste, pas vraiment socialiste. Son intérêt m'avait flatté mais je n'avais pas trente ans, le pouvoir était si lointain, inaccessible, j'étais encore trop adolescent pour avoir envie d'y faire carrière. Je n'avais pas cherché à l'approcher. Aux temps de sa splendeur, ce n'était pas si facile.

Je fus impressionné quand il entra dans le restaurant, arborant le masque du monarque, ce visage qui prenait la lumière, ce masque cireux déjà – on ne

---

ouvrages dont *Les 200 Familles*, *La Haute Finance*, et le *Dictionnaire de la politique française* en plusieurs volumes.

voyait que lui dans la pénombre de l'entrée du restaurant. Le silence tomba dans la salle. De ce premier repas, il me reste cette image, ce silence, et un long plaidoyer.

Il m'avait assis à sa gauche, sur la banquette, et durant tout le dîner il choisit de me parler des Juifs. Ça le travaillait déjà.

« ... Je ne comprends pas ce qui se passe avec la communauté juive depuis cette histoire d'Arafat [1]. Tout est devenu fou, tendu, irrationnel depuis cette visite, que j'assume totalement d'ailleurs. »

Moi, timidement : « Ce n'est qu'une brouille circonstancielle.

– Oh non... C'est bien plus profond. Profond et injuste... Car je n'accepte pas – et j'en suis attristé – le procès qui m'est fait par la communauté juive, à cause de cette visite d'Arafat à Paris. J'ai la conviction qu'Arafat et l'OLP, ramenés sur le chemin de la raison, seront les seuls interlocuteurs possibles pour Israël. C'est ma politique. Les Juifs doivent savoir que la politique étrangère française ne se décide pas à Jérusalem – même si l'on y compte des amis. Négocier avec Arafat, c'est d'ailleurs l'opinion de mon ami Shimon Pérès... »

Puis il martela crescendo :

« Je n'accepte pas ce procès qui m'est fait... Si j'étais un ennemi des Juifs et que je menais une politique pro-arabe, je pourrais comprendre... Mais je suis un ami des Juifs, toute ma vie en témoigne... Ma première visite officielle à l'étranger a été pour Israël

---

1. Du 2 au 4 mai 1989, le chef de l'OLP, Yasser Arafat, est reçu en visite officielle par le chef de l'Etat à Paris.

en 1982 [1] – et j'étais le premier président français à m'y rendre. J'ai dit tout haut mon amitié pour Israël et la nécessité d'un Etat palestinien. Je n'ai donc pris personne en traître... » Devant ce torrent, je restai muet, intimidé. Il continuait sans que je le relance.

« Vous savez, Israël et moi, ça ne date pas d'hier. Avez-vous entendu parler de mon engagement pour *Exodus* [2] ? J'étais alors un jeune ministre et avec Defferre, nous nous sommes beaucoup battus pour Israël. Ce procès, je vous le redis, je ne l'accepte ni sur le fond et ni sur la forme... Un président de la République ne peut pas se faire traiter ainsi, comme un moins que rien, par ses concitoyens. »

J'osai le reprendre :

« Il y a eu quelques débordements, mais la communauté juive n'est pas le Bétar... !

– A tout propos on m'insulte dans les manifestations juives. Ils criaient : " Mitterrand assassin "... Vous savez, la rue juive est trop émotive, excessive,

---

1. Le 4 mars 1982, lors de la première visite officielle d'un président de la République française en Israël, François Mitterrand déclare devant la Knesset que « l'existence et la sécurité » de l'Etat juif « dans des frontières sûres et reconnues » passent par la reconnaissance du droit des Palestiniens « à une patrie ».

2. Nom du bateau qui transportait des rescapés juifs, arraisonné par les Britanniques en juillet 1947 pour les empêcher de débarquer en Palestine. Lors de son entretien télévisé avec Jean-Pierre Elkabbach, en septembre 1994, François Mitterrand rappela qu'à l'époque, ministre des Anciens Combattants, il avait été le seul membre du gouvernement, avec un ministre dont il ne se souvenait plus du nom, à prendre parti pour ces Juifs. Il s'agissait du ministre de l'Intérieur Edouard Depreux. Dans le même ministère, Jules Moch, aux Travaux publics, aida également ces Juifs à qui la France offrit l'hospitalité. (Cf. Jacques Derogy, *La Loi du retour, la secrète et véritable histoire de l'* Exodus, *Fayard, 1970.)*

injuste. Déjà en 1982, après l'attentat de la rue des Rosiers, je me suis rendu avec Defferre à la synagogue de la rue Pavée. J'avais mis un chapeau. Et là aussi ce fut l'émeute. Pauvre Defferre, il ne comprenait plus rien. Qu'avions-nous fait ? Est-ce parce que les Juifs sont mes amis que je dois accepter cela ?

– Oui, mais c'était la rue juive et la rue juive est comme toutes les rues...

– Mais les institutions juives sont aussi de la partie, contre moi. Au moment de la visite d'Arafat, j'ai reçu une lettre sidérante, comminatoire, de la part du président du CRIF, Théo Klein, que je considérais comme un homme de gauche. Lui aussi était tombé dans le panneau. »

Après un autre long silence, il m'agrippa.

« Je vous pose une question : est-ce que les Juifs auraient traité de Gaulle de la sorte ? Est-ce qu'ils l'auraient conspué à la moindre de ses visites amicales... ? Est-ce qu'ils l'auraient insulté... ? »

Que répondre ? Je me taisais.

« Non... Avec de Gaulle ils n'auraient pas osé. D'ailleurs, ils n'ont pas osé quand de Gaulle insulta Israël et les Juifs en 1967 [1]... Les Juifs ont toujours été mes amis. Nous nous fréquentons, nous nous aimons bien. Depuis le début je ne leur ai jamais manqué, et j'ai le sentiment que s'ils me traitent avec tant d'injustice c'est parce que je suis leur ami... Non... Ce n'est pas possible ! »

---

1. Après la guerre des Six-Jours au terme de laquelle les Israéliens ont agrandi leur territoire, lors d'une conférence de presse le 27 novembre 1967, le général de Gaulle qualifie le peuple juif de « peuple d'élite, sûr de lui-même et dominateur ».

Ce jour-là, on n'en était pas encore à la violence du 16 juillet 1992, à la guerre, mais la déchirure était là dès 1989.

Je relis cette phrase de Jacques Attali et je me pince. C'était il y a un siècle. « Il [François Mitterrand] est beaucoup plus juif que la plupart des Juifs qui l'entourent. » J'en ai trouvé une autre, de Françoise Castro – à l'époque, elle était animatrice de « Socialisme et judaïsme » : « Je n'ai qu'un reproche à lui faire, celui de ne pas être juif[1]. » Françoise Castro, épouse de Laurent Fabius, est devenue, à l'entendre, « une adversaire, la principale agitatrice avec Klarsfeld. Elle me déteste désormais, je ne sais pas pourquoi ».

Que s'est-il passé ? Ils avaient été tous mitterrandiens. Où aller avant 1981 ? Où s'engager ? Où militer quand on était juif et républicain ? Pas avec Rocard dans la « deuxième gauche », pas chez les « cathos-tiers-mondistes », trop antisionistes. Au centre ? Mais le centre, c'est la démocratie chrétienne décatie, ce n'est pas leur maison... Aller chez les gaullistes ? La France droitière et claquemurée ne leur laissait pas de place, au sommet de l'Etat, s'ils n'étaient pas de glorieux israélites comme René Cassin ou s'ils n'avaient pas été des héros de la France libre comme Romain Gary.

Il y eut un engouement des Juifs pour François Mitterrand. Ni catho de gauche ni marxiste, adepte d'une « Union de la gauche » qui ressemblait au Front populaire, il a vu converger vers lui la grande

1. In Aymar du Chatenet, Bertrand Coq, *Mitterrand de A à Z*, 1995, Paris, Albin Michel, p. 203.

tradition blumiste, ses gros des bataillons, les Juifs et les laïques. Le fameux « vote juif » n'existe pas mais, en 1981, on votera pour Mitterrand et contre Giscard qui n'avait pas interrompu sa partie de chasse chez le comte de Beaumont pour aller s'incliner rue Copernic [1].

Je m'en souviens : ils étaient émouvants, ces Juifs que je croisais alors et qui me prenaient à part pour me demander en catimini si c'était vrai... Si François Mitterrand était vraiment l'« ami des Juifs ». S'il avait vraiment un beau-frère juif et algérois. S'il était vrai qu'il allait à la synagogue, que son meilleur ami, son intime, s'appelait Georges Dayan [2] – et qu'il était d'Oran – et que son conseiller s'appelait Attali. S'il était vrai que son fils, son propre fils, était allé au kibboutz. S'il était vrai qu'il connaissait la Bible mieux que les Juifs eux-mêmes. S'il était vrai qu'il aimait un écrivain juif, un certain Albert Cohen pour lequel il voulait le Nobel...

La rumeur avait grossi, elle était devenue une révélation pour tous ces Juifs qui, depuis le chagrin de

1. Au moment de l'attentat contre la synagogue de la rue Copernic, en octobre 1980.

2. Georges Dayan, ami de François Mitterrand avant-guerre – ils ont fait leur service militaire ensemble –, fut son chef de cabinet dans de nombreux ministères sous la IVe République, avant de devenir sénateur de Paris, maître des requêtes au Conseil d'Etat. Il a été l'ami le plus proche de François Mitterrand durant les longues années de lutte politique, en particulier au moment de la conquête du parti socialiste, mais n'a jamais vu son triomphe : il est mort en mai 1979. Au lendemain de son élection à la présidence de la République, le premier geste de François Mitterrand a été une visite sur sa tombe au cimetière Montparnasse.

Vichy, ne croyaient plus en la République : François Mitterrand était l'« ami des Juifs ».

Il était des leurs. Les Juifs sont sentimentaux en politique. Ils étaient flattés, émus et reconnaissants. Pour la première fois, les Juifs pieux qui, le vendredi soir, dans un curieux rituel liturgique, rendent hommage au pays qui leur a donné la citoyenneté, le firent de bon cœur pour François Mitterrand.

Je relis cette phrase d'Attali. Comme elle résonne aujourd'hui ! « Il est beaucoup plus juif que la plupart des Juifs qui l'entourent. » J'imagine la fièvre d'Attali. Jeune élu parmi les élus. Son prosélytisme sincère, tribal, ce « Oyez ! Oyez ! braves Juifs » qu'il portait jusque dans nos provinces – j'en étais. Il était l'ami de l'*ami des Juifs*, empressé à convaincre, à convertir, à séduire. Il dispensait sa passion et il n'en revenait pas d'être le *Juif du roi*.

« Il est beaucoup plus juif que la plupart des Juifs qui l'entourent. » Il leur fallait en plus que le roi fût juif. Ce fut à l'origine du grand malentendu.

Un an après cette conversation sur « l'antisémitisme de son milieu » – le 25 février 1994 –, il m'assena froidement : « Les Juifs m'ont lâché », comme s'il m'annonçait une amputation. Il savait qu'à Paris la rumeur électrisait les dîners en ville : « François Mitterrand est antisémite. » C'est Philippe Sollers qui m'avait rapporté l'information. Il la tenait d'une confidence du Premier ministre, Edouard Balladur, qui lui avait dit « être sidéré par l'antisémitisme de François Mitterrand ». Sollers exultait, lui qui n'avait jamais été un rallié du régime, lui qui n'avait, je crois, rien demandé ni rien reçu, qui avait toujours été un casse-cou idéologique, un « gauchiste » capable de défendre le « cosmopolitisme » de Balladur, voyait dans la révélation du Premier ministre la confirmation de trente ans de méfiance gauchiste. « Mitterrand antisémite », ça le réjouissait, l'inspirait et confirmait cette idée d'une « France moisie [1] » qu'il développera plus tard.

« Mitterrand antisémite »... Toute la Ville en parlait. La nomenklatura socialiste, ce qu'il en restait. Les écrivains de droite avec acidité, et ceux de gauche avec *accablement*, les intellectuels qui le savaient depuis 68 et ceux qui avaient été dupes ; toute une population qui se réjouissait qu'enfin il se passe quelque chose, quelqu'un à haïr, enfin le diable dans ce monde apaisé. Ils avaient cherché les ambassades, les émissions de télévision, les présidences de sociétés, les tribunes dans les journaux, c'était le cirque des courtisans. Aujourd'hui qu'il ne servait plus à rien, *il était antisémite*.

C'était une rumeur, une vilaine rumeur qu'on répétait en baissant la voix : « Vous ne savez pas... ? Mitterrand est antisémite », avec le même ton, gourmand et honteux, que si l'on nous apprenait qu'il avait la syphilis.

Il ne faisait pas bon être ami de François Mitterrand.

Les Juifs et les intellectuels me regardaient d'un air soupçonneux, ou perplexe quand ils étaient gentils. Je fréquentais le diable, l'infréquentable devant lequel ils s'étaient inclinés depuis quatorze ans.

1. Philippe Sollers, « La France moisie », *Le Monde*, 28 janvier 1999.

5

« Plus personne ne lit Renan » *

Les balladuriens ne savaient plus quoi faire pour plaire à Mitterrand. Alain Minc venait de publier dans *Le Figaro* un article inattendu sur Edouard Balladur « disciple de Renan ». Le Président avait été amusé, il avait décodé sur-le-champ : « Cet article n'est destiné qu'à deux lecteurs : Edouard Balladur qui reçoit là une belle lettre d'allégeance ; et moi que Minc croit attendrir en comparant Balladur à Renan... Je ne savais pas qu'Alain Minc avait été élevé chez les jésuites. C'est bien le seul homme de sa génération à avoir lu Renan dans le texte... Plus personne ne lit Renan de nos jours. »

Il questionna Pierre Bergé, son complice en littérature, puis m'interrogea : « Et vous ? » J'osai timidement : « J'ai lu, un peu comme tout le monde, quelques extraits de *La Vie de Jésus* [1] et *Qu'est-ce qu'une nation ?* »

---

* *(Un déjeuner, restaurant « L'Assiette », un samedi de fin mars 1993.)*

1. *La Vie de Jésus*, publiée en 1863, fut un succès considérable, causa le scandale puisqu'elle restituait le milieu physique,

Il eut une grimace de dépit. « Ah, je le savais... Vous n'avez pas lu Renan... Plus personne ne lit Renan. C'est incroyable... Vous ne pouvez pas imaginer ce qu'était Renan pour ma génération. J'ai dévoré Renan avec fièvre, dans les greniers. Il fallait presque se cacher chez moi – et dans mon entourage, catholique et bourgeois – pour lire ce diable.

– Pourquoi le diable, monsieur le Président ?

– Mais vous ne pouvez pas comprendre à quel point Renan était sulfureux. Il a parlé du Christ comme d'un homme – il devait être le premier. Son œuvre merveilleuse traque le surnaturel – elle en a fait un hérétique pour les catholiques. Pour lui, les aventures de l'Ancien Testament et les Evangiles étaient une histoire d'hommes avec ses rivalités, ses haines. Sa vision naturaliste le rapproche de Zola... Renan, c'était une épouvante dans mon milieu... »

Après un silence, Mitterrand reprit, malicieux : « Une épouvante aussi parce qu'il y parlait des Juifs... Il était le premier penseur important à reconnaître si fortement les racines juives du christianisme. A convenir que Jésus était un Juif, et même un rabbi. A interpréter le judaïsme en d'autres termes et même à proclamer que l'Ancien Testament avait inventé le premier socialisme. C'est Renan qui m'a familiarisé avec l'histoire juive – sans Renan, dans une famille comme la mienne, comment appréhender les Juifs ?... J'ai rencontré Moïse grâce à Renan. Je me suis perdu avec lui dans le Sinaï, j'y ai beaucoup pensé à chaque fois que je me suis rendu au monastère Sainte-

---

intellectuel et moral du Christ, en rejetant l'intervention de tout surnaturel.

Catherine [1]. Renan est partout... C'est Renan qui m'a permis de connaître saint Paul de Tarse, cet apôtre différent des autres. Peut-être le plus juif d'entre tous. On le prenait pour un “ persécuteur de l'Eglise ”, c'est le nom qu'on donnait à ceux qui tentaient de convaincre leurs frères juifs ou païens de ne pas entrer dans la dissidence. Savez-vous que saint Paul partit pour Damas pour retrouver et convaincre les “ chrétiens ” qui s'y étaient réfugiés après le martyre d'Etienne ? En chemin, il fut arrêté par le Christ et se convertit immédiatement. Tout en restant juif. Il croyait que son christianisme d'alors était une prolongation du judaïsme.... Evidemment, c'était un drôle de personnage. Une sorte de gestapiste, avant et même après sa conversion, tant il était intolérant. »

Au mot dc « gestapiste » attribué à saint Paul, je sursautai. Il s'en aperçut.

J'ai fini par lire Renan. *La Vie de Jésus*, ce grand roman divinatoire, les *Ecrits de jeunesse* – qui valent bien en narcissisme tous les romantiques français du XIXe siècle – et cette étrange *Histoire du peuple d'Israël* écrite à l'extrême fin de sa vie. J'ai découvert que sans Renan on ne comprend rien à François Mitterrand, ni à la France catholique. Le vrai Renan, pas le vénérable notable, croulant sous les honneurs, encensé par la IIIe République. Renan le fou, l'illuminé, pas ce saint laïque, cette incarnation du savoir encyclopédique et de la liberté religieuse contre les bigoteries ; le plus

1. Monastère construit par Justinien au VIe siècle sur le lieu où l'on vénérait la révélation de Dieu à Moïse dans le Buisson ardent, au pied du mont Sinaï ; il abrite la deuxième collection de manuscrits au monde après celle du Vatican.

illustre de la Trinité de nos historiens avec Taine et Michelet. Pas le Renan fabriqué, laïcisé, républicanisé, aseptisé. Le Renan qu'on lit, pas celui dont on parle. Cet insensé, ce mystique naturaliste. Ce héros du siècle romantique, qui se prit pour le Christ puis pour saint Jean-Baptiste et qui voulut faire de ses travaux une « œuvre-vie », écrite un moment à quatre mains avec sa sœur, incestueuse probablement [1], tout le contraire de cette encyclopédie pointilleuse des religions qui reste dans nos mémoires imparfaites.

Renan, le grand Renan, qui enflamma l'imagination de deux ou trois générations de lettrés au tournant du siècle. Le Renan qui clôt le XIXe siècle catholique n'est pas celui qu'on a cru. Le malentendu trouve probablement son origine dans cette curieuse cérémonie qu'organisa la République, à la recherche d'une mythologie laïque, quelques années après sa mort. En 1903, l'inauguration de la statue de Renan à Tréguier [2], sa ville natale, se déroula avec le faste des cérémonies fondatrices. La république du père Combes avait besoin de Renan ; elle s'empara de sa révolte et de sa carrière universitaire interrompue par Napoléon III, pour en faire un de ses héros. Ce n'était là qu'une ruse du destin. Toute sa vie, Renan est resté le séminariste de Saint-Nicolas-du-Chardonnet,

1. En 1862, après la mort de sa sœur, Renan écrit : « Je prends à témoin son âme élue qu'elle fut toujours au fond de mon cœur, qu'elle régna sur toute ma vie morale comme il ne fut donné à personne de régner, qu'elle fut toujours le principe de mes tristesses et de mes joies » (cité par Laudyce Rétat *in* Renan, *Histoire et parole, œuvres diverses*, Robert Laffont, 1984, p. 49).

2. Face à la statue de Renan, les catholiques de Tréguier firent édifier un calvaire en compensation.

le plus exalté et le plus audacieux des catholiques, persuadé en son for intérieur que « tout est vanité républicaine » ; ce qui ne l'empêchait pas de poursuivre, sous une forme originale, une brillante carrière religieuse unanimement promise. Il avait préféré la religion du savoir, des institutions, de la France officielle et rationaliste. Mais il était resté grand prêtre.

Son érudition était, on s'en rend compte en le lisant, parcellaire, fantasmée. Elle n'était jamais scientiste et se nourrissait, à l'instar des romans, d'intuitions, de fantasmes, de fumeuses « théories progressistes » comme cette histoire d'embryogenèse [1], une théorie transformant l'histoire des religions en modèle évolutionniste. Renan remplissait les trous noirs de la Bible et des Ecritures. Le Christ était son Christ, les Livres saints le fruit de son imagination foisonnante.

L'autre malentendu, c'est son philosémitisme. Il serait juste de parler d'ambivalence. Renan oscille en fait entre l'incarnation au destin juif et la répulsion. Cette réputation de philosémitisme découle de son intérêt passionné pour les Juifs. De sa fréquentation des Juifs, même biblique, incongrue à l'époque. De cette familiarité acquise à fréquenter l'entourage des prophètes. De cette sympathie incontestable qui lui faisait considérer *le judaïsme comme l'inventeur du socialisme*. Mais il y a l'autre Renan, celui qui, cédant aux modes idéologiques, crut un temps à l'aryanisme [2] et lui opposa « l'esprit sémitique rétrécissant

---

1. Laudyce Rétat in Renan, *Histoire et parole, œuvres diverses*, *op. cit.*, p. 7, et sur l'ambivalence de Renan à l'égard du judaïsme, cf. Pierre Birnbaum, *La France aux Français : histoire des haines nationalistes*, Seuil, 1993.

2. Théorie développée par Arthur de Gobineau, diplomate et écrivain français, dans son *Essai sur l'inégalité des races*

le cerveau humain, le fermant à toute idée délicate ». Ce Renan qui faisait le tri chez le « sémite » entre la formidable invention du monothéisme, le besoin intransigeant de justice et son incapacité esthétique et politique, son mépris de la rationalité et son fanatisme. Renan, l'orientaliste, écrasé de préjugés où l'on sent affleurer toujours cette conviction au cœur du malentendu : l'idée d'un progressisme en religion où les sémites seraient « des vengeurs, des guerriers, du Dieu jaloux ». Ainsi chez Renan on observe, à mesure que le christianisme s'occidentalise, se perfectionne, qu'il s'éloigne de sa souche sémitique. Il devient lumière, douceur et mansuétude. Tel est le sens d'un des derniers discours du vieux Renan [1] : « Le christianisme c'est nous-mêmes. Et ce que nous aimons le plus en lui, c'est nous. Nos vertes et froides fontaines, nos forêts de chênes, nos rochers y ont collaboré. Dans l'ordre des choses de l'âme [...] le suave et subtil mysticisme d'un saint Bernard ou d'un François d'Assise viennent bien plutôt de nos ancêtres, païens peut-être, que de l'égoïste David, de l'exterminateur Jéhu, du fanatique Esdras ou du strict observateur Néhémi. »

Philosémite, Renan ? Ce serait aussi stupide que de le dire antisémite. Parce qu'« on ne lit plus Renan », on se figure que son empathie pour le destin juif

---

humaines (1853-1855), selon laquelle il existerait une hiérarchie entre les races prouvée par l'histoire, l'anthropologie et la philosophie. Les aryens de l'Inde représenteraient la plus noble race. Les peuples du XIXe n'étant que des mélanges, une seule race resterait à peu près « pure » : les Germains.

1. Discours aux funérailles d'Ernest Havet, le 24 décembre 1889, cité par Laudyce Rétat *in* Renan, *Histoire et parole, œuvres diverses*, *op. cit.*, p. 9.

n'était que grâce et amitié. Or la vision de Renan n'est pas neutre – pourquoi voudrait-on qu'elle le soit ? Et la vision des Juifs, selon Mitterrand, est « renanienne » tout comme sa conception de la *terre* et des *morts* avait été barrésienne. Elle reste catholique, ouverte pour l'époque, mais véhicule aussi les fantasmes de l'antijudaïsme ancestral. Cet imaginaire puissant, flamboyant, étincelant, dans lequel le Juif est certes pionnier, cousin, mais où il est aussi vengeur, dominateur, intolérant, moins humain et plus emporté que le christianisme ; cette vision du monde « progressiste » et confusionniste où la martyrologie s'inverse, et où, au détour d'une histoire longue, se commet même une Shoah cananéenne [1]. C'est le sens d'un des dérapages antisémites les plus spectaculaires de la fin du xxe siècle, celui de l'abbé Pierre. Les paroles de celui-ci n'étaient pas dues au hasard. Elles n'enlevaient rien à sa Résistance, à son sauvetage des Juifs pendant la guerre, à son humanité militante, et même à un certain philosémitisme, mais elles trahissaient le fond d'une âme catholique d'avant Vatican II qui avait passionnément aimé Ernest Renan.

1. En avril 1996, l'abbé Pierre, dans une lettre de soutien à Roger Garaudy met en parallèle la Shoah et les massacres des Cananéens par les Hébreux, après l'adoration du Veau d'or, racontés dans le Livre de Josué.

6

L'Atlantide *

Il voulait fuir la Rive gauche où le Parti des intellectuels lui avait déclaré la guerre à propos de la Bosnie. Il n'avait pas envie d'être dévisagé – plus que de coutume –, importuné, interpellé comme l'autre jour dans notre bistrot du samedi par cette voisine qui lui avait reproché Vichy, Bousquet, Rocard, Tapie et Milosevic. Il avait choisi ce restaurant luxueux, poissonneux, à l'autre bout de Paris, à l'écart du temps qui semblait s'être arrêté ici en 1960 : une vaste salle capitonnée de ce velours tabac qui avait habillé des millions de salles à manger « tradition » dans la France gaulliste ; des maîtres d'hôtel impeccables et militaires avec leurs serveurs adolescents et effacés. Un lieu de ses années conquérantes. On avait pu y croiser Georges Pompidou et Claude, sa jeune épouse, du temps où ils fréquentaient Auron l'hiver, Saint-Tropez l'été et Guy Béart hors saison ; Maurice Druon, à l'époque des *Rois maudits*, y amenait, c'est sûr, ses conquêtes, dans des Jaguars décapotables qu'il conduisait alors. Mitterrand, parlant de ce lointain rival, m'avait confié avec

---

* *(Un dîner au restaurant « La Marée », 27 janvier 1994.)*

regret : « Il était l'un des plus beaux hommes de Paris » ; Ambroise Roux, le parrain du patronat français durant cinquante ans, y avait sans doute conclu d'importantes affaires en faisant découvrir aux ministres, et à leurs épouses en vison, le turbot à la moutarde, avant de les initier aux « tables tournantes », sa passion. On n'aurait pas été étonné de voir débarquer certains soirs le Delon du *Samouraï* avec son agent dans ce « grand restaurant » où Melville aurait pu le filmer. Le vieux Jacques Foccart fréquentait toujours l'endroit, où il avait sa table, près du bar.

En arrivant avec Mitterrand, je l'aperçus tout de suite : Maurice Papon était dans la salle, à deux tables de nous, avec son épouse et un couple d'amis. Du coin de l'œil, je le découvrais plus imposant, plus solide, plus chic que je me le figurais. Il m'avait écrit en 1986 à la suite d'une enquête sur son séjour à la préfecture de Bordeaux en 1942 que j'avais publiée dans *Globe* avant que l'affaire éclate. Il se défendait comme un beau diable dans une très longue lettre méthodique et implorante. J'en étais resté à l'impression d'un Papon vieillard, agrippé à la vie, malingre et pitoyable, mais ce soir-là il avait à sa table la même autorité qu'on lui trouvait sur ses photographies de jeunesse. Il n'avait rien perdu de sa morgue de maître du monde.

Danièle Mitterrand et trois amis nous avaient rejoints. Le Président m'avait installé face à lui, à cette place redoutable, dont j'ai déjà parlé [1], et où l'on se trouvait obligé de subir son interrogatoire balzacien sur les nouveautés de la vie parisienne, l'étendue

---

1. *Le Dernier Mitterrand, op. cit.*, p. 22.

insoupçonnée des réseaux Balladur ou la dernière rivale de Sophie Marceau. Il fallait deviser avec intelligence, pertinence, allégresse, originalité mais pas trop, paraître informé de tout et avant tout le monde... Mais pas seulement. Il convenait de lancer la conversation puis de lui donner le désir de la poursuivre ; de l'alimenter, de l'élargir et de s'attirer ainsi les rires d'une cour préoccupée d'éviter cette place périlleuse et qui s'amusait du jeu de massacre qu'elle provoquait.

Au début du dîner, le silence de la petite assemblée me semblait bien pesant. Je pensai me rendre intéressant – ou les toucher – et désignai Papon d'un mouvement du menton : « Et dire que ce salaud dîne en ville. »

Personne ne réagit. Le maître d'hôtel prenait les commandes. Les convives n'avaient peut-être pas entendu. Alors j'ai répété ma remarque en accentuant chaque mot. Toujours pas de réaction. Je m'étonnai que Mitterrand n'ait pas grommelé une méchanceté ordinaire sur Papon notre voisin. Comme personne ne répondait – étais-je inconscient, exalté ou trop novice – je poursuivis : « Et dire qu'il a eu le même zèle pour faire partir les premiers trains de déportés de Bordeaux en 42 que pour faire jeter à la Seine les Algériens le 17 octobre 1961. »

Cette fois il me regarda, fit mine de m'écouter, me fixa sans rien dire. Je l'intéressais peut-être, je continuai donc avec cette idée qui m'était chère : « Imaginez, monsieur le Président, que des policiers qui ont massacré des Algériens en 1961 étaient en âge d'avoir été de la rafle du Vél' d'Hiv' en 1942. Et tout cela sous les ordres de ces mêmes hauts fonctionnaires... ! » Ma thèse sur les flics et leurs chefs, les mêmes de Pétain à de Gaulle, avait tout pour plaire à cet antigaulliste. Mais il ne réagissait toujours pas. Pour meubler le silence et pour sortir de ce monologue que je commençais à trouver pesant, je voulus conclure : « Heureusement, il sera jugé bientôt... »

Danièle Mitterrand, au nom de Papon, m'interrompit en s'exclamant : « Oh, Papon... Tu te souviens, François, au moment de l'Observatoire, il m'avait appelée dans la nuit pour me prévenir [1]. Il a été très correct avec toi à l'époque... Ah, quelle époque terrible, nous étions si seuls. Les gaullistes, à l'époque, c'était comme la Gestapo ! »

Regard foudroyant de Mitterrand sur son épouse. Elle passa à autre chose et il s'occupa de moi. Ou plutôt son œil, devenu unique, sorte de cyclope inquiétant, pivota vers moi lentement. Son air était terrible. Il finit par dire : « Vous ne savez pas de quoi vous parlez... jeune homme. »

Il avait mis dans ce « jeune homme », prononcé comme un seul mot, tout son mépris. J'étais tétanisé, et la mitraille commença. « Jeune homme, vous ne savez pas de quoi vous parlez. Ici, tranquillement, en temps de paix. Cinquante ans après, vous jugez sans savoir, sans connaître le contexte de l'époque, sans savoir qu'il fallait sauver sa peau... Cinquante ans après c'est trop tard. Si maintenant, cinquante ans après, on cherche les hauts fonctionnaires, où s'arrêtera-t-on ? L' Epuration a été faite : on a condamné les

1. Dans la nuit du 15 au 16 octobre 1959, Maurice Papon, alors préfet de police de Paris, avertit Mme Mitterrand de l'attentat dont a fait l'objet son mari, le long des jardins de l'Observatoire. Quelques jours plus tard, François Mitterrand est accusé par l'auteur de la fusillade, Robert Pesquet, d'avoir été l'instigateur d'une mise en scène.

politiques, les idéologues, les collaborateurs les plus notoires... On ne va pas recommencer. Pour Papon, ceux qui l'ont nommé ou l'ont laissé en place, comme de Gaulle, savaient ce qu'ils faisaient. Ils avaient leurs fiches, leurs dossiers... »

Il désigna de la main Papon et ses amis, sans prudence : « Qu'est-ce que vous voulez faire de lui... Aller le tirer de son lit, à son âge, et le condamner à mort ! » Il répéta cela deux fois, un ton en dessous, puis se prit la tête dans les mains, resta ainsi un moment qui me parut interminable, épuisé, accablé, en marmonnant : « Ça suffit... Ça suffit... Ça suffit... Cinquante ans après, c'est trop tard... »

Au son de ces méchants « jeune homme » dont il m'avait apostrophé, les invités avaient compris qu'il se passait quelque chose. Ils s'étaient tus pour qu'aucun bruit ne puisse distraire le spectacle dont ils ne voulaient rien manquer : la mise à mort du dernier favori en date.

Ils l'attendaient d'ailleurs, et se demandaient, eux qui le connaissaient si bien, combien de temps je pourrais durer encore. Depuis trois décennies, ils en avaient vu passer tellement : Giesbert répudié en 1976 pour cause d'insolence [1], Hallier une ou deux saisons, July recalé à la fin du premier septennat, Debray qui avait trahi, Orsenna qui n'avait pas duré, et tous ceux avec lesquels ça n'avait jamais accroché... Avec lui aussi, pensaient-ils en me désignant, ça passera. Mais

1. François Mitterrand n'avait pas apprécié certains passages de son livre *François Mitterrand : la tentation de l'histoire*, dans lequel F.-O. Giesbert ravivait de douloureux souvenirs : Vichy, l'Algérie, l'Observatoire. Les deux hommes renouèrent en 1994.

depuis deux ans, les déjeuners du samedi avec Pierre Bergé, les dîners tardifs chez Le Duc avec Sagan, les invitations aux rituels du clan, à Latche, Cluny ou Solutré, se répétaient. Ses proches finissaient, je crois, par trouver cela un peu long, curieux, presque anormal. D'ordinaire, ils s'amusaient de son goût pour les favoris – ces jeunes hommes qu'il prenait, séduisait, faisait rêver avant de se lasser très souvent – mais leur moment préféré était le déclin du protégé, quand il s'enfonçait, se débattait. La grande distraction demeurait la scène de l'exécution. J'avais tenu plus que les autres, aujourd'hui mon heure était arrivée.

Il y eut un moment de flottement – comme si la guillotine n'avait pas fonctionné. Il s'était calmé, j'étais encore vivant. Autour la vorace attention se relâcha et sans s'occuper d'eux qui n'y comprenaient plus rien, il me fit signe de m'avancer. Etait-ce un piège, une ruse, une simple accalmie avant la tempête ? J'obtempérai, me penchai sur la table, un peu trop, au risque d'être ridicule, et renversai un verre.

J'étais saisi. Quelle exécution grotesque, la pire mise à mort pour le favori. Viré, et dans ces conditions ! Je retins la nappe, surveillai les couverts, examinai les serveurs et restai ainsi, suspendu, dans l'attente d'un désastre imminent. Quand, d'une voix sourde, et au ton tout à coup étonnamment bienveillant, il me confia en détachant les mots :

« Vous ne pouvez pas comprendre... Vichy, tout le monde y était. Seulement il y a eu ceux qui étaient " mal embarqués " et qui sont " bien arrivés ". C'est probablement le cas de celui-là. (Il désigna Papon.) Et puis il y a les autres : les " mal embarqués " qui sont " mal arrivés "... »

Il se tut, tourna la tête vers ses proches qui tendaient l'oreille et qui, dépités, revinrent aussitôt à leurs fruits de mer. Je n'osais plus bouger, les mains accrochées à la nappe, inquiet de tout dans cet équilibre instable. Il conclut à voix basse : « Ne perdez pas votre temps. Moi aussi j'ai été un " mal embarqué bien arrivé "... »

Maurice Papon avait quitté le restaurant avant nous. J'avais été frappé par le salut, discret, presque illicite, qu'il avait adressé à François Mitterrand – qui lui avait renvoyé le même imperceptible signe de considération. Papon ne s'était pas approché. Les deux hommes ne s'étaient pas parlé – trois mètres au moins les séparaient –, pas trahis, mais leur regard en disait plus que tout ce qui les avait officiellement séparés : la droite, la gauche, trente ans de combat politique, deux Républiques et quelques affaires.

Dans les jours qui suivirent, je me repassai le film de cette soirée. Leur salut clandestin, la colère contre le « jeune homme », et cette phrase clé qu'il m'avait concédée : « Ne cherchez pas, moi aussi j'ai été un mal embarqué bien arrivé. » Papon et lui ne s'étaient jamais fréquentés, mais entre les deux hommes on trouvait quelques points de rencontre, une connivence de générations : ces journées en Algérie où le préfet Maurice Papon [1] escorte avec sollicitude le jeune

1. De mai 1956 à mars 1958, Maurice Papon est inspecteur général de l'administration en mission extraordinaire pour la région de l'Est algérien. Il a alors fait visiter la casbah de Constantine, fermée aux Européens, « à un Mitterrand interloqué lorsque, garde des Sceaux, il vint installer une cour d'appel à Constantine. Des Arabes me saluaient. Mon hôte, un peu blême, était contracté autant qu'étonné. Dayan qui l'accompagnait, s'inquiétait, alors que je m'attardais malicieuse-

garde des Sceaux François Mitterrand ; la magnanimité – la duplicité ? – du même préfet de police au moment de l'affaire de l'Observatoire ; et jusqu'en 1987 l'obstruction discrète et efficace de Mitterrand qui permit d'égarer l'instruction du procès Papon pendant si longtemps [1].

Vichy, « ils » en avaient été tous les deux. Cela valait bien des indulgences, une complicité secrète, cette inimaginable solidarité longue d'un demi-siècle : ce signe – ce regard – était un code pour ces clandestins qui ne s'étaient jamais perdus de vue. Il y avait entre les anciens de Vichy – j'avais commencé à le comprendre – ce « je ne sais quoi » qui cinquante ans après restait collé à leur peau, à leur âme, à leurs mots, et à leur allure, avec autant d'imprégnation que l'engagement gaulliste chez les Français de Londres. On reconnaissait un gaulliste du 18 juin à son caractère *déraisonnable*, abrupt, net, un peu fêlé, jusque dans la vieillesse ; tandis qu'un vichyste était et restait plus énigmatique, comme un élégant asthmatique.

Vichy ne les avait donc jamais quittés, ni lui, ni Papon, ni les autres. Vichy dépassait la simple villégiature, ces mois ou ces années passés là-bas, l'appartenance à tel ou tel clan, la fidélité au beau Darlan ou bien à l'affreux Laval. Vichy, pour eux, n'était pas dans le département de l'Allier, mais une région de l'esprit. Ce n'était pas un fragment de vie mais l'irrigation de toute une vie : leur source.

---

ment dans les ruelles de cet autre monde » (Maurice Papon, *Les Chevaux du pouvoir*, Plon, 1988).

1. Après l'annulation de la procédure contre Maurice Papon pour vice de forme en 1987, une seconde instruction est ouverte.

En une formule, les « mal embarqués bien arrivés », François Mitterrand m'avait donné la clé de ce monde fermé de l'intérieur; de ce monde du silence, puissant, méconnu, redoutable que fut – et est parfois encore – « Vichy après Vichy » : cette « confrérie des vaincus », avec ses réseaux, ses bien-nés et ses soldats perdus; tout un monde englouti et pourtant bien présent depuis cinquante ans : une « Atlantide » française qui, un jour, sombra sans disparaître vraiment. Leur paradis perdu, mon cauchemar.

Ils étaient des clandestins, les rescapés d'un grand naufrage. Tous avaient fauté, les deux cents familles et leurs rejetons, nombre de gloires républicaines de la IIIe, l'inspection des Finances – qui fut l'armature du régime – sauf quelques fous comme Postel-Vinay [1], la préfectorale à l'exception des épurés, de Moulin et quelques autres [2], toute la magistrature, celle du siège, du parquet et des sections spéciales de Pucheu; la quasi-totalité du clergé jusqu'à ce que Mgr Gerlier rompe le silence en 1942, la flotte et ses amiraux en livrée – on ne voyait que des marins dans le Parc Thermal de Vichy –, les polytechniciens français, les banquiers français et leurs conseils d'administration qui

Le président François Mitterrand a admis plus tard avoir alors retenu les poursuites contre Maurice Papon.

1. André Postel-Vinay, jeune inspecteur des Finances, fait prisonnier le 17 juin 1940, s'est engagé dès octobre 1940, aussitôt après son évasion du 24 juin, dans un réseau dépendant du service de renseignement de l'armée de terre. (Cf. Georges-Marc Benamou, *C'était un temps déraisonnable*, *op. cit.*, et André Postel Vinay, *Un fou s'évade : souvenirs de 1941-1942*, Paris, éd. du Félin, 1997.)

2. Les membres du corps préfectoral qui se sont engagés dès 1940-41 dans la Résistance et y laissèrent leur vie sont Jean Moulin, Fred Scamaroni et Valentin Abeille.

avaient presque tous accepté de se faire « diluer » par les capitaux allemands, la bourgeoisie française hormis quelques hérétiques, les belles lignées provinciales avec leurs jeunes hommes gris et méritants.

Ils avaient embarqué un jour de juillet 1940 sur le « paquebot Pétain », avaient été en première classe, là où les hurlements de l'Histoire étaient assourdis, dans une ville d'eaux dont la superficie ne devait pas excéder celle du glorieux *Normandie*. C'étaient des maréchalistes modérés, ils avaient avalisé modérément le « statut des Juifs » d'octobre 1940. Ils avaient modérément apprécié Montoire – ils étaient modérément antiallemands. Ils avaient navigué en eaux calmes d'abord, de 1940 à 1942, puis en eaux rapides, après cette cascade déclenchée par le tournant de novembre 1942. Ils étaient restés, pour la plupart, dans l'eau croupie de 1943, – cette eau épaisse qui, selon Edgar Poe, se confond avec du sang[1]. Certains avaient commencé à quitter Vichy alors que la mer se levait ; le déluge de l'été 1944 emporta les autres, les noya et engloutit leur monde.

Leur France, celle de Vichy, avait sombré, comme un jour l'Atlantide. Les coupables les plus voyants y étaient morts ou faisaient semblant, tandis que les plus jeunes, les plus avisés et les moins « mouillés », avaient survécu. Mon ami, le Président, et l'autre salaud, étaient de jeunes Atlantes devenus vieux.

« Bien arriver ». Ce fut leur talent.

François Mitterrand était formel : Pour les « bien arrivés », il y avait un moment crucial, une date butoir, le déclic de la « dissidence » comme il me disait : « Oui,

---

1. Marie Bonaparte, *Edgar Poe, sa vie, son œuvre, étude analytique*. PUF, 1958.

on peut affirmer que le 11 novembre 1942 a été le 18 juin des mal embarqués... Avec l'invasion de la zone dite libre par les Allemands le 11 novembre 1942, il ne devait plus y avoir aucun doute pour un patriote. » Ce fut leur réveil, même s'ils ne commencèrent à agir qu'en 1943. L'invasion de la zone libre par les Allemands, l'échec de la Wehrmacht à Stalingrad, le débarquement allié en Afrique du Nord avaient changé la donne. Il n'y avait pas de recette à l'époque, pas de ticket de sortie de Vichy, pas de garantie, tout se jouait au flair mais, à ce moment-là, les plus politiques commencèrent à comprendre. Ils s'étaient trompés d'Histoire, de bifurcation, de navire.

Les « courageux » s'engagèrent dans la Résistance. Ce furent les vichysto-résistants [1], liés aux militaires de l'ORA [2] ou aux services secrets du commandant Paillole, ou les résistants de l'Intérieur proches du mouvement Combat qui, jusque très tard, avait entretenu des liens avec Vichy [3]. Les antiallemands du Maréchal s'organisaient ; ils crurent que Giraud [4],

---

1. Jean-Pierre Azéma et Olivier Wierviorka, qui recensent les grandes familles de résistants, distinguent, outre les « gaulliens » et les communistes, les vichysto-résistants et enfin le mouvement d'Henri Frenay et Claude Bourdet (*Vichy : 1940-1944*, Perrin, 2000, p. 355).

2. Au début de 1943, des officiers de l'armée d'armistice dissoute constituent l'Organisation de résistance de l'armée secrète. Leur premier chef, le général Frère, est désigné par le général Giraud. Dans les combats de la Libération, l'ORA alignera 68 000 hommes.

3. Ce n'est qu'en mai 1942 que le journal *Combat* publie une lettre au Maréchal annonçant la rupture du mouvement d'Henri Frenay avec la Révolution nationale.

4. Commandant la IXe armée en 1940, le général Giraud prisonnier s'évade de la forteresse de Kœnigstein, et parvient en zone sud en avril 1942. Il assure le maréchal Pétain de son loya-

soutenu par Roosevelt, serait leur « sauveur ». Ce fut le cas, courant 1943, de François Mitterrand et de ses amis.

Les « prudents », ces hauts fonctionnaires qui ont toujours eu l'art de gérer leur carrière – et c'était précisément leur préoccupation à ce moment –, restèrent en place mais commencèrent dès 1943 à constituer méthodiquement des dossiers, à accumuler des certificats, à parfois cacher des amis juifs – et à « rendre des services » à la Résistance. Comme Papon et tant d'autres.

D'autres enfin, les plus politiques, les nageurs les plus avisés, comprirent, après trois ans passés à Vichy, que le gaullisme laverait plus blanc. Ils furent nombreux à devenir gaullistes. En 1943, on assista au grand exode pour Londres ou pour Alger. Les ralliés tardifs à la France libre furent légion. De Gaulle avait besoin d'eux pour peser, face à Churchill et Roosevelt, et l'emporter dans l'épreuve de force qui l'opposait au général Giraud. De Gaulle ne fut pas très regardant alors – il ne le sera pas non plus en 1944 – et l'on décerna à tour de bras des brevets de gaullisme à ces retardataires.

Parfois, François Mitterrand renonçait à s'expliquer, à se défendre. Il lui suffisait de cet argument puéril, inadéquat pour un chef d'Etat mais qui en disait long sur l'étendue réelle de cette Atlantide : « Pourquoi moi ? Pourquoi seulement moi... ? Et les autres, n'y étaient-ils pas, à Vichy... ? » Ainsi il me demanda un

---

lisme, mais refuse de se constituer à nouveau prisonnier comme le veut Laval. Il débarque à Alger le 9 novembre 1942 où il devient commandant en chef civil et militaire. Son premier souci étant la reconstitution de l'armée, il refuse de s'occuper de la Résistance. Après avoir coprésidé avec lui le CFLN, le général de Gaulle l'évincera en octobre 1943.

jour [1], goguenard, si je savais quels étaient les deux ministres du gaullisme qui avaient eu, plus longtemps que lui, des fonctions à Vichy, et dans un ordre plus élevé.

J'avais trouvé Couve de Murville [2]. Il était satisfait et avait commenté : « Il était presque ministre, une très haute personnalité du régime, et en 1943, à Vichy, il passait pour giraudiste. Il est parti pour Londres quand le vent a tourné mais, à Alger, il a vite compris et, au bout de quelques jours, avec armes et bagages, il est passé chez de Gaulle. » J'avais séché pour l'autre. Il s'était mis à rire, avait maintenu le suspense un moment, en répétant, sainte nitouche : « Vous ne voyez vraiment pas... ? Vous devriez lire les mémoires de Barthélemy [3]. » Je ne voyais toujours pas.

Il lâcha : « Chaban. »

Chaban, son contemporain, son ami, son rival ! « Il est resté jusqu'en 1943 à Vichy lui aussi [4]. Et à un

---

1. Le 7 septembre 1994.

2. Inspecteur des Finances en 1932, Maurice Couve de Murville, devient, en septembre 1940, directeur des Finances extérieures et des Changes. A ce titre il siège à la commission d'armistice à Wiesbaden. Après le débarquement allié de novembre 1942, il gagne Alger via l'Espagne. Le général Giraud le nomme commissaire aux Finances. Ecarté du CFLN par les Américains qui lui reprochent ses relations avec les Allemands en 1940, il se reconvertit dans la diplomatie en 1944. A la Libération, il devient ambassadeur à Rome, ambassadeur de France en 1950. De 1958 à 1968, il est l'inamovible ministre des Affaires étrangères du général de Gaulle, puis le dernier Premier ministre du Général. Jusqu'à sa mort, en 1999, il ne jouera qu'un rôle très discret dans la vie politique.

3. Joseph Barthélemy, *Ministre de la Justice : Vichy 1941-1943, mémoires*, Pygmalion, 1989.

4. Tout en ayant des activités clandestines depuis le début de 1941, dans le mouvement du colonel Heurtaux, proche de l'ex-

poste bien plus important que moi qui n'étais qu'un simple prolétaire... A la Libération, il passa son temps à faire savoir qu'il avait été un grand résistant. Quelle énergie il a consacré à se faire accepter par les gaullistes, ses nouveaux amis... ! Dommage que Chaban n'ait jamais eu le courage politique de son courage militaire. » Ces précisions apportées, perfides et précises, il conclut d'un grognement fataliste et orgueilleux : « Couve et Chaban : on ne les a pas remarqués... C'est flatteur pour moi... »

Il se consolait comme il pouvait.

En me parlant de la Libération, il avait eu une formule ironique qui m'avait frappé : « Il y a eu des fusillés qui s'imposaient. Ceux qui ne s'imposaient pas... » Il avait laissé la phrase en suspens et, l'œil plein de malice, avait poursuivi : « Et puis d'autres qui auraient dû s'imposer... », avec l'air entendu de celui qui savait, qui avait vu, qui avait une fiche sur chaque grande famille de l'Atlantide, qui connaissait les tricheurs pour les avoir parfois même aidés. Il avait beau plaider

---

cagoulard le colonel Groussard, le jeune Jacques Delmas entre comme stagiaire dans les services parisiens du ministère de la Production industrielle que dirige, à Vichy, François Lehideux. Rattaché au BCRA en mai 1942, il obtient le concours de l'inspection des Finances en avril 1943. Devenu Chaban dans la résistance, il entre, en octobre 1943, à la délégation militaire du GPRF en métropole. En mai 1944, il est promu général de brigade et nommé délégué militaire national. Il organise le soulèvement de Paris à l'approche de la division Leclerc. Député (1946) et maire (1947) de Bordeaux pendant un demi-siècle, il occupe plusieurs ministères sous la IVe République. Président de l'Assemblée nationale à trois reprises entre 1958 et 1988, il est aussi Premier ministre de 1969 à 1972. Il est mort le 10 novembre 2000.

la « réconciliation nationale », jurer que l'Epuration avait été faite et bien faite, redire que les Français s'étaient trop haïs, trop déchirés, il n'était pas dupe.

Quelle merveille ce : « Et puis d'autres qui auraient dû s'imposer... » C'était sa manière d'avouer : il ne faut pas croire à l'Epuration de Vichy. En effet, cette Epuration-là, celle des élites, fut un leurre, un magnifique tour de passe-passe. On arrêta les collaborateurs les plus flagrants, les plus « mouillés ». On condamna les politiques les plus éminents, les écrivains les plus tonitruants, les miliciens les plus sanguinaires – « Les soudards comme Touvier, c'est normal... », disait Mitterrand. On exécuta Laval mais on laissa tranquillement mourir Pétain. On fusilla Pucheu pour mieux accueillir six mois après les repentis du Maréchal. On ne gracia pas Brasillach ni Béraud mais on fut indulgent avec Chardonne et Morand, ces grands bourgeois. Et si l'on coula Paul Chack [1], le plus illustre des écrivains maritimes de l'entre-deux-guerres, c'est parce qu'il avait dérogé au bon goût, qu'il était vraiment trop fou, trop compromettant et qu'il fallait bien en sacrifier quelques-uns.

On épura en surface mais on ne s'aventura pas en Atlantide pour rechercher ceux qui « auraient dû s'imposer ». C'était trop risqué. Ils se tenaient, tout le monde se tenait. L'Epuration des Banques ? Elle fut si dérisoire que je ne comprends pas le silence autour de ce scandale. Parmi les vingt banquiers qui ont été

1. Après avoir eu une brillante conduite en 1914-1918 en tant qu'officer de marine, il prend la direction du Service historique de la marine en 1934, puis accepte de présider, en 1941, le Comité d'action antibolchevique. Arrêté à Paris le 23 août 1944, il est condamné à mort le 18 décembre et exécuté au fort de Montrouge le 9 janvier 1945.

membres du Comité d'organisation des banques, organe du régime de Vichy, seuls sept ont été inculpés à la Libération [1]. Dans les grandes institutions financières, à la Banque d'Indochine par exemple, la plus collaborationniste avec Paribas et la Banque Worms, on se contenta d'un jeu de chaises musicales où le « numéro deux » gaulliste prit la place du « numéro un » vichyste. Ils avaient tout prévu. L'Epuration des hauts fonctionnaires... ? L'Epuration de l'inspection des Finances dont Vichy fut la rampe de lancement ? L'Epuration dans la Justice... ? L'Epuration du patronat français.. ? L'Epuration de la préfectorale... ? Dérisoire, hypocrite, contrefaite, faussée par la solidarité de caste, les complaisants certificats de résistance et le sens de la navigation. Les historiens contemporains [2] commencent enfin à mettre au jour cette fausse Epuration... La bourgeoisie maréchaliste s'en tira à bon compte et, de son exil en Atlantide ou sous uniforme gaulliste, elle continua à diriger le pays. Elle sauva sa peau, avec cet art incomparable qu'elle cultive depuis Louis-Philippe ; sa science rouée du pouvoir ; l'idée qu'elle a toujours eue de sa légitimité, évidente, éternelle ; le sérieux, incomparable en Europe, de la reproduction de ses élites ; cette manière propriétaire qu'elle a eu de tout accaparer, de faire les pires salo-

1. Claire Andrieu, *La Banque sous l'Occupation*, Paris, Presses de la FNSP, 1990, p. 258.

2. Annie Lacroix-Riz, « Les Grandes Banques françaises de la Collaboration à l'Épuration », *Revue d'histoire de la Seconde Guerre mondiale et des conflits contemporains*, n°s 141 et 142, janvier et avril 1986 ; François Rouquet, *L'Epuration dans l'administration française : agents de l'Etat et collaboration ordinaire*, CNRS Editions, 1993 ; Claude Singer, *L'Université libérée, l'Université épurée* : 1943-1947, Les Belles-Lettres, 1997.

peries avec la plus grande politesse, et de savoir se préserver, elle, ses réseaux, ses enfants et ses privilèges. En 1944, elle plia mais ne rompit point et retrouva vite ses jetons de présence, ses titres de propriétés et ses habitudes de « maître du monde ». On ne pouvait tout de même pas laisser les commandes aux « rouges » et aux résistants que l'on congédia à la Libération, – avec la bénédiction de De Gaulle – ou que l'on expédia en Indochine.

« Mal embarqués bien arrivés. » C'était devenu une grille de lecture entre nous, un raccourci, une manière de dire, mais parfois Mitterrand se trompait. Ou voulait se tromper. A l'automne 1994, alors que l'affaire Bousquet [1] avait atteint son paroxysme, il m'avait dit pour se justifier : « Sur Bousquet, je m'étais peut-être trompé. Je pensais qu'il était lui aussi un " mal embarqué bien arrivé "... En fait, il était un mal arrivé, et en 1949, au moment de son procès, on ne s'en était pas aperçu... »

Car il ne fallait pas confondre les « bien arrivés » et les « mal arrivés ». La bourgeoisie du Maréchal et les proallemands de Paris ; Vichy 1942 et Vichy 1944 ; la droite à Vichy et la gauche à Paris avec Déat [2],

---

1. Cf. *infra* p. 205.

2. Marcel Déat, député socialiste de la Seine en 1932, fonde le Parti socialiste de France l'année suivante. Partisan d'un rapprochement avec l'Allemagne hitlérienne, il écrit le 4 mai 1939 dans *L'Œuvre* l'article fameux « Faut-il mourir pour Dantzig ? » qui prône la non-intervention face aux agressions de Hitler. En février 1941, il crée le Rassemblement national populaire avec le but, non atteint, de regrouper tous les collaborateurs de la zone occupée. Ministre du Travail en 1944, il fuit à

Doriot [1] et autres nazis. Il fallait bien que quelqu'un paie : ce furent les « mal arrivés ». Ceux qui avaient été loin, vraiment trop loin, trop proallemands, trop antijuifs, en tout cas *plus que de raison,* trop excessifs pour cette bourgeoisie *modérée*. Les fous, les imprudents, les soldats perdus, les Lacombe Lucien, quelques aristocrates fêlés, comme le LVF Noël de Tissot [2]. Ils avaient choisi l'enfer sur le front russe, le diable avec Doriot, Vichy mais trop tard, au temps de la Milice, ou, pour finir, le refuge à Sigmaringen. Pour les « bien arrivés », ils étaient des maudits, des « soudards », des « hommes de sac et de corde » – cette drôle d'expression que Mitterrand employait pour parler de Darquier de Pellepoix [3]. Les « mal arrivés » leur faisaient peur, ils portaient malheur.

Comme ils n'étaient pas du même monde, les « mal arrivés » n'eurent pas accès au confort ni aux réseaux de la puissante Atlantide. Pour eux, quelquefois moins

---

Sigmaringen en Allemagne au moment du Débarquement, puis se réfugie dans un couvent italien où il mourra en 1955.

1. Député communiste, exclu du parti en 1934, Jacques Doriot fonde en 1936 le Parti populaire français, un mouvement anticommuniste, antiparlementaire, anticapitaliste et antisémite. En 1940, il soutient le maréchal Pétain et espère, en vain, jouer un rôle à Vichy. Il est à l'origine de la création en 1941 de la Légion des Volontaires français contre le bolchevisme (LVF) et participe, à plusieurs reprises, aux combats contre la Russie. En 1944, il se réfugie à Sigmaringen ; il meurt en Allemagne, le 22 février 1945, dans sa voiture mitraillée par l'aviation alliée.

2. Commissaire général de la Milice au début de 1943, il s'engage dans la Waffen SS en octobre et meurt, en Galicie, le 21 août 1944, alors qu'il commandait la 1re compagnie du 1er bataillon de la Sturmbrigade Frankreich.

3. Louis Darquier de Pellepoix fut, à partir de mai 1942, directeur du commissariat général aux Questions juives, où, sui-

criminels que les technocrates de Vichy, ce fut le purgatoire, l'exil en Amérique du Sud, ou dans les pays arabes s'ils connaissaient Benoist-Méchin [1], ou, pire, l'exil intérieur et ses destins minables. Frédéric Vitoux [2] a attendu d'avoir cinquante ans pour pouvoir enfin raconter l'histoire de son père, ce « maudit », journaliste au *Petit Parisien*, la misère de sa fin de vie et ses désespérantes recherches d'emploi qu'il rédigeait ainsi : « Monsieur ayant eu des problèmes à la Libération... ».

Pour moi, le « mal arrivé », ce sont deux images. La première, celle de ce vieil homme que je voyais entrer dans la salle de rédaction du journal où je débutais. Il venait parfois déjeuner avec son fils, Dominique Jamet [3]. A chacune de ses visites, j'étais fasciné par l'effacement de ce vieillard inquiet, traqué, voûté et

vant la volonté allemande, il intensifia les mesures contre les Juifs. Il se réfugia en Espagne en 1944. Condamné à mort par contumace en 1947, il meurt à Madrid en 1980.

1. Jacques Benoist-Méchin, journaliste, brillant germaniste fasciné par le IIIe Reich, devient successivement, après l'armistice de 1940, chef du service diplomatique des prisonniers de guerre à Berlin, secrétaire général adjoint du gouvernement Darlan, secrétaire général des services administratifs sous le ministère Pétain. En juin-juillet 1941, il est nommé ambassadeur extraordinaire à Ankara puis, d'avril à septembre 1942, président de la commission de Négociations franco-italo-allemande, et enfin secrétaire d'Etat auprès de Pierre Laval. Condamné à mort en 1947, gracié par le président Auriol, il est finalement libéré en 1954. Il se consacre à l'histoire et devient un des meilleurs spécialistes du monde arabe. Il est mort en 1983.

2. L'écrivain Frédéric Vitoux a évoqué la figure de son père dans *L'Ami de mon père*, Paris, Seuil, 2000.

3. Auteur d'un roman, *Un petit Parisien*, où il évoque la figure de son père.

déchu qui rasait les murs. Claude Jamet, ancien professeur et écrivain prometteur, avait été l'intime de Marcel Déat et, comme lui, avait connu la « dérive fasciste [1] » de la SFIO au nazisme. Condamné à la Libération, il n'avait pas été recyclé par la bourgeoisie d'affaires, comme son collègue du PSF, le redouté Georges Albertini. Il n'était plus qu'une ombre et traînait ses regrets, ses chimères, les livres qu'il n'écrirait plus et sa carte du Parti socialiste qu'il s'enorgueillissait, paraît-il, d'avoir toujours. Quarante ans après, il lui restait les stigmates de cette malédiction : la transparence.

« L'autre mal arrivé », c'est Le Vigan. A cause de cette photo où il ressemble à un diable, de ses films et de Céline surtout dont il était non seulement l'ami mais surtout un personnage [2]. J'imagine Le Vigan, tel qu'on l'a décrit [3], cet homme saoul qui se cogne dans les ruelles sombres de Sigmaringen où il s'est réfugié en août 1944 : Robert Coquillaud, dit Le Vigan. A quarante ans, il est un des grands seconds rôles du cinéma français, génial diable, Christ enfiévré dans *Golgotha*. Il tourna comme jamais entre 1940 et 1944 ; sans états d'âme, il remplaçait les Juifs et les gaullistes – en particulier Erich von Stroheim dans *Macao enfer du jeu*, quel sacrilège. Il était là, il ne savait trop pourquoi. Les Alliés débarquaient. Il avait fini par arriver à Sigmaringen avec son copain Céline.

---

1. Philippe Burrin, *La Dérive fasciste : Doriot, Déat, Bergery*, Seuil, 1986.
2. Qu'on retrouve dans *D'un château l'autre*, récit du séjour de Céline à Sigmaringen.
3. Saint-Loup et Georges Oltramare, in Philippe Randa, *Dictionnaire commenté de la Collaboration*, Jean Picollec, 1997, p. 449.

Brinon [1], Luchaire [2], Déat rêvaient de reconquête. Doriot, avec sa radio, son quotidien, ses fameuses troupes parachutistes installées près du lac de Constance [3], espérait encore être le « de Gaulle des émigrés » et répétait en suant que les fameuses « armes secrètes » de Hitler étaient là, étaient prêtes, et que ce serait bientôt la reconquête. Ils y croyaient encore.

Mais pas Le Vigan, pas Céline, trop lucides, malades de trouille, gueules grises, touristes goguenards, dans Sigmaringen, ce château d'opérette. Le Vigan titubait dans les rues de la cité princière en hurlant frénétique : « Pourquoi m'avoir abandonné ? C'est fini... Je les aurai, mes douze balles, mais après bien des tortures. Ils m'arracheront les ongles, ils me plongeront dans la baignoire aux aveux. [...] Ils me passeront la fraise sur

---

1. Fernand de Brinon, partisan du rapprochement avec l'Allemagne dès l'entre-deux-guerres, est appelé par Laval après l'armistice pour le représenter à Paris auprès d'Otto Abetz. En 1941, il est délégué général du gouvernement Pétain dans les territoires occupés, en 1942, secrétaire d'Etat dans le gouvernement Laval. En 1943, il est nommé président de la LVF. Après la Libération, ayant suivi à Sigmaringen le maréchal Pétain et Pierre Laval, arrêté en mai 1945, il passe devant la Haute Cour en mars 1947. Condamné à mort, il est exécuté au fort de Montrouge le 15 avril.

2. Le journaliste Jean Luchaire, radical, pacifiste, munichois, lance un quotidien collaborationniste, *Les Nouveaux Temps*, en novembre 1940. Il est le fondateur de la Corporation de la presse française. Réfugié à Sigmaringen fin 1944, arrêté en Italie, il est condamné à mort en janvier 1946 et exécuté le 22 février.

3. En octobre 1944, Doriot, avec le soutien de Himmler, installe son QG dans l'île de Mainau, sur le lac de Constance. Le 6 janvier 1945, il annonce la création d'un « Comité de libération ».

les nerfs de mes dents mis à nu, oui, oui, avec peut-être, qui sait, une prière réconfortante ?... Un aumônier aux petits soins... Des gâteries, quoi ! »

J'entends le rire effrayant de Le Vigan tandis que, dans un coin d'une ruelle mal éclairée, Louis-Ferdinand Céline, adossé à un mur, son chat Bébert dans les bras, lui lançait, rigolard :

« Nous casse pas les harpions, change de disque [1]. »

A la Libération, Le Vigan fut condamné à dix ans de travaux forcés à cause de ses émissions sur Radio-Paris. Intelligence avec l'ennemi, le minimum. Il sera libéré deux ans après, mais le pire était à venir. L'exil en Amérique du Sud, ce purgatoire où, hormis quelques « recyclés » de L'Oréal ou de Paribas [2], les salauds

---

1. Georges Oltramare, *Les souvenirs nous vengent*, Genève. L'autre son de cloche, 1956. In Philippe Randa, *Dictionnaire commenté de la Collaboration*, *op. cit.*, p. 449.

2. Jean-Pierre Ingrand, Jacques Corrèze. Le premier, conseiller d'Etat, nommé en juin 1940 à la tête de la direction de l'administration départementale et communale du ministère de l'Intérieur, est connu pour avoir créé, en août 1941, la Section spéciale de Paris, une juridiction d'exception. Arrêté en mai 1945, révoqué du Conseil d'Etat, libéré en août 1945, il s'enfuit en Suisse, puis en Argentine où il prend la direction d'une filiale de la Banque de Paris et des Pays-Bas. Il meurt en 1992.

Le second, cagoulard, membre fondateur du Mouvement social révolutionnaire et du Rassemblement national populaire avec Eugène Deloncle, est emprisonné à la Libération. Jugé en 1948 pour faits de collaboration, puis, pour participation à la Caboule, il est condamné à dix ans de travaux forcés. Libéré en 1949, il entre chez L'Oréal où il fait une brillante carrière. En 1953, il implante le groupe aux Etats-Unis avec la filiale Cosmair. Amnistié en 1959, il est réhabilité en 1966. Il est mort en juin 1991, quelques semaines après la publication de documents sur son rôle dans l'expropriation de commerçants juifs en 1941.

les plus visibles se mouraient, se desséchaient et rabâchaient leurs vieilles folies.

Le Vigan... Quatorze années à attendre ainsi la mort, les rôles qui ne venaient pas – et comment pourraient-ils arriver en Argentine ? –, son visage en angles qui se refermait vers l'intérieur, ce front qu'il épongeait sans cesse, ces gestes désarticulés pour chasser des frayeurs paniques – qui faisaient tant rire Madeleine Renaud avant-guerre – et les insectes persécuteurs qui bourdonnaient au-dessus de lui. Le Vigan mourant, le regard fixé au plafond sur un ventilateur sale, dans une maison de la ville de Tandil, à 400 kilomètres de Buenos Aires.

J'imagine parfois avec compassion Le Vigan – qui m'aurait dénoncé sans hésiter – agonisant, alors qu'au même moment les « déporteurs » en col blanc, tous les « criminels de bureau » conséquents, les Bousquet, les Papon, continuaient, de leur VIIIe arrondissement de Paris, à gouverner la France, l'Indochine, l'Empire et ses monnaies.

On ne trouvait la trace de l'Atlantide sur aucune carte de géographie. L'appartenance de ses membres n'était jamais précisée dans le Bottin mondain, rien n'était détectable, mais « Vichy après Vichy » fut un réseau, omniprésent, insaisissable, probablement le plus influent de l'après-guerre. Il n'apparaissait jamais au grand jour, manipulait de ses coulisses la politique et les journaux, mais contrôlait des groupes entiers à l'Assemblée, et tenait quelques vrais leviers, ceux de la banque, de la finance et de l'industrie.

Un jour où je demandais à Mitterrand s'il avait connu l'éminence grise de l'après-Vichy, Georges

Albertini [1], il s'étonna de mon inculture. Comment pouvait-il avoir fréquenté Albertini qui n'était pas vraiment de son réseau ? Et il m'improvisa une visite détaillée de l'Atlantide : « Dans le bouillonnement de la IVe République – qui fut une vague résurrection de la IIIe République, comme la Restauration celle de la monarchie, dans ce régime qui va hésiter jusqu'en 1958 – les anciens vichystes vont circuler comme des poissons dans l'eau. L'antigaullisme de gauche, l'antigaullisme de droite, sans oublier l'anticommunisme vont se croiser, se brasser, se retrouver – car ils avaient beaucoup d'intérêts communs en France et dans les colonies... Dans la politique, on les trouvera surtout au MRP, dont on s'amusait à l'époque à dire que c'était " la Machine à Recycler les Pétainistes ", à l'UDSR, à la SFIO aussi et chez ses dissidents comme Max Lejeune, et même au RPF gaulliste – en province et dans les colonies surtout, car c'était moins voyant... Trois papes ont régné sur ce monde – on les appelait des éminences grises mais c'était bien plus que cela... Ils vont tirer des ficelles de la République. Il y a d'abord Jean Jardin, l'ancien directeur de cabinet de Pierre Laval ; René Bousquet, lui, c'était la Banque d'Indochine, les milieux coloniaux, les radicaux-socialistes. Et puis, c'était un autre réseau encore, Georges Albertini qui était avec la Banque Worms... Alors quand on dit que Bousquet est mon ami, ça me fait bien rire. Il l'était au moins autant que Georges Albertini fut l'ami

1. Ancien socialiste, pacifiste convaincu, Georges Albertini devient le chef de cabinet de Marcel Déat sous l'Occupation. Condamné à cinq ans de travaux forcés à la Libération, sa peine purgée, il participe à toutes les croisades anticommunistes, fonde la revue *Est-Ouest* aidé par Hippolyte Worms, et conseille

d'Edgar Faure, de Georges Pompidou – à l'Elysée, de son temps, Garaud et Juillet avaient mis un bureau à sa disposition – , sans oublier Jacques Chirac qui l'a bien connu [rires]. Oh, je ne vais pas me mettre à dénoncer [autres rires] ... »

Il connaissait si bien l'Atlantide. Elle fut sa famille, et cette famille l'aima plus que tout autre. François Mitterrand, « le beau François », fut sans conteste le meilleur des Atlantes, le plus fidèle et le plus vaillant. Tel le nocher des enfers, il allait et venait, dans les années de l'après-guerre, des profondeurs à la surface et aimait, avec une affection qu'on trouve chez le royaliste Balzac, ses vieux amis de l'Atlantide qu'il prenait pour des réprouvés d'Ancien Régime. Il avait pour eux toutes les attentions, visitait les prisons, trouvait du travail, s'inquiétait de chacun, allait au chevet des mourants; il n'hésitait pas à secourir les uns, les autres, telle la pauvre Antoinette Bouvyer qui ne se remettait pas de l'exil de son fils Jean au Brésil; il participait aux discrètes cérémonies du clan; et dans cette Atlantide, quand il leur envoyait des messages subliminaux – par exemple en réclamant l'amnistie des « malgré-nous » d'Oradour ou en se rendant à l'enterrement de François Méténier [1] – , on tremblait pour lui et on louait sa fidélité dangereuse.

Le meilleur des Atlantes. Et le plus habile ! A la Libération, Mitterrand fit des miracles. Il était le premier, et toujours le plus efficace, pour« faire quelque chose pour un ami en difficulté » – Pierre Péan l'a bien mon-

---

de nombreuses personnalités politiques des IVe et Ve Républiques. Il meurt en 1983.

1. En 1956, alors qu'il était garde des Sceaux.

tré [1]. Il ne rechignait jamais à vous faire libérer s'il le pouvait, à vous gagner un procès, à vous le désamorcer, à vous obtenir un non-lieu, à accumuler les lettres de moralité, à vous produire des certificats de résistance, à vous faire fabriquer des certificats médicaux. Gabriel Jeantet, François Méténier, Jean Bouvyer, François Moreau, Yves Dautun, et même Jacques Laurent, pouvaient en témoigner [2].

Sous la IVe République, Mitterrand fut une officine à lui tout seul, une officine floue, insaisissable, informelle mais terriblement efficace. L'un des « blanchisseurs » les plus réputés de Paris. Il s'était mis à son compte. Pourquoi se serait-il gêné puisque l'Autre, de Gaulle, s'en était arrogé le droit – et que Mauriac, son ami, avait dénoncé la « loterie » des procès de l'Epuration.

Le meilleur des Atlantes, le plus imprudent aussi ! Car curieusement, à la Libération, il refuse de prêter allégeance au gaullisme – à la différence de ses contemporains. Présomption ? Défi ? Orgueil ? Ou n'avait-il pas d'autres choix ? « J'avais décidé de faire carrière dans l'anticonformisme... Je voulais mener ma vie politique par ma seule décision », m'avait-il expliqué. En 1945, en effet, on sent son décalage avec le temps et la joie de la Libération ; un flottement, comme un recul stendhalien, ses réticences à participer à la kermesse résistantialiste. Dans les textes qu'il écrit alors, dans *L'Homme libre*, comme dans ses souvenirs à présent, il fait référence toujours avec émotion au peuple des « vaincus » – qui se mourait là-bas en Atlantide. Etait-ce de la piété idéologique, le nou-

1. Cf. Pierre Péan, *op. cit.*, p. 533-561.
2. *Ibid.*

veau travestissement de son ancien pétainisme ? Ou bien ce reste de tendresse mêlé à une myopie historique qui lui fit comparer les scènes de la Libération à celles d'un nouveau 1793 ? Cet obsédé du XIXe siècle avait dû faire sienne la phrase de Chateaubriand qui, assistant au lynchage du gouverneur Launay [1], écrivait : « Si moi, spectateur, je me fusse inscrit sur le registre des vainqueurs, j'aurais ma pension aujourd'hui. »

Il s'était trompé de siècle.

---

1. Le marquis de Launay, gouverneur de la Bastille, fut assassiné en juillet 1789 lors de la prise de la forteresse.

7

« Ah, Vichy... ! » *

Il aimait Vichy, c'était plus fort que lui, que sa raison et ses prudences de vieux monarque. J'en avais été frappé lors de notre deuxième séance de travail en vue des *Mémoires interrompus*. Je lui avais amené une phrase parfaite – la dernière qu'inscrivit Georges Mandel [1] sur son carnet de poche avant d'être exécuté par la Milice dans la forêt de Fontainebleau : « Vichy Bibliothèque Rose, Terreur blanche, marché noir. »

Il avait répondu : « Ah, Vichy... ! » Tout était là.

---

* *(Palais de l'Elysée, bureau du Président, 14 juin 1994.)*

1. Plusieurs fois ministre avant-guerre, le radical Georges Mandel, né dans une famille juive alsacienne qui a quitté l'Alsace en 1871 pour rester française, a refusé l'armistice de 1940. Partisan du repli du gouvernement français en Afrique du Nord, il s'embarque sur le *Massilia* en juin 1940 avec d'autres parlementaires qui veulent poursuivre la lutte contre les Allemands. Il est arrêté au Maroc par les autorités de Vichy, ramené en métropole, interné, puis condamné sans procès à une peine de forteresse. Après la prison du Pourtalet, il connaît les geôles allemandes à Oranienburg, puis Buchenwald. Remis par la Gestapo à la Milice en juin 1944, il est assassiné le 7 juillet, en forêt de Fontainebleau.

Il aimait Vichy comme on se souvient de son premier flirt, de ses premiers « ébrouements » – c'est le mot qu'il avait employé pour me parler de son arrivée là-bas début 1942. Il aimait Vichy, et dans l'éclair insouciant de son œil on trouvait alors les aveux que les investigateurs ne lui auront jamais extorqués.

« Ah, Vichy... ! » Tout était dans l'intonation mélancolique portée sur ce « ah » lourd de secrets, et dans ces deux « i » qui piquaient ensuite, joyeux, primesautiers ; et enfin dans cette voix en suspension, ce silence rêveur, promesse de récits interdits. Ce « Ah, Vichy », extase murmurée, je l'avais entendue déjà : c'était le code des anciens, indétectable aux autres, si longtemps retenu. Dans une bouffée de nostalgie, c'était leur manière de dire « douce France » ou « nos jeunes années ».

Ce « Ah, Vichy... ! », je l'avais décelé un soir chez cet académicien, qui, bien calfeutré, mis en confiance par de longues conversations, m'avait servi ses souvenirs extasiés de ce temps où Vichy était « la capitale du théâtre et le bonheur des jeunes gens ». Il avait longtemps eu l'œil soupçonneux, puis avait fini par se livrer comme on tire le vieil armagnac dans la nuit.

Je l'avais entendu ensuite chez ce gauchiste breton, octogénaire, adjoint de Claude Bourdet [1], qui,

1. Claude Bourdet a rencontré Henri Frenay, qui l'embauche dans le MLN, au début de l'année 1941. En juin 1942, il devient permanent du mouvement Combat et s'impose comme le second de Frenay. Il représente le mouvement au sein du CNR. Déporté à Buchenwald il parvient à survivre. Compagnon de la Libération, journaliste engagé après la guerre, il est mort en 1996.

trotskiste à vingt ans, avait eu lui aussi un bureau à Vichy.

Ce cri étouffé, ce sursaut de jeunesse, je l'avais retrouvé chez cette dame respectable qui tenait salon dans le VIIe arrondissement, avait dû être belle, et qui, jeune secrétaire à Vichy, s'échinait à ressembler à Danielle Darrieux, si j'en crois les photos d'époque.

Comment échapper à Vichy avec lui... ? Je m'y suis promené deux ans au moins. Mitterrand y revenait sans cesse, entre le stalag et l'affaire Bousquet, comme s'il voulait se dégourdir la mémoire, s'évader, s'enchanter de ce paradis perdu. Cent fois, j'ai descendu avec lui la rue Nationale, en sortant à gauche de cette bâtisse grise, petite-bourgeoise, où il logeait chez le docteur Reynaud, direction « le centre du monde » à une enjambée. Jamais il n'aura eu la curiosité de prendre à droite, d'aller rendre visite à Valery Larbaud, devenu aveugle, qui se mourait là, dans son rez-de-chaussée, à quelques mètres. Il était trop pressé et le matin se laissait porter le long de la rue en pente, si prometteuse, d'où l'on apercevait le parc des Sources, l'Hôtel du Parc, le Casino. Quand il dit Vichy, c'est ce périmètre où, les soirs de grande chaleur, on entend sous la tonnelle le ululement de milliers d'oiseaux ; ce quartier qu'on appelle la « Ville thermale », créée par Napoléon III dont on trouve partout la trace joyeuse, les choucroutes ambitieuses ; ce centre alangui d'un pays couché durant quatre ans au bord de l'Allier.

Il était un puceau social, il s'est déniaisé là. Ça vaut son pesant de délices dans ce « Ah, Vichy ! ».

Aux antipodes de la rue Nationale, une fois passé l'enfilade des palaces gouvernementaux, lorgné avec respect sur le troisième étage de l'Hôtel du Parc, musardé au bar des Ambassadeurs, il y avait les quais de l'Allier, et cette guinguette où il eut ce choc – dont il m'avait parlé – pour les épaules de Danielle Darrieux, pour sa gorge déployée, son rire d'amoureuse, et ses bras enlacés autour d'un bellâtre. Le jeune Mitterrand n'était rien. « J'étais mal fagoté, trop jeune, insignifiant. Je la désirais comme personne depuis mon grand chagrin [1]. »

La star française était venue se marier avec le play-boy de l'époque Porfirio Rubirosa [2]. A l'hippodrome de Vichy, après la noce, elle avait fait grand effet. C'était après son voyage en Allemagne, où on la voit partir gare de l'Est avec Viviane Romance en vison, Suzy Delair bonne fille, Albert Préjean boute-en-train, et quelques autres.

Il brouillait les pistes mais il y revenait toujours. Il aimait traîner à Vichy, et racontait avec flamme ce moment de sa jeunesse qu'il appelait « bohème », ces dix-huit mois assidus, délicieux, ennuyeux, que toute sa vie il s'efforça de réduire à rien. Vichy, ses intrigues, ses combinaisons, sa pétaudière ; Vichy et ses farces de collégiens contre les « fridolins » ; Vichy et ses vieillards bienveillants, charentais, maurrassiens et cagoulards ; Vichy, ses capitaines démodés, fiers de leurs guêtres blanches ; ses spahis [3] et ses

---

1. La rupture avec Marie-Louise Terrasse.
2. En septembre 1942.
3. Soldats des corps de cavalerie indigène, organisés par l'armée française en Afrique du Nord.

secrétaires accortes ; Vichy et sa découverte du pouvoir, sa géographie politique complexe qu'il commentait comme s'il s'agissait d'un parlementarisme ordinaire : la « bande de Laval », la « bande de Darlan », le deuxième gouvernement Laval, puis, un ton en-dessous, la « bande de Darnand[1] en 43, ces voyous ».

Ils étaient là, autour de ces sept palaces, dans cette « capitale du provisoire[2] » à la fois fliquée et ouverte, sans obstacle dès lors qu'on avait une « relation » à l'Hôtel du Parc, qu'on venait d'une famille honorablement connue, ou qu'on était affranchi par cinq militaires. C'était le paradis des jeunes gens – ce fut celui de Mitterrand. « Ah, Vichy... ! » Il existait une sorte de microclimat politique où pendant longtemps on ne vit ni rafles ni Juifs arrêtés – on demandera pourtant à l'été 1940 à M. Saada, qui avait un magasin trop « visible » à l'Hôtel du Parc, de décamper. Tout était possible sans ces distances, ces labeurs sociaux, ces difficultés parisiennes, ces patiences et ces rituels assommants qui retardent les ambitieux. Un monde clos qu'un provincial nourri de Balzac, Stendhal et Flaubert eût mis cinq ans à pénétrer, était offert sur moins d'un kilomètre

1. Militant d'extrême droite avant-guerre, Joseph Darnand, fondateur du Service d'ordre légionnaire (SOL), ancêtre de la Milice dont il est le chef, devient en décembre 1943 secrétaire général au Maintien de l'ordre, le chef de toutes les polices françaises, au moment où Vichy devient un Etat policier se consacrant presque exclusivement à la chasse aux opposants. Arrêté en mai 1945, condamné à mort par la Haute Cour de justice, il est exécuté le 10 octobre 1945.

2. L'expression est de Michèle Cointet, *Vichy capitale : 1940-1944*, Perrin, 1993.

carré. Et tout allait si vite dans ce quadrilatère du pouvoir.

Il me répétait : « Je vous dis que j'étais un marginal... A Vichy, je menais une vie de bohème. »

Quel drôle de marginal, avec des trésors plein les poches. Des lettres de recommandation : le passe-partout de Rastignac. L'*ausweis* le plus magique pour faire carrière. Les vieux maréchalistes, les Cahier [1], les Le Corbeiller [2], les amis du ministre Allibert, l'avaient accueilli ; leurs épouses le trouvaient si charmant que déjà on parlait à Vichy du « beau François ». Et lui les aimait, ces cagoulards pas repentis, bons comme son père et *pas vraiment fascistes*. Ils se mettaient en quatre pour l'aider à leur manière.

Il en avait des lettres de recommandation ! Il avait frappé à tant de portes ! Il ne lui a pas fallu trois mois pour connaître tout Vichy. Il s'est vite fait une foule de relations, le début d'une « position » – il aime ce mot « position ». Comment ne pas apprécier à Vichy ce jeune homme si assuré, si prévenant, avec du caractère déjà. Il était le protégé que les vieillards se disputent. Les vénérables puissants ont toujours aimé les jeunes gens comme lui, et il savait y faire. Il fallait être affable, un brin spirituel, très attentif, à

---

1. Le colonel Cahier, beau-père de Robert Mitterrand, lui a procuré un emploi à la documentation générale de la Légion des combattants et des volontaires de la Révolution nationale, juste après son évasion.

2. Le commandant Jacques Le Corbeiller est membre du cabinet de l'amiral Darlan, ministre de la Défense nationale. Il est un familier de Pierre Landry, le mari de Colette Mitterrand, sœur de François.

peine arrogant, toujours vigilant, ne jamais les heurter avec une fougue extrême, ne pas non plus bâillonner sa jeunesse, la faire entrevoir, ce qu'il faut, sinon quel intérêt a le jeune... Il lui avait fallu du travail. A la fois donner l'illusion à ces vieillards qu'ils allaient revivre à travers lui, qu'ils s'encanailleraient peut-être, mais qu'il était le bon cheval. Il avait fallu leur suggérer – mais c'était facile, à cause de la Charente et du 104, rue de Vaugirard – qu'ils étaient du même monde et que ce monde et ces usages, le jeune homme leur en garantissait l'éternité. Alors, ces vieillards aimaient rédiger des lettres de recommandation au jeune François Mitterrand. C'était plus facile qu'on ne croit – et ça l'est resté.

François Mitterrand a vite été leur favori. A Vichy, il y avait si peu de jeunes gens comme il faut, provinciaux, un peu ternes, catholiques et Action française comme eux, vierges de toute corruption républicaine, et antiboches bien sûr. Il avait fini par en convenir au détour d'un aveu paradoxal : « Mes " relations ", comme vous dites, étaient sur la touche. J'étais à Vichy mais le plus drôle, c'est que là-bas je n'aurais pas choisi le bon camp si j'avais été cynique. Ils étaient les grands perdants : perdants à Vichy dès le 13 décembre 1940 à cause du complot raté contre Laval et perdants en avril 1942 quand Laval revient. Quand j'arrive à Vichy, ils ne sont déjà plus rien. Pétain ne tient plus rien... Oui, à Vichy, j'étais dans le clan des vaincus malgré moi. »

En effet, l'ambitieux Mitterrand avait fini par suffoquer après ces « premiers ébrouements », à la fin de 1942. Trop de vieux militaires, trop de maurrassiens, trop de perdants penchés sur son destin. Maréchaliste comme on l'a dit ? Après six mois passés là, il avait l'impression d'être bouclé à vie dans une « pension de vieillards » et de la fenêtre de son hospice, il lorgnait avec envie sur ses congénères. Il s'était mis à envier la bande de Laval, la bande de Darlan, ces jeunes Parisiens, plus dégourdis et moins vermoulus que lui, qu'on voyait affairés dans les couloirs de l'Hôtel du Parc ou repliés à Châteldon. Ils sentaient trop la République, ils s'étaient compromis dans les cabinets de la IIIe. Ils suintaient la grasse ambition, mais cette foule de jeunes arrivistes n'avait laissé au Maréchal et à ses amis – les protecteurs du jeune Mitterrand – que l'illusion du pouvoir. Les René Bousquet et autres Gabriel Le Roy Ladurie, ces aînés, si jeunes et déjà ministres. Et lui se trouvait si falot, *un jeune pour vieux*.

Une anecdote que me confia Jacques Laurent [1], lui aussi à Vichy [2], dit tout et la suite. Un jour de 1943, quatre jeunes gens se promenaient dans les

---

1. Jacques Laurent, entretien avec l'auteur le 9 septembre 2000.

2. Romancier, essayiste et scénariste, certains le qualifient d'« anarchiste de droite ». Sous l'Occupation, il est caporal de l'armée d'armistice affecté à la garde de la ligne de démarcation. Jacques Laurent, démobilisé en 1942, entre au ministère de l'Information comme rédacteur et archiviste. De plus, il écrit des articles dans la revue *Idées*, revue de la Révolution nationale. Après-guerre, sous le pseudonyme de Cecil Saint-Laurent, il écrit *Caroline chérie* (1947) ; ce grand succès lui permet de signer d'autres ouvrages sous le nom de Jacques Laurent. Sa charge contre Jean-Paul Sartre en 1953 lui a valu le surnom de « hussard » qu'il partage avec Roger Nimier, Michel Déon et Antoine Blondin. Il reçoit le prix Goncourt en 1971 pour *Les Bêtises*. Il est élu en 1986 à l'Académie française. Mort en 2000.

rues de Vichy, avant le couvre-feu. François Mitterrand faisait partie du groupe. Il s'arrête à la devanture d'une fleuriste où trônait un grand portrait de Pétain comme on en trouvait partout. Mitterrand éclate de rire en désignant la photo à ses camarades : « Ah, dans un an, il ne sera plus là, celui-là ! » A ce moment de 1943, personne ne croyait vraiment que le Maréchal pourrait durer. Mitterrand continue : « Et dans un an, écoutez-moi bien, dans un an c'est ma photo que vous verrez ici... » Sa foi en lui était fascinante, avait conclu l'écrivain.

C'est aussi Jacques Laurent qui m'apprit le secret de sa francisque. Elle constitue une autre version de cette histoire à polémiques, mais venant de Gabriel Jeantet, membre de la commission qui l'a décernée, elle présente un intérêt historique. Au début de 1943, Mitterrand vient de démissionner du commissariat aux Prisonniers de guerre avec la bande de Maurice Pinot [1]. Il commence à organiser son réseau de prisonniers de guerre et va voir Gabriel Jeantet [2] dont il était « intimissime » – « et moi aussi »,

---

1. Prisonnier, libéré en septembre 1941, il devient commissaire au Reclassement des prisonniers de guerre, puis, en juillet 1942, commissaire général aux Prisonniers de guerre et aux Familles des Prisonniers de guerre. Révoqué le 14 janvier 1943, il entraîne avec lui certains cadres du commissariat qui participeront au RNPG dont il est un des cofondateurs avec François Mitterrand. A la Libération, il fut cité à comparaître devant la Haute Cour de justice et a bénéficié d'un non-lieu. Industriel, il est mort le 4 décembre 1980.

2. Gabriel Jeantet, secrétaire général des étudiants parisiens de l'Action française et vice-président de la Fédération nationale des étudiants royalistes, puis responsable de l'approvisionnement en armes de la Cagoule, dans les années 1920-1930, rencontre François Mitterrand à Vichy. Familier du maréchal

compléta Laurent – en lui disant ceci : « J'ai besoin d'un peu de tranquillité. Je suis en train de préparer de grandes choses. Je vais partir, aller à Londres, à Alger peut-être. Et si j'ai la francisque, les Allemands – par respect pour Pétain – me ficheront la paix un moment [1]. » (En effet, d'après Jeantet, les Allemands n'arrêtaient – pas tout de suite en tout cas – les décorés de la francisque. C'eût été un affront au maréchal Pétain.) Gabriel Jeantet alla voir Bernard Ménétrel [2] et lui dit l'exacte vérité : « Il faut donner un mois de répit à Mitterrand par rapport aux boches. » Ménétrel fut d'accord. « La francisque fut donc décernée à François Mitterrand à toute vapeur et à l'unanimité. Jeantet était formel sur ce point. C'était clairement pour le couvrir [3]. »

Ainsi l'un des acteurs de la francisque nous apprend, par la confidence de Laurent, ce que Mitterrand n'osa jamais dévoiler. La francisque

---

Pétain, secrétaire général de l'Amicale de France, à la tête des centres de propagande de la Révolution nationale, il dirige la revue *France, revue de l'Etat nouveau* dans laquelle François Mitterrand publie quelques articles. Il est son parrain pour la francisque.

1. Jacques Laurent, entretien avec l'auteur le 9 septembre 2000.

2. Le médecin personnel et chef du secrétariat particulier de Pétain.

3. Plusieurs autres témoins, interrogés par Pierre Péan, confirment cette version de la francisque « couverture », dont un des parrains de François Mitterrand pour cette décoration, Simon Arbellot et également Paul Racine, Jean Munier, Ginette Gaillard, Pol Pilven (in Pierre Péan, *Une jeunesse française*, *op. cit.*, p. 289-294). Pierre Péan situe l'attribution de la francisque à François Mitterrand entre février et la mi-avril 1943, avant son départ pour Londres, contrairement à ce qu'a affirmé le président de la République.

devait lui servir de couverture – on le savait – mais il n'a jamais pu dire la vérité – c'est-à-dire qu'il l'avait sollicitée. C'eût été avouer ses « relations intimissimes » avec l'entourage du maréchal Pétain.

8

« Vous avez dit pétaudière ? » *

Quatre mois plus tard, je revins sur une de ses formules qui venait de choquer : « Vichy, ce n'était qu'une pétaudière [1]. » Le mot avait quelque chose de dérisoire, de paillard qui ne convenait pas à cette abomination tranquille.

J'avais vérifié le sens. « Pétaudière » : la cour du roi Pétaud (locution), lieu, groupe, etc., où règnent la confusion, le désordre, où chacun agit à sa guise.

« Par " pétaudière ", qu'entendez-vous précisément, monsieur le Président ? Vichy, ce ne serait donc que le désordre ? Et pas l'infamie ? »

« C'était une pétaudière... [Un soupir.] Personne ne tenait rien. Vichy c'étaient des luttes acharnées, des combats de clans, des concurrences d'équipes entre un Laval très intelligent et donc très inquiétant, et un Darlan plus imprévisible. De plus, il y eut plusieurs époques, plusieurs Vichy : le Vichy maréchaliste

---

* *(Palais de l'Elysée, bureau du Président, 28 octobre 1994.)*

1. Phrase prononcée lors de son entretien télévisé avec Jean-Pierre Elkabbach, le 12 septembre 1994, sur France 2.

qui ne passera pas l'hiver 1940 à cause du 13 décembre [1]; le Vichy technocratique, celui de Laval et de Darlan, qui a eu en fait le pouvoir le plus longtemps et le plus solidement ; et enfin le Vichy fasciste, ultra, avec le Laval dernière manière et l'arrivée de Darnand, de Déat et des collaborateurs parisiens.

– Lequel était le vôtre, monsieur le Président ?

– Oh, ce n'est pas si simple... On peut dire que ma famille politique était plutôt patriote et antiallemande. On dirait aujourd'hui maréchaliste... Mais quand je suis arrivé à Vichy, ils n'étaient déjà plus au pouvoir. Pétain avait lâché les rênes à Laval. Il ne lui restait que l'apparat, les voyages en province, et de l'influence sur certains cercles – prisonniers de guerre, mouvements de jeunesse, organisations de propagande... Les maréchalistes que je connaissais là-bas n'avaient pas assez fréquenté la République [Rires.]. Ils n'étaient pas organisés, pas assez politiques.

– Que pensez-vous de cette thèse contestée, d'un Pétain jouant " double jeu " et d'un Laval ayant une responsabilité décisive dans la Collaboration ?

– [Un silence.] Laval était plus franchement collaborateur que Pétain en tout cas. Le Maréchal était antiallemand à la manière de la vieille France. Et les maréchalistes ne voyaient dans la Révolution nationale que Pétain et le retour à un ordre moral à la Mac-Mahon – comme mon père. Ils étaient patriotes, ils ne voulaient pas de la Collaboration. Ils espéraient ruser... La Collaboration, c'était la grande idée de Laval... »

1. Le 13 décembre 1940, le maréchal Pétain démet Pierre Laval de ses fonctions de vice-président du Conseil et le fait arrêter.

En disant « la grande idée de Laval », il s'était redressé, stimulé tout à coup à l'évocation du personnage. Regard lointain, air de considération, ricanement sourd au bord des lèvres. Il était reparti à Vichy.

La rêverie dura une bonne minute et, lorsqu'il émergea, il lâcha : « Ce Laval, quel personnage ! »

Il y avait un élan dans cette phrase : ce n'était plus le vieux président mais le jeune de Vichy, enthousiaste, facilement vénérant. Le Mitterrand de vingt-six ans, coffré chez les maurrassiens et qui, durant quelques mois, admira Laval, la modernité de Laval, le pouvoir de Laval, la roublardise de Laval. Quand il reprit, il était toujours aussi épaté : « Quel destin ce Laval... ! Il les surplombait tous. » Il marqua une pause, son air de considération s'accentua. « Quel type incroyable ce Laval ! Un paysan auvergnat qui avait prodigieusement réussi à Paris sous la IIIe, il avait fait une magnifique carrière à la gauche d'Aristide Briand, puis à droite contre le Front populaire – qui l'avait humilié et dont il voulait se venger. Il avait été l'homme fort de bien des gouvernements. Il avait influé, trafiqué, comploté, et peut-être même avec Mussolini. Il était riche et puissant parce que dans sa vie, il n'avait jamais cru en rien. »

Un autre silence prolongea son examen passionné. C'était le temps des regrets, de la perplexité. « Mais voilà que pour la première fois de sa vie, il s'était mis à croire en quelque chose : la grande Europe, l'alliance continentale avec les Allemands. C'était son obsession, un grand rêve géopolitique. Comme quoi, croire, ça l'a perdu.

– Son obsession et son erreur fondamentale !

– [Une moue.] On peut dire ça... *a posteriori !* Mais à l'époque, il avait une vision plus moderne que Pétain, qui n'en avait pas d'ailleurs. Imaginez un instant le pire : si l'Allemagne avait gagné, Laval aurait eu raison. Je vous le dis, il y a vraiment cru, et jusqu'au bout.

– Pourtant, monsieur le Président, en 1943, tout semble perdu pour lui. La guerre se retourne.

– Pas du tout ! Jusqu'au bout il a espéré s'en sortir. Il avait une telle confiance en lui. Il croyait pouvoir embobiner tout le monde, Roosevelt, les Anglais, et même une partie de la Résistance. On n'imagine plus la dimension extraordinaire de cet homme... Rendez-vous compte, durant l'été 1944, alors que les Alliés avaient débarqué, Laval croyait encore pouvoir passer un accord avec les parlementaires de juillet 1940, et installer à Matignon le vieil Edouard Herriot afin de le mettre à la tête de l'Etat avant l'arrivée des Américains. Et dire qu'Herriot a failli accepter... [Rires.] A propos, vous savez comment il est mort ?

– Oui, fusillé...

– Doublement mort !... Il tente de se suicider dans sa cellule. Il agonise. Le directeur de la prison s'affole. Il ne sait pas quoi faire. On téléphone, paraît-il, à de Gaulle. On ne reçoit pas de contrordre... Et alors il se passe cette chose abominable, on va chercher Pierre Laval, encore conscient et, cette fois, avant de l'exécuter pour de bon, on va tenter de le sauver. C'est terrible cette fin... J'ai d'ailleurs lu un beau texte méconnu, étonnant, d'Albert Cohen sur la mort de Laval [1]. Je vous le conseille. »

---

1. Malgré les fautes de Laval, Albert Cohen, par empathie, éprouve de la pitié pour cet homme qui va mourir. Carnets du 22 août 1978, in *Carnets*, 1978, Gallimard, 1979, p. 169-171.

Il poursuivit sur Laval – il le connaissait si bien, cela avait dû être son grand sujet de conversation avec Bousquet. Il soupesa Laval encore, l'opposa à Pétain, le compara à Darlan – qui à la fois lui succéda et le précéda –, se moqua des équipages somptuaires de l'amiral de la Flotte qui partait dans ses tournées en province avec deux trains et quatre-vingts musiciens, et revint avec ferveur au « gitan » de Châteldon.

Il aimait Vichy, c'était plus fort que lui.

9

« Pétain est arrivé au pouvoir à l'âge où je serai mort » *

En arrivant un samedi dans son appartement de l'Elysée, je croisai une actrice sortant de sa chambre. Elle me reconnut, bafouilla, rougit de fierté et de gêne mêlées, brandit un scénario pour justifier sa visite matinale.

De sa chambre, il me héla : « Entrez, Georges-Marc. » Allongé sur son lit, les cheveux en bataille, les quotidiens du jour éparpillés sur le sol, il avait l'air d'un étudiant lève-tard. Je l'aimais bien comme cela. Il était de bonne humeur. Avant de nous mettre au travail, je voulus lui raconter cette anecdote sur les coulisses de la fameuse phrase de Laval : « Je souhaite la victoire allemande. » Je l'avais retrouvée dans *Histoire de Vichy* de Robert Aron [1]. Elle est accablante pour Pétain, et contredit la thèse d'un Maréchal jouant « double jeu » contre un Laval « collabo » – d'autant que Robert Aron n'a pas écrit

---

* *(Palais de l'Elysée, appartement du Président, samedi 22 octobre 1994.)*

1. *Histoire de Vichy*, Fayard, 1954, p. 524.

une histoire violemment critique envers Pétain, on le lui a suffisamment reproché.

Aron révèle que Laval montra son discours à Pétain qui ne fit qu'une seule remarque : « Vous n'avez pas le droit de dire : " Je crois à la victoire allemande. " »

Au premier abord, on pouvait penser que Pétain voulait lui interdire cette phrase scandaleuse. Mais le vieux maréchal précisa : « Non, vous n'avez pas le droit de dire " je crois ", vous n'êtes pas militaire, donc vous ne pouvez pas faire de pronostic sur l'issue du conflit, vous n'en savez rien ! »

Laval obéit à Pétain. Il modifia la phrase : il ne croira pas à la victoire nazie, il la souhaitera... Un civil a le droit d'émettre des vœux, pas de se mêler de questions militaires. Pétain était satisfait.

Mitterrand fut amusé par cette histoire qui le laissa rêveur puis il lâcha un surprenant : « Ah, Pétain... c'était un vieillard un peu dépassé mais... magnifique. »

Il avait dit « Ah, Pétain » comme il avait dit « Ah, Vichy... ! » Abrupt. Admiratif. Sans complexe. J'étais stupéfait par cette soudaine licence. Jusque-là, il avait été sur Pétain d'une prudence extrême, dans ses textes, ses discours, lors de nos premiers entretiens. Et tout à coup, parlant de Pétain, ce ton d'admiration sans réserve, ce geste ample, majestueux, précis, comme celui des couturières, où il disait, d'un trait de la main, la taille magnifique, la posture impeccable, la superbe des mouvements, et la rangée des décorations. Il avait l'œil émerveillé, celui de ses vingt ans, et compléta ce portrait mimé d'un trait horizontal de la main, viril, martial : « Et ce regard bleu métallique. »

Un silence, et il poursuivit : « Le type même du Français [...]. Celte... Une allure magnifique... »

Il resta un moment perdu dans le flonflon de ses rêveries, j'imaginais qu'il revoyait Vichy comme une fantaisie en cinémascope qu'aurait filmée Autant-Lara, ce côté « Bibliothèque Rose » de Vichy qui devait toujours l'attendrir. Emporté par son monologue, il me bombarda de devinettes qui n'appelaient pas de réponses : « Savez-vous quelle différence d'âge avaient Pétain et Rimbaud ?

– ...

– Deux ans. Rimbaud est de 54 [*sic*], Pétain est de 56. Vous vous rendez compte. Deux ans. Des congénères !

– ...

– Est-ce que vous saviez que Pétain était obsédé par la rencontre de Tilsit – où l'on voit, sur un immense radeau, Napoléon et le tsar conclure une sorte de paix. Eh bien, il pensait que Montoire c'était Tilsit [1]. Il faut se rendre compte de son âge, il était plus près de Napoléon que de nous.

– ...

– Est-ce que vous saviez qu'il y avait des foules immenses, inimaginables, lors de ses fameux voyages en province ? Il y avait un fluide – il répéta – un fluide extraordinaire entre les Français et lui...

– ...

1. Après la victoire de Napoléon sur la Russie, Alexandre Ier le rencontre sur un radeau construit au milieu du Niémen, le 25 juin 1807. Les traités, l'un avec la Russie, l'autre avec la Prusse, qui furent signés à la suite de ces conversations, marquèrent l'apogée de Napoléon.

– Est-ce que vous saviez que son dernier voyage à Paris [1] – messe à Notre-Dame et visites privées – réunit des foules aussi importantes que celles de la Libération quatre mois plus tard autour de De Gaulle ?

– ...

– Est-ce que vous saviez [rires] ce que l'on disait à l'époque, en août 44 ? Il y a quatre-vingts millions de Français, quarante millions de pétainistes et quarante millions de gaullistes. »

Quand il revint sur terre, son expression avait changé. Je sentis son regard inquiet se poser sur moi. Abandonnant cette insouciance retrouvée, et pour ne pas me braquer, les traits contractés et le sourire forcé, il répéta cette phrase sur un autre mode : « Oui, Pétain était vraiment un vieillard magnifique. » Il marqua un temps d'arrêt puis il ajouta désabusé : « Comme quoi le physique peut être trompeur. » Il avait dû se rendre compte qu'il avait été trop loin, s'était laissé emporter, trop libre après une

1. Le 26 avril 1944, Philippe Pétain entreprend un voyage à Paris qu'il poursuivra dans diverses villes de province. Alors qu'il n'a plus beaucoup de pouvoir, passé pour l'essentiel entre les mains allemandes, il se présente comme ayant réussi à échapper à ses « gardiens » pour venir parler aux Français, les réconforter et espérer la délivrance. S'interrogeant sur l'enthousiasme qu'il déchaîne, Marc Ferro analyse : « Ce n'était pas la politique de Laval ou de Pétain qui était acclamée, mais la présence de la France qui, en quelque sorte, était annonciatrice d'un retour. » Et il souligne en outre qu'en zone nord les Français n'avaient connu qu'un seul oppresseur, l'Allemand, et non le régime de Vichy. Le voyage en zone sud, quelques semaines plus tard, fut beaucoup moins applaudi (Marc Ferro, *Pétain*, Fayard, 1987, p. 543-545).

vie de prudence à étouffer cette vieille tendresse. « Comme quoi le physique peut être trompeur. » Ce n'était qu'une formule de circonstance. Elle n'avait pas l'accent de sincérité du portrait ébloui qui l'avait précédée.

Que s'était-il passé ? Etait-ce l'effet de l'âge... ? Une revanche libératrice sur les courbettes obligées de l'Histoire officielle ? L'œuvre de la maladie qui ramollissait les réflexes... ? Ce n'étaient je crois ni l'âge, ni la maladie, ni un de ces amoindrissements que l'on prêtait aussi à l'« autre » – le Maréchal. Pas un lapsus non plus avec sa part d'involontaire. Pas un aveu, ce n'était pas son genre. Le diable se contrôlait comme personne, et quand il risquait de laisser échapper une bribe, il avait le génie de ne rien concéder. J'en avais fait l'expérience ces dernières semaines : trop malade, trop fatigué, il pouvait en une heure ne lâcher que trois phrases ; ou badiner sur tout autre chose, les femmes ou les malheurs de la droite de préférence. Donner le change sans risque, et aux pires temps de la maladie, comme un bon cycliste, se mettre en roue libre. Il contrôlait et contrôlera jusqu'au dernier jour, au moindre détail.

Cette « liberté », c'est sa vision de l'Histoire. Et ce Pétain, c'était son Pétain.

Ce jour-là, je découvris deux Mitterrand, le jeune homme énamouré de 1942 et le Président au cuir tanné. Et dans cette indulgence pour Pétain, tant commentée, les deux se côtoyaient.

Le jeune Mitterrand qui clamait dans les rues de l'affreuse ville d'eaux « A nous deux Vichy », celui énamouré que décrit Péan, approchant pour la première fois Pétain dans un théâtre de Vichy [1]. A cet âge, ce genre d'engouement provoque une fascination si intense et laisse des traces que la vie ne peut défaire tant elles sont inscrites dans le cortex de l'être vierge. Le cortex du Président avait la mémoire dure, il se souvenait de ce frisson.

Et puis il y avait le monarque Mitterrand. Celui-ci appréciait Pétain d'un regard professionnel, de la même manière qu'il aurait évalué le règne de De Gaulle ou celui de Napoléon III, ces deux chefs français avec lesquels il rivalisait sur la durée. Celui-là jugeait Pétain en artiste cynique du gouvernement des peuples, en collègue, en vieux chef gaulois : « Pétain... ? Pas assez ferme, pas assez filou, pas retenu les leçons de Bibracte [2]. Tenir, durer. » Mais il était intrigué, presque jaloux de la vibration terrienne de l'autre, de ce fluide barrésien inouï, insupportable, qui passa entre Pétain et les Français. De ce record d'intensité nationale qu'en collègue il admirait. Sa conviction profonde était que Pétain n'était pas une parenthèse de l'histoire de France, mais s'inscrivait dans la longue lignée de ses chefs. Il en fera d'ailleurs l'aveu quelque temps après cette rencontre, citant tous les chefs d'Etat qui l'avaient précédé, et avait mis Pétain dans le lot. Presque personne n'avait relevé [3].

1. Le 2 mars 1942. « Il [Pétain] est magnifique d'allure, son visage est celui d'une statue de marbre », écrit François Mitterrand. (Pierre Péan, *Une jeunesse française*, *op. cit.*, p.179.)

2. Ancienne ville de Gaule sur le mont Beuvray. Vercingétorix y fut proclamé chef des Gaulois avant la bataille d'Alésia.

3. Vœux à la presse, 6 janvier 1995. Seul à l'avoir fait, Gonzague Saint-Bris, grand connaisseur des monarchies.

En me quittant, il me retint par le bras et laissa tomber : « Est-ce que vous savez qu'il est arrivé au pouvoir à l'âge où je serai mort... ? » En disant le mot « mort », un gouffre semblait s'ouvrir dans sa gorge.

10

« Le 18 juin, ça n'existe pas ! » *

La religion gaulliste l'exaspérait plus que de coutume, à l'approche des cérémonies du cinquantième anniversaire de la Libération [1]. Il venait de choquer en refusant de parler du rôle de De Gaulle dans le Débarquement de Normandie. Il ne se retenait pas. Il ne manquait plus une occasion d'écorner le mythe. Il avait dû se contenir pendant deux septennats, s'incliner trop souvent à son goût devant la statue du Commandeur, s'astreindre à tous les hommages gaullistes respectueux et nationaux. Il devait se dire qu'il ne voulait plus tricher, et s'employait, avec une exactitude bien tatillonne, à corriger « cette histoire écrite par les vainqueurs », comme il disait.

Je lui parlai de cette polémique sur de Gaulle et le Débarquement, sa défense était prête, il répondit net, précis, tranchant : « Mais c'est la stricte vérité historique ! Churchill n'a même pas pris la peine de prévenir de Gaulle du Débarquement [2], de sa date, de son

---

* *(Palais de l'Elysée, bureau du Président, 12 juillet 1994.)*

1. Juin 1994.

2. Depuis janvier 1944, début de la préparation de l'opération Overlord, de Gaulle est tenu dans une quasi-ignorance des plans

lieu – ne parlons pas de Roosevelt ! – Il a été tenu à l'écart jusqu'au bout du Débarquement. C'est un fait... Quant aux quelques Français qui y ont participé [1], ils n'étaient même pas sous les ordres de De Gaulle. Alors que me reproche-t-on ? De ne pas tomber dans le panneau de la sainte histoire... ? »

Le téléphone sonna, longtemps, dans son bureau de l'Elysée. Il était allongé sur une sorte de divan – c'était peu avant sa deuxième opération de la prostate. Il me fit signe de lui apporter le combiné à l'autre bout de la pièce. Il prit l'air d'un Volpone – ce devait être un de ses médecins –, se mit à pester

---

alliés. Le président Roosevelt, convaincu du déclin français et de la popularité du vichysme, hostile au général de Gaulle en qui il voit un futur dictateur, ne cesse de susciter des pouvoirs rivaux au CFLN et prépare l'installation d'une administration alliée en France (AMGOT – voir note 1 p. 112). De Gaulle ne sera informé que le 4 juin, moins de quarante-huit heures avant le Débarquement, de la date, du lieu et des forces engagées. Sur le plan militaire, Américains et Britanniques évaluent mal le potentiel de la Résistance, phénomène difficilement cernable ; de plus, ils redoutent une « insurrection nationale » qui pourraient profiter aux communistes. Ils sont donc tentés de l'ignorer. L'état-major interallié entérine *in extremis*, fin mai 1944, le plan du BCRA pour le jour J, avant de l'abandonner le 5 juin. En fait, les Alliés ne croiront à l'aide de la Résistance et ne s'en serviront qu'une fois les combats commencés.

1. Cent soixante-dix-sept hommes du 1er bataillon de commandos marins, débarqués près de Ouistreham et une poignée de parachutistes largués en Bretagne, auxquels il faut ajouter un modeste appui naval et aérien. C'est seulement à partir du 1er août que la division Leclerc débarque près de Saint-Martin-de-Varreville dans la Manche. Ils seront seize mille huit cents alors que plus de deux millions de soldats alliés se battent sur le sol français. (Jean-Louis Crémieux-Brilhac, *La France libre*, Gallimard, 1996, p. 875)

contres ces pilules qui lui empoisonnaient et la vie et le sang, prétexta un retard, négocia un délai, et revint vers moi, l'air roublard et stimulé par le mensonge.

Ensuite, il se leva avec une jeunesse qui m'étonna – il n'était plus Volpone tout à coup –, se dirigea vers la fenêtre, reposa le combiné précautionneusement puis, vaguement inquiet, le ralluma, écouta s'il y avait une tonalité, le reposa et, pas vraiment convaincu, le reprit encore et recommença l'opération. Cette façon de terminer une conversation téléphonique était toujours un spectacle. Etait-ce sa méfiance paysanne pour tout ce qui ressemblait à un gadget ? Une vieille habitude de ministre de l'Intérieur... ? Ou son obsession des écoutes – un comble... ? Une fois rassuré sur l'appareil, l'estimant domestiqué, il se planta devant la fenêtre, fixa le parc, jaugea le ciel en vue de sa promenade, et me souffla, de dos, avec un air de grand mystère : « Cette histoire-là est sacrée, et comme toute histoire sacrée, elle est fausse, intouchable... De Gaulle avait besoin de construire sa légende : pour s'imposer à la Résistance, puis au pays tout entier... Tout était du même ordre avec lui : la vénération. » Puis il se retourna, l'œil subitement noir, inquiet, soupçonneux :

« C'est comme cette histoire du 18 juin... J'espère que vous n'en êtes pas dupe... ? »

Etait-ce une menace, une dissuasion ou un conseil – il n'attendit pas ma réponse. « Le 18 juin, ce n'est rien... ! Une invention, la reconstruction *a posteriori* d'un événement passé inaperçu... Ce 18 juin, personne ne l'a entendu – mille personnes peut-être, par hasard. C'était si peu important, un discours comme un autre, qu'on en a même perdu l'enregistrement : l'Appel qu'on nous fait entendre, ce n'est pas le bon. »

Il se perdit dans l'observation du parc puis me dit d'un air pincé :

« Oh, moi, je n'ai pas eu à choisir... Le 18 juin 1940, c'est le jour où j'ai été fait prisonnier... J'étais blessé, on me trimballait sur un petit chariot. »

De nouveau face à moi, il mima les bras ballants, voyant passer dans le ciel les stukas, cette scène de son exode, et continua sa démonstration :

« Le 18 juin, personne n'y a fait attention. De Gaulle était totalement inconnu à l'époque ; ce n'est que quelques mois plus tard qu'on en parlera, par le bouche à oreille... Alors vous pensez, la " France résistante " qui se lève à l'Appel du 18 juin... Quelles foutaises... »

Je le relançai, étonné de ce sacrilège : « N'est-ce pas ainsi que fonctionnent les mythes fondateurs ? Le 18 juin comme le 14 juillet ? Les mythes magnifient le geste pionnier... »

Il s'esclaffa en gonflant les joues plusieurs fois : « Geste pionnier ? Foutaises... ! Vous êtes naïf ou mal informé ?... Il n'est pas du tout le premier résistant... » Il marqua une pause pour souligner son effet. « Eh oui... Il y en avait d'autres en France à ce moment-là. Le réseau du musée de l'Homme n'a pas attendu de Gaulle [1]... Les démocrates-chrétiens

1. Dès la fin de juillet 1940, le jeune ethnologue Boris Vildé rassemble des collègues, chercheurs au musée de l'Homme, et des intellectuels parisiens, pour des activités antiallemandes. C'est Germaine Tillion, elle-même résistante de la première heure, qui, en 1946, chargée de la liquidation administrative de ses camarades, a baptisé ces groupes « Réseau du musée de l'Homme ».

autour de Teitgen et de Menthon [1] sont arrivés à peu près à la même époque... Et n'oubliez pas Henri Frenay [2] ! Jeune capitaine d'état-major, il crée le mouvement Combat à Marseille durant l'été 40.

– Frenay commença donc si tôt, monsieur le Président ?

– Eh pardi !... On peut même dire que Frenay est le fondateur de la Résistance intérieure, aussi légitimement que de Gaulle fut celui de la Résistance extérieure. Légitimité contre légitimité... [Rires.] Jusqu'en 1943, on n'entendra pas vraiment parler de De Gaulle, on ne verra pas ses hommes, on ne les connaîtra pas. Il n'y eut aucun contact entre eux et nous – la Résistance intérieure – pendant très longtemps. De Gaulle n'eut vraiment le pouvoir sur

1. Pierre-Henri Teitgen et François de Menthon sont les fondateurs du mouvement de résistance, d'inspiration démocrate-chrétienne, Liberté, né dès l'automne 1940, puis intégré dans Combat en 1942. A la Libération, les deux hommes participent à la création du Mouvement républicain populaire et occupent des postes ministériels.

2. Henri Frenay, saint-cyrien, prisonnier évadé, retrouve l'armée d'armistice en 1940. Tout en approuvant le maréchal Pétain, il entend lutter contre les Allemands dans l'ombre avec un groupe baptisé Mouvement de Libération nationale auquel il se consacre pleinement en mars 1941 après avoir demandé son congé à l'armée. Fusionnant avec d'autres groupes le mouvement prend le nom du journal qu'il publie : *Combat*. Henri Frenay rompt complètement avec le pétainisme en mai 1942. Il entre en conflit avec Jean Moulin, contestant la concentration des pouvoirs entre ses mains et refusant son éviction du commandement de l'Armée secrète qu'il avait contribué à former. En mai 1943, Frenay gagne Londres, puis Alger, est nommé commissaire aux Prisonniers et Déportés de guerre dans le CFLN, puis ministre des Prisonniers, Déportés et Réfugiés dans les gouvernements provisoires de 1944 et 1945. Il meurt en 1988.

l'ensemble de la Résistance que fin 43, qu'une fois installé à Alger – après avoir battu Giraud. Mais jusqu'à la Libération de Paris, il a fallu qu'il lutte contre Roosevelt et son projet d'AMGOT [1] autant que contre les communistes... »

Il se dirigea vers son horrible bureau bleu au *design* démodé, qui avait remplacé celui du Général en 1988. Il fouilla dans son désordre, son tas de courriers éventrés et de parapheurs empilés, en écarta un, se saisit de deux dossiers et les malmena en continuant à me parler : « Mais Frenay en 1943 s'est fait avoir comme un amateur par de Gaulle, lui aussi... Il est le fondateur de la Résistance intérieure, il crée une armée de toutes pièces, donne l'impulsion, mais n'arrivera pas à transformer cette intuition en destin. Il échoue, est récupéré à Londres par de Gaulle qui lui donne un hochet officiel. Ensuite, après-guerre, il n'arrive pas à se remettre dans la course. C'est ainsi que de Gaulle a procédé pour mettre la main sur la Résistance intérieure qui lui était hostile. Il les invitait à venir, à Londres, à Alger, et les bâillonnait avec des titres ronflants. Moi, je n'ai pas marché dans ces histoires. » Il relatait l'histoire à sa manière et cette rage froide venait de l'historique défaite de son camp, la Résistance intérieure et les giraudistes.

Il reprit : « Pauvre Frenay », avec un mélange d'agacement et de tendresse. Ils étaient de la même famille : à la une du journal clandestin *Combat*, on

1. Allied Military Government for Occupied Territories, une administration militaire alliée des territoires occupés que les Américains souhaitaient mettre en place en France, en lieu et place des institutions françaises.

trouva jusqu'en 1942 une devise de Pétain, et dans ses colonnes des professions de foi de Frenay à « l'antisémitisme éclairé [1] ». Frenay était l'ami de Mitterrand, lui avait été utile à Londres et à Alger, fut son parrain à la Libération, une sorte de tremplin vers la IVe République, avec ce poste de sous-ministre par intérim qu'il assura à Mitterrand. Ils étaient restés proches jusqu'à sa mort. « J'ai bien connu Frenay, vous savez. C'est un destin étonnant. C'était un brillant officier de carrière qui est vite devenu – après-guerre – un officier à la retraite. Depuis la fin de la guerre, il ne s'était jamais remis de son destin raté. Il avait inventé la vraie Résistance mais fut un si piètre politique. Il pensait, venant à Londres puis en étant ministre de De Gaulle, garder son influence et son réseau. A la Libération, il perdit pied. Comme il ne pouvait pas s'en prendre à de Gaulle, il avait fini par

1. Dans un manifeste pour le Mouvement de Libération nationale, écrit durant l'été et l'automne 1940, retrouvé par Daniel Cordier, Henri Frenay écrit : « Tous ceux qui servent dans nos rangs, comme ceux qui s'y trouvent déjà, seront des Français authentiques. Les Juifs serviront dans nos rangs s'ils ont effectivement combattu dans une des deux guerres. » Plus loin, il parle du « problème du capitalisme juif ; de la finance juive qui avait pris dans l'économie nationale une place intolérable ». Le 10 juin 1941, le premier journal imprimé du MLN, *Les Petites Ailes*, s'élève contre la vision nazie d'une France abâtardie et de race impure : « La race aryenne nordique doit être tenue pure. Ainsi la grande Révolution française, où les Juifs et les francs-maçons auraient exterminé l'élite du peuple, marque le déclin de la France. » Ces citations sont extraites de la postface du livre de Daniel Cordier, *Jean Moulin : l'inconnu du Panthéon*, t. 3 : *De Gaulle, capitale de la Résistance* (novembre 1940-décembre 1941), Jean-Claude Lattès, 1993, p. 1029-1030.

se persuader que l'origine de tous ses malheurs était Jean Moulin – parce qu'il était son agent communiste... Il n'était pas très intelligent. Il voyait un complot. Il était devenu un peu fou, c'est bien triste. Un jour, après-guerre, il m'a fait lire sa correspondance avec Moulin [1], ça suintait une haine... »

Le temps passait, il fouilla encore et encore sur son bureau, machinalement. Le téléphone retentit de nouveau. Il laissa sonner.

« Dire qu'il eut le culot de prononcer cette phrase en 1958, avant son retour au pouvoir : " La légitimité que j'incarne depuis dix-huit ans. " Croyez-vous que c'est bien républicain, très démocratique de dire cela... ? La légitimité c'est les élections, pas le 18 juin ! Surtout cette légitimité habilement fabriquée à Londres, avec une radio, des moyens, des réseaux et des relais... »

Il repartit vers le fond de son bureau où étaient disposées les maquettes de ses Grands Travaux – et qu'il pouvait voir de tous côtés. En passant, il caressa d'un doigt la courbe de l'Opéra Bastille avec une grimace condescendante – il n'en aimait pas l'architecture –, puis reprit : « C'est la mode aujourd'hui de s'extasier sur de Gaulle – regardez Debray et Glucksmann qui aiment de Gaulle. Mais c'est pour se venger de moi. Parce qu'ils aimeraient me devoir plus. L'un, un improbable secrétariat d'Etat au Pacifique Sud, et l'autre, une ambassade à Prague que je ne lui ai pas donnée... »

1. Reproduite en annexe d'un de ses ouvrages, *L'Enigme Jean Moulin*, Robert Laffont, 1977 et 1990.

Le téléphone sonna encore, il ne répondit toujours pas – le temps manquait. Il saisit mon bras comme pour assener le coup de grâce à de Gaulle : « Alors maintenant, vous comprenez... Sans le 18 juin, de Gaulle n'est plus rien... »

Il esquissa alors un étrange geste de la main, si bizarre si précis qu'il est resté gravé dans ma mémoire. Il sembla toucher une clé de voûte imaginaire, et la mine appliquée, la dévissa comme pour provoquer un effondrement.

« Sans le 18 juin, rien ne tient chez de Gaulle. Il n'est plus rien... »

Ce « rien » dura dans sa gorge, il était redoutable.

« Alors que reste-t-il si nous enlevons le 18 juin ?... Dix ans d'un régime d'origine douteuse, né sur les barricades d'Alger, enfanté par les treize complots du 13 mai... ! Un régime autoritaire toujours sur la ligne jaune de l'arbitraire où la presse et la télévision étaient tenues... ! Alors que moi je les ai libérées... Un régime de droite vraiment, et ce n'est pas le bluff de la Participation [1] qui nous fera croire le contraire... Une politique, à l'extérieur comme à l'intérieur, qui lui ressemblait, digne du XIXe siècle... ! Un régime si insupportable aux Français qu'il finit en fait par une révolution, Mai 68, et un an plus tard, c'est la bourgeoisie, Giscard en tête, qui le fout dehors... ! »

1. Le général de Gaulle a voulu promouvoir l'idée de participation, mode d'association entre le capital et le travail. Mais les modalités se sont résumées à l'intéressement financier. Une loi est votée en 1959 sur l'intéressement des salariés aux résultats de l'entreprise. La participation aux décisions concernant l'entreprise n'a jamais été instaurée.

Remonté mais précis et méthodique, il était le plaideur d'une argumentation inédite, scandaleuse mais ruminée en solitaire depuis si longtemps – j'en étais certain.

« Alors vous voyez, il ne reste pas grand-chose de De Gaulle, si vous enlevez ce 18 juin – il refit le geste de la clé de voûte, très vite. Moi, au moins, j'aurai duré quatorze ans – enfin j'espère – et je n'aurai pas été chassé par la rue... [Un silence.] Non... de Gaulle, ce n'était pas ce qu'on croit. »

François Mitterrand commençait à régler ses comptes avec sa destinée, à imaginer la postérité, à la tourner dans tous les sens, à se figurer sa réputation devant l'Histoire. Il ne partirait pas dans l'humiliation comme de Gaulle après une révolution et le désaveu d'un référendum, ni vaincu par la maladie comme Pompidou – il y comptait bien malgré son cancer –, ni ridiculisé comme Giscard avec sa chaise vide [1]. Pour l'heure, ne pas connaître le destin de Giscard était sa seule certitude mais l'idée obsessionnelle lui était venue, au terme de ce second septennat, que sa présidence pourrait rivaliser avec celle de De Gaulle, qu'elle lui serait même supérieure par sa durée (quatorze ans), sa stabilité (pas de Mai 68), et sa sortie (au terme de deux mandats), et que

1. Le 20 mai 1981, Valéry Giscard d'Estaing avait souhaité mettre en scène, à la télévision, son départ de l'Elysée. A la fin de son allocution de 20 heures, le président de la République était resté silencieux pendant quelques secondes avant de dire une nouvelle fois au revoir, puis s'était levé lentement et avait laissé une chaise vide à l'écran, avec *La Marseillaise* en fond sonore, pendant une longue minute.

ces avantages joueraient à la manière d'une compensation qui effacerait l'impact de *ce maudit 18 juin*.

Croyait-il vraiment ce trucage possible ? Après sa tirade, il se tut, se rassit, essoufflé. Le téléphone recommença à sonner – il était vraiment l'heure d'y aller. Il conclut enfin, d'un air désenchanté : « Moi, je n'ai pas eu sa chance... Je n'ai pas croisé de 18 juin dans ma vie... Je n'ai pas eu cette chance. Je suis arrivé au pouvoir bien tard, trop tard peut être. A soixante-cinq ans. L'âge où l'on ne peut plus rêver... »

11

Le rendez-vous d'Alger *

Plus d'un an après cette conversation sur le 18 juin, après avoir quitté l'Elysée, il continuait à parler de De Gaulle, mais dans un registre différent où la sévérité avait disparu. Il revenait sans cesse à lui. Etait-ce un effet inattendu de la toute fin de règne, les ravages de sa maladie qui ramollissait sa sévérité ou cette espèce de « vieillesse française », fataliste et barrésienne ? Il parlait d'un de Gaulle qui m'était inconnu, et dont je pensais qu'il lui était étranger. Ce n'était plus l'ennemi ou l'« inventeur » du 18 juin, celui qu'il avait grimé dans *Le Coup d'Etat permanent*, dans ses discours et toute sa vie. Il parlait d'un autre de Gaulle, le grand Autre, pour reprendre le terme de Jacques Lacan : une sorte de prolongement de son désir, cette projection ou cette rétroprojection de son destin. C'était un autre Mitterrand qui regardait un autre de Gaulle et, entre lui et l'Autre, existait comme une intimité inédite, une étrange tendresse. De plus en plus souvent, au fil de nos entretiens, il modérait ses critiques contre lui, celle du *Coup d'Etat per-*

---

* *(Rue Frédéric-Le Play, 12 octobre 1995.)*

manent : « Je n'ai pas dit que c'était un dictateur » ; celles de 1958 : « J'ai voté contre un contexte, pas contre un texte. » A tout propos, il le prenait à témoin. Au moment des grandes grèves contre Alain Juppé, il se plaignait « des colères sanguines des Français, de celle de Mai 68 qui l'avait chassé en fait, et de l'impossibilité de réformer ce pays difficile [1] ». Quand Chirac ne voulut pas dissoudre l'Assemblée en 1995, il appelait de Gaulle contre « la bêtise historique de la droite [2] » ; et lorsque Chirac, toujours lui, lança sa campagne d'essais nucléaires dans le Pacifique, il défendait la dissuasion gaullienne [3]. Mais, plus que le nucléaire, la conception de l'Europe ou le couple franco-allemand dont il avait intégré les conceptions du Général, c'étaient les détails, les petites choses du pouvoir et de la vie qui le rapprochaient de l'Autre. Il lui arrivait d'admirer « la belle idée que de Gaulle avait eue – mais pas réussi à imposer – de vouloir installer la présidence de la République au château de Vincennes », et quand il se moquait des manies de l'Autre, en particulier de celle d'« apprendre ses discours par cœur », il se rattrapait aussitôt pour convenir de « l'originalité politique de De Gaulle, cette synthèse étonnante que la bourgeoisie tuera en lui en 1968 », et s'attrister, vraiment s'attrister, de son départ en 1969 – « La bourgeoisie n'avait plus besoin de lui, elle le congédia. » Et je l'ai même surpris ému, à l'instant où il me détailla cette « scène de sa mort dont plus personne ne se souvient : cette maison perdue dans le brouillard de l'Est, la

1. Le 12 octobre 1995.
2. Le 12 juin 1995.
3. Le 11 ou le 12 juillet 1995.

nuit qui tombe, lui qui fait une " réussite " comme tous les soirs tandis que dans la pièce d'à côté sa femme est à sa couture ». Ayant fini son récit, il resta ensuite recueilli un long moment – probablement pensait-il à sa propre mort dont il allait réussir, et mieux que de Gaulle, l'ordonnancement.

Il n'avait plus besoin de s'acharner, les jeux étaient faits.

Tout juste devait-il faire quelques retouches. Après qu'il m'eut décrit cette mort de De Gaulle, il changea brusquement de conversation et d'époque. Il avait relevé la tête comme s'il s'agissait d'une vérification qui ne pouvait attendre, d'une urgence à régler ; il me lança : « Vous savez, au fond, ça ne s'est pas si mal passé avec de Gaulle en décembre 1943. »

Le « rendez-vous d'Alger »... ! Le fameux « rendez-vous d'Alger », la première rencontre avec de Gaulle. Celle qui a tout décidé. Décembre 1943, le chef de la France libre, villa des Glycines sur les hauteurs d'Alger, solennel parmi le capharnaüm des dossiers et des militaires qui s'entassaient dans la Ville blanche. Et face à lui, le jeune Mitterrand, vingt-sept ans à peine, arrivé là on ne sait comment [1], sorti

1. Lorsque François Mitterrand raconte ses voyages, à Londres puis Alger, les filières par lesquelles il est parvenu à voir de Gaulle restent floues. « Un petit avion Lysander me récupéra dans une prairie près d'Angers, une nuit de novembre 1943. Je connus Londres et les services français du comité d'Alger. [...] J'atteignis cependant Alger après quelques détours. Le général de Gaulle me reçut », écrit-il dans *Ma part de vérité* (*op. cit.*, p. 21). De même, à la fin de sa vie : « J'ai fait le tour des services de la France libre. A Londres, c'était la même chose qu'à Vichy : un grand désordre en apparence – un désordre très français –, des gens qui se contestaient continuellement, des

de l'armée des ombres. Le « rendez-vous d'Alger ». Le premier fait d'armes. Le socle de sa légende, et la légende de Mitterrand disait que cette fameuse rencontre avait été « une catastrophe ». De l'électricité dans l'air tout de suite, des mots désagréables et des reproches en arrivant, la raideur haineuse du Général tout au long, et en se quittant cette instruction de De Gaulle à son état-major d'aller le faire tuer quelque part sur le front d'Italie [1].

Au commencement donc, il y eut la brouille avec de Gaulle.

---

clans. [...] Finalement, je gagnai Alger [...]. J'avais repris langue avec Henri Frenay. Par son intermédiaire [...] je franchissais le seuil de la villa des Glycines » (*Mémoires interrompus*, *op. cit.*, p. 128-129).

Grâce aux archives du BCRA, dépouillées par Pierre Péan (*Une jeunesse française*, *op. cit.*, « Le grand saut », p. 343-357), ce dernier a reconstitué ses itinéraires. Il est parti par une filière de l'Organisation de l'Armée secrète, à laquelle se rattachent des membres du RNPGD, qui ont des liens avec le SOE britannique et le réseau du colonel Buckmaster. A son arrivée en Angleterre, comme tous les nouveaux débarqués, il est interrogé par les services secrets britanniques (Buckmaster lui-même), par les officiers de l'ORA et les représentants de Frenay à Londres (Jean Warisse).

Il rencontre, entre autres, le colonel Passy. Une note du BCRA en date du 27 novembre indique que le capitaine Monier (nouveau pseudo pour Morland) est dépêché par le colonel Passy à Alger où il est réclamé par le général de Gaulle. A Alger, ce serait Henri Frenay, grâce à l'ordre de mission établi à Londres, qui obtient pour Mitterrand un rendez-vous avec de Gaulle. Mais bien des contacts que Mitterrand a eus à ce moment-là restent dans l'ombre.

1. Version de François Mitterrand : après l'entrevue avec le Général, quand il « exprime ensuite, auprès des services compétents, son désir de rentrer en France, il s'aperçoit qu'on ne tient guère à ce retour. On le préférerait éloigné de la résistance intérieure et mobilisé sur le front d'Italie » (Témoignage de François

Il avait toujours aimé en parler avec détails, couleurs et mimiques aux générations de jeunes gens qu'il séduisait. Le « rendez-vous d'Alger », c'était ce bout d'épopée que ses biographes, ses alliés, tous les rôdeurs, moi y compris, aimaient lui faire raconter. Il se faisait un peu prier d'abord, et puis très vite il ouvrait la boîte à histoires. Combien de fois l'a-t-il relaté, le « rendez-vous d'Alger » ! A tout propos, en tête à tête, ou bien au peuple de gauche réuni jadis dans les meetings héroïques. Il l'avait écrite, décrite, martelée. Elle avait eu tant de succès qu'au fil des années il l'avait intronisée en acte de naissance politique. Pensez ! Vingt-sept ans et déjà rebelle à de Gaulle [1] ! C'était beau comme du Chateaubriand – décidément... : le rendez-vous d'Alger était son « fossé de Vincennes du duc d'Enghien [2] ».

Pour ses biographes, c'était un jeu de piste qu'il avait soigneusement balisé. Nous l'avions tous cru, moi, Giesbert qui décrit : « Lorsque Mitterrand est

---

Mitterrand recueilli par Jean Védrine in *Dossier PG-rapatriés : 1940-1945*, Asnières, Imprimerie Daniel, 1981, t. II, p. 478).

Version du général de Gaulle : ayant des soupçons sur l'engagement tardif de François Mitterrand dans la Résistance, il lui a « proposé de se battre, soit dans le corps expéditionnaire en Italie, soit comme parachutiste dans le corps qui serait le premier à prendre pied en France. Il a refusé les deux propositions. Je l'ai congédié : " Nous n'avons plus rien à nous dire. " » (Alain Peyrefitte, *C'était de Gaulle*, t. II, Fayard, 1997, p. 579).

1. Comme le rappelait Jean Daniel : « François Mitterrand et la gauche ont eu besoin, au départ, de postuler que de Gaulle était un tyran ou pouvait l'être » (*Les Religions du Président*, Grasset, 1988, p. 339).

2. En 1804, le duc d'Enghien, fils unique du dernier prince de Condé, fut soupçonné d'avoir comploté contre Napoléon. Pour frapper un grand coup contre les royalistes, l'Empereur le fait enlever, juger précipitamment par un conseil de guerre et fusil-

introduit dans le bureau du grand homme, il y a déjà du scepticisme en lui [1] » ; Alain Duhamel qui reprend la même thèse : « François Mitterrand s'est cabré sur-le-champ [2] » ; et Catherine Nay qui elle aussi prétend : « Le Général se montre réticent, hautain, impérieux, à peine courtois [3]. »

Le récit du « rendez-vous » avait évolué à la mort de De Gaulle en 1970. Chaque fois, un détail nouveau apparaissait : Frenay était présent ou soudain absent; la date variait, 3, 4, 5 décembre [4]; il refaisait le décor, forçait le trait, rajoutait un bout de dialogue; la durée du rendez-vous, la précision des échanges, l'acidité du ton variaient à chaque version.

Mais voilà qu'aujourd'hui il ne modifiait plus quelques péripéties, mais la légende tout entière. Ce n'était plus une transformation du récit mais une révolution. J'insistais, incrédule. Il répondit fermement : « Mais si, je vous dis que ce rendez-vous d'Alger ne s'est pas si mal passé.

– Alors comment vous a-t-il accueilli? Aussi brutalement que vous l'avez toujours dit?

– Oh non... [Ton doux.] Je le revois tel qu'il était assis dans son fauteuil, ses grandes mains

---

ler la nuit même. Cette exécution scandalisa l'Europe et éloigna de l'Empereur des hommes comme Chateaubriand.

1. Franz-Olivier Giesbert, *François Mitterrand, une vie*, Seuil, 1996, p. 71.

2. Alain Duhamel, *De Gaulle/Mitterrand, la marque et la trace*, Flammarion, 1991, p. 36.

3. Catherine Nay, *Le Noir et le Rouge* Grasset, 1984. p. 156.

4. Dans *La Paille et le Grain*, François Mitterrand écrit le 3 ou le 4 décembre. A la fin de sa vie, il évoque devant Pierre Péan la date « probable » du 5 décembre, tandis que dans les *Mémoires interrompus*, il reste toujours aussi imprécis : « deux ou trois jours » après son arrivée à Alger, le 3 ou le 4 décembre.

molles pendantes, comme s'il n'avait su qu'en faire. »

En disant cela, il eut un éclair d'affection dans le regard. Les « mains molles » de De Gaulle l'avaient tellement frappé qu'elles figuraient aussi – j'en avais été surpris – dans un texte qu'il avait écrit dans son bloc-notes de *L'Unité* [1], et de tous ces détails de décembre 1943 qui avaient fluctué, celui-ci était peut-être le plus authentique, le plus frappant : les mains molles. « Il s'est levé, m'a accueilli sans solennité, plutôt décontracté, affable même... Oui, il n'était pas du tout désagréable et même poli... »

Une pause, une moue. « Non, non. On a raconté des bêtises sur cette rencontre... Elle s'est plutôt bien passée, nous avons parlé des prisonniers de guerre, il m'a interrogé sur la situation en France... »

Une autre pause. « Non, non, on ne peut pas dire. De Gaulle a été très courtois, comme il savait l'être... »

Je n'en revenais pas. Ainsi tout se serait bien passé. Il n'y aurait pas eu d'incident. Pas de conflit. Rien à signaler. De Gaulle aurait même été affable ! Je m'étonnai : « Mais alors cette phrase agressive de De Gaulle quand il vous reproche : " Alors Mitterrand, il paraît que vous vous déplacez sur des avions anglais [2] ? "...

– Oh non, c'était une boutade. Tout le monde voyageait sur des avions anglais. Je lui ai répondu que je

1. « Pendant qu'il me parlait, sa belle main un peu molle se balançait au rythme de je ne sais quelle berceuse » (François Mitterrand, *La Paille et le Grain*, *op. cit.*, p. 11).

2. Sous-entendu par des filières giraudistes alliées aux Anglais et, en particulier, aux réseaux du colonel Buckmaster.

n'avais pas songé à regarder la marque avant d'embarquer – et nous sommes passés à autre chose. »

Je le relançai. « Mais ce mépris du Général envers les prisonniers de guerre... Cette phrase que vous prêtez à de Gaulle. Il vous aurait dit [1] : " Pendant qu'on y est, on pourrait faire aussi des mouvements de résistance de Bretons, d'épiciers ou de charcutiers, hein ? " »

Il me répondit benoîtement.

« Mais non, nous avons parlé des prisonniers de guerre. De Gaulle attachait une grande importance à la propagande dans les camps et à l'action des évadés en France... »

Ainsi, il m'avouait que ce fameux rendez-vous, il l'avait déformé, tripoté, trituré, pour en faire sa matière. Tout était donc faux.

Il répéta : « Ça ne s'est pas si mal passé ce jour-là avec de Gaulle. »

Alger, décembre 1943. Il avait tout fait pour venir là. A Vichy où il commençait à être grillé [2], il avait

1. Franz-Olivier Giesbert, *François Mitterrand, une vie*, *op. cit.*, p. 70.

Autre version, d'après Maurice Pinot qui relate le récit que lui a fait François Mitterrand à son retour : le Général, ironisant sur la prétention des prisonniers de guerre à se regrouper dans la Résistance, aurait dit : « Pourquoi pas les coiffeurs, les cuisiniers ? » (J. Védrine, *Dossier PG-Rapatriés*, *op. cit.*, t. II, p. 698.)

2. Le 11 novembre 1943, la Gestapo fait irruption chez François Mitterrand, rue Nationale à Vichy, adresse qui est devenue celle des principaux responsables du RNPG. Pol Pilven qui se trouvait là est arrêté et déporté, avec le propriétaire, M. Renaud. Sa secrétaire Ginette Caillard prévient François Mitterrand. Il se réfugie à Clermont-Ferrand.

pris des risques, tapé à toutes les portes, écarté ses rivaux qui prétendaient au rendez-vous [1], agité ses vieux amis à l'Hôtel du Parc, convaincu ses amis prisonniers de guerre qu'il fallait faire le voyage d'Alger, qu'il y a six mois on pouvait se passer de De Gaulle mais qu'à présent Giraud n'était plus seul... Il avait été imprudent. Il ne savait pas qui avait vraiment des accointances avec de Gaulle, alors il avait demandé à qui voulait l'entendre un « passage ». A son ami Gabriel Jeantet qui entretenait avec le BCRA de Londres des liens cagoulards grâce à Fourcaud et Duclos. A Henri Frenay, à ses adjoints du mouvement Combat. Aux militaires de l'ORA qui auraient pu le mettre en contact avec le « réseau Buckmaster ». A tout le monde en fait, à tant de gens qu'on ne sait pas vraiment qui lui organisa ce *premier rendez-vous*. Il leur répétait, Londres ou Alger, peu importait, mais y aller. Pour le voir. Se rallier, négocier, ne pas s'humilier bien sûr, mais parler avec lui, « de puissance à puissance », leur disait-il, tu parles... Y aller en avion, en avion anglais, en canoë et même en dirigeable s'ils voulaient. Les militaires de l'ORA avaient fini, m'avait-il dit, par lui trouver un avion anglais, et son compagnon de voyage, ce jour-là,

1. Maurice Pinot, ex-commissaire général aux Prisonniers de guerre, était le « supérieur hiérarchique » de François Mitterrand à Vichy. Il aurait donc pu faire le voyage, estimant lui aussi que « la présence d'un délégué du RNPG à Alger était indispensable », à cause de leur réputation, usurpée selon lui, de giraudistes, du besoin d'aide financière et matérielle, et de la création annoncée par le CFLN d'un commissariat aux Prisonniers de guerre. Mais, « François Mitterrand, qui était très qualifié pour cela, prit l'initiative de partir à Alger pour remplir cette mission » (Témoignage de Maurice Pinot dans J. Védrine, t. II, *op. cit.*, p. 697-698).

s'appelait le colonel du Passage [1]. Ça ne s'invente pas.

Il est à Alger donc. Il est venu pour de Gaulle et il attend. Attend-il comme un pauvre hère dans une chambre misérable, à l'entrée de la Casbah, comme il l'a raconté ? Ou bien comme un aventurier gâté dans le somptueux palais maure de Lemaigre-Dubreuil, une relation, patron des huiles Lesieur, financier de la Cagoule et « libérateur » d'Alger avec José Aboulker et Henri d'Astier de la Vigerie ? Voit-il ses amis de Vichy recyclés là ? C'est certain [2]. A-t-il un rendez-vous avec le général Giraud ? Il le dément. Il me parla d'une « simple conversation entre deux portes », grâce au commandant de La Chénelière, très vraisemblablement après avoir vu de Gaulle [3].

Je lui demandai ce qu'il avait fait entre son arrivée et le rendez-vous avec de Gaulle – qu'il obtiendra finalement au bout de « deux ou trois jours, mais très facilement ». Il me répondit : « Mais je me préparais au rendez-vous », avec l'air étonné et innocent de l'Ariane d'Albert Cohen dans *Belle du Seigneur*. Il prépara donc ce rendez-vous comme un amoureux et,

---

1. Il a pris l'avion la nuit du 15 au 16 novembre 1943 à Seiches-sur-le-Loir, près d'Angers, avec le capitaine du Passage, dans *Mémoires interrompus*. Dans Jean Lacouture, c'est le commandant. Dans Pierre Péan, c'est un colonel ! Dans un document des services secrets britanniques, en annexe de Péan, l'interrogatoire de Mitterrand et de Du Passage, il s'agit du commandant du Passage.

2. Le commandant de La Chénelière, membre des services spéciaux giraudistes, connaissance de la mère de François Mitterrand.

3. Version confirmée par Pierre Péan, *Une jeunesse française*, *op. cit.*, p. 373.

durant ce temps, je l'imagine cent fois devant sa glace, debout, couché, assis, marchant, s'endormant, se réveillant. Durant les jours et les nuits où dura cette attente, il ne fit que cela. Il avait la scène dans la tête, avant qu'elle existât.

En entrant, il le verrait au bout de cette longue pièce. De Gaulle l'observerait de loin, feindrait d'être occupé, ferait mine de ne pas le voir tout de suite, du coin de l'œil le regarderait s'avancer, guetterait son premier mot, examinerait le croisement des jambes, le port de son visage...

Le général resterait silencieux – *il ne faudrait pas s'inquiéter*. Il écouterait attentivement sa première phrase – *elle serait capitale* –, ses récits d'aventures – *ils ne devraient être ni trop minces, ni trop ronflants* –, et son amour de la France – *il devrait être simple*. A un moment du rendez-vous, de Gaulle croiserait une flamme dans son regard – il en était sûr. Il entendrait sa jeunesse, sa fièvre, ses mots vrais, le fracas de l'épée jetée aux pieds du suzerain. Et il y aurait un silence, plus long et plus profond que les autres. Le Général se lèverait, lui dirait d'approcher et, sous l'œil stupéfait de l'aide de camp, le chef de la *France libre* le prendrait dans ses bras, et lui ordonnerait de sa voix traînante : « Mitterrand... la France a besoin de vous... Je vous fais maréchal d'Empire. »

Il en était sûr, cela ne pouvait se passer autrement : il serait son maréchal d'Empire.

L'ennui, c'est que ça ne s'est pas du tout passé comme ça.

Ni très bien, comme il en avait rêvé. Ni très mal, comme il le raconta sa vie durant.

En vérité, ce fut un rendez-vous *ordinaire*, ni trop court, ni trop long, où l'on s'était dit des *banalités* de temps de guerre : ne pas disperser l'énergie nationale, déjouer les querelles politiciennes ; unir la Résistance intérieure ; ne pas diviser le peuple des prisonniers de guerre – que les communistes convoitaient aussi. De Gaulle y fut *banalement* impérialiste, essaya bien sûr de lui mettre dans les pattes son neveu, M. Cailliau [1], son rival à la tête des mouvements de prisonniers de guerre, mais n'insista pas. Bizarrement.

L'audience s'était achevée tout aussi *platement* : de Gaulle s'était levé et avec la courtoisie du début lui avait serré la main de sa grande poigne molle. C'était tout. Il en convenait enfin, c'était l'histoire désespérément *banale* du « rendez-vous d'Alger [2] ».

Il ne s'était rien passé entre de Gaulle et lui, ce jour-là, villa des Glycines. Il n'y avait rien à dire sur ce rendez-vous, rien à signaler, rien de fameux, rien de ce qu'il avait prévu. Rien, ni la gloire avec lui, ni la guerre contre lui. Quel « rendez-vous d'Alger » ? Il n'y avait pas eu de « rendez-vous ». De Gaulle ne l'avait pas remarqué.

---

1. Michel Cailliau, neveu du général de Gaulle, fait prisonnier en 1940, rapatrié en France en mars 1942, constitue un réseau d'action et de renseignement, le réseau Charette, et regroupe d'anciens prisonniers de guerre dans un Mouvement de résistance des prisonniers de guerre et déportés, MRPGD, sous l'égide duquel de Gaulle aurait souhaité regrouper tous les PG. En réalité, en mars 1944, le MRPGD s'unira avec le mouvement Pinot-Mitterrand (le RNPG) et le Comité national des Prisonniers de Guerre (CNPG), né à l'initiative des communistes, dans le Mouvement national des prisonniers de guerre et déportés (MNPGD).

2. Passy confirme cette version moins frontale. A propos du choc entre les deux hommes, il parle de « calembredaines ». (entretien du 16 janvier 1998).

En sortant de la villa des Glycines, située sur les hauteurs de la ville, il s'était laissé rouler jusqu'à la Casbah. Comme il devait haïr Alger, le jeune Mitterrand – aujourd'hui encore il en parle avec dédain. Ville trop blanche, soleil trop violent, fausse Afrique, odeur de garnison, bars d'hôtels où l'on complotait, soldats en goguette, espions minables, mêmes jeunes importants qu' à Vichy – « J'ai trouvé la même pétaudière » –, mêmes ministres déchus, mêmes clans médiocres. Et lui qui n'était rien, qui avait cru qu'à Alger on le reconnaîtrait tout de suite, lui qui n'était désormais d'aucun clan – car les giraudistes, il l'avait pressenti, étaient finis malgré les illusions de ses amis : « J'avais compris que Giraud était un mulet, il n'a pas fait illusion six mois. »

Ce jour-là, le jeune François Mitterrand errait dans les rues d'Alger. Humilié, offensé, négligé. L'Autre ne l'avait pas vu.

Le Président resta longtemps plongé dans sa rêverie, silencieux et ironique – le regard fixé sur ce fameux jour de décembre 1943, s'interrogeant en silence, je le devinais, sur ce qui était vrai dans ce « rendez-vous d'Alger » et ce qui avait fini par le devenir; et tentant de retrouver la scène originelle sous les couches de sa fiction.

Il eut un rire court, un rire pour lui, et souleva sa main droite, très lourde soudain, se rappelant encore ces « grandes mains molles » de De Gaulle, lâcha un mot – cet étrange « capharnaüm » qu'il répéta trois fois – et me redemanda, dans un murmure, si le rendez-vous s'était passé villa des Glycines ou bien villa des Roses – il se trompait toujours...

Je me faufilais pour lui poser une question « incorrecte » qui m'intriguait depuis longtemps. Il m'avait dit, en commençant nos entretiens, « Curetez-moi », alors je curetais.

« Supposons qu'il vous ait dit : " Rejoignez-moi, Mitterrand " ou " Morland " – je ne sais pas comment il vous appelait. " Rejoignez-moi, je vous confie un commandement important. "... Qu'auriez-vous fait ? »

Il eut un long silence, un curieux mouvement de la main, comme s'il balayait l'air pour chasser cette hypothèse absurde, cette complication nouvelle dans une histoire simple : celle de son légendaire antigaullisme. Il continua d'agiter la main, elle semblait dire non, mais il finit par lâcher, son orgueil ravalé mais à mots pesés : « Oui... c'est vrai... S'il m'avait proposé un commandement... »

Une lueur glorieuse traversa son regard à ce mot « commandement » et il laissa tomber : « Et si j'avais été plus obéissant. »

Il opina de la tête longuement, comme les vieux Orientaux, dans un soupir plein de regrets, qui devait signifier : *J'aurais bien voulu, moi, mais pour un rendez-vous il faut être deux ...*

Depuis le rendez-vous d'Alger, Mitterrand était transparent pour de Gaulle – et plus que l'idéologie, cette humiliation d'Alger, méconnue de l'Histoire officielle, avait, selon moi, été une blessure, son moteur. Il n'avait jamais pardonné à de Gaulle d'avoir été *transparent* à Alger ce 3 décembre 1943 où il rêvait d'être son Murat. Et de l'avoir toujours été. Invisible le 26 août 1944, où de Gaulle ne s'aperçut même pas que Mitterrand l'avait retenu par les jambes alors qu'il allait tomber du balcon de l'Hôtel de Ville où il saluait la foule [1]. Toujours inexistant, quelques jours plus tard, quand le général de Gaulle feignit de s'étonner de le trouver dans ce gouvernement provisoire d'un « Encore vous » dont Mitterrand avait fait tout un plat [2], un autre pan de sa légende. Tout aussi ignoré le 31 mai 1958, où le Sauveur de Gaulle reçut les chefs de partis de la IVe République à l'hôtel La Pérouse [3]. Les gloires d'hier étaient là, toutes, et lui, se levant seul contre l'Autre, avait pris la parole, prononçé trois phrases que le Général, à cause du brouhaha, n'entendit même pas. Ils ne se revirent jamais. Méprisé jusqu'au bout. En décembre 1965, Mitterrand avait eu beau réussir l'exploit de faire trébucher « l'homme du 18 juin », il n'existait toujours pas.

Entre les deux tours du scrutin, on raconte que de Gaulle connut une forte dépression, eut envie de tout plaquer et de ne pas se présenter au second tour. Non pas parce qu'il avait été mis en ballottage, mais de l'avoir été par François Mitterrand. Il aurait préféré affronter Mendès France, et même, pourquoi pas, partir en laissant le pays entre de si bonnes mains,

---

1. Plusieurs versions de cette anecdote existent, cf. Jean Lacouture, *Mitterrand : une histoire de Français*, t. I, *Les risques de l'escalade*, Seuil, 1998, p. 104-105.

2. Il l'a raconté maintes fois, cf. *Mémoires interrompus*, *op. cit.*, p. 151 ; F.-O. Giesbert, *François Mitterrand, une vie*, *op. cit.*, p. 91 ; C. Nay, *Le Noir et le Rouge*, *op. cit.*, p. 175.

3. Il s'agissait alors pour de Gaulle, après le coup de force du 13 mai, de séduire les parlementaires de la IVe République qui, les jours suivants, devaient l'investir président du Conseil et lui donner les pleins pouvoirs afin de changer de régime.

celles de Mendès. De Gaulle n'en avait toujours eu que pour Mendès. Mendès l'homme d'Etat... L'adversaire à sa dimension... Mendès la rigueur... Le courage... Mendès était tout et Mitterrand n'était rien – rien que « l'Arsouille » – ce terrible sobriquet que lui avaient trouvé les gaullistes et qu'ils lançaient à la façon d'un crachat.

Mitterrand n'était rien, un candidat *négligeable*. Un rallié *négligeable* en 1943. Un ennemi *négligeable*. Un adversaire *négligeable*.

Tout était dit, et cette transparence et ce dédain de Mitterrand, dans ce nom que les gaullistes et quelques autres avaient inventé pour lui. Ce nom qu'ils avaient broyé, contracté, ces trois syllabes qui n'en faisaient que deux. Dans cette manie que ses ennemis avaient toujours eue de prononcer « Mitran » – ce signe de ralliement qui m'a toujours fait rire.

12

« Pour le mystère Jean Moulin, voyez Bénouville » *

La sortie d'un livre [1] venait de relancer la polémique sur « Jean Moulin, agent de Moscou » ; la vieille thèse d'Henri Frenay avait la peau dure. C'était l'argument miraculeux pour les pétainistes et leurs rejetons qui leur permettait de se dédouaner de tout, de la Collaboration hier – résistants ou collaborateurs, Pétain ou de Gaulle, Vichy ou Londres, pas de différence... – et de leurs saloperies présentes – ils rêvaient d'une alliance avec l'extrême droite, en ce temps où Le Pen était encore vivant politiquement.

Au cours de notre déjeuner du samedi chez Lulu, avec Pierre Bergé, je lui confiai ma colère à la parution du livre de Wolton, à la couverture du *Figaro Magazine* [2] et mon indignation devant cette campagne contre Moulin. Je lui parlai du discours de Malraux que je comptais republier en réponse à ses détracteurs. La geste de Malraux, son « Entre ici Jean

---

* *(Un déjeuner à « L'Assiette », 24 février 1993.)*

1. Thierry Wolton, *Le Grand Recrutement*, Grasset, 1993.

2. Le 6 février 1993, le magazine met en couverture une photographie de Jean Moulin sur fond de carré rouge avec pour titre : « Jean Moulin agent soviétique ? L'incroyable dossier. »

Moulin », cette voix et ce corps qui se vrillent au deuxième tiers du discours, la fougue, les larmes, les tremblements de Malraux, les frissons. Ces frissons étaient ma religion d'enfance.

Je savais que Mitterrand n'aimait pas Malraux, qu'il allait me trouver trop naïf, ou trop gaulliste, qu'importait. Je voulais le convaincre de défendre Moulin et sa mémoire déshonorée. Il me regarda amusé, accueillit ma ferveur résistantialiste avec ironie. La tâche semblait ardue.

Tandis que je m'enflammais, que je plaidais – une manie qu'il m'avait transmise –, je me suis soudain demandé où il pouvait bien être en ce jour venteux de décembre 1964, pendant le discours de Malraux, durant cette scène que j'ai vécue comme d'autres, collé à notre télévision en noir et blanc. Il n'était pas au Panthéon assurément, pas avec les huiles du régime, sur ces gradins tapissés de gris, pas avec eux. Il n'avait pas été invité, il était mis en quarantaine depuis l'affaire de l'Observatoire, un paria. Il ne devait pas être loin pourtant, à trois cents mètres au plus, rue Guynemer ; et de la rue Soufflot la clameur malrucienne devait lui parvenir à travers le jardin du Luxembourg. J'imagine qu'il était seul, volets clos. Le hurlement des haut-parleurs devait l'insupporter. Comme il devait détester Malraux ce jour-là, ce trémolo qui avait secoué le Quartier latin, et ricaner de ce « résistant si discret mais si grand acteur [1] », et grogner dans tous les sens, essayer d'écrire un discours ou un article, et ne pas y arriver.

1. Conversation avec l'auteur, le 19 novembre 1992.

Il dédaignait Moulin à cause de cette journée sombre et « bigote » de 1964, et Moulin ne l'intéressait pas. Jusque-là, quand je lui en parlais, il passait à autre chose, il n'accrochait pas, alors qu'il avait toujours une opinion sur le moindre figurant de l'Histoire. Moulin ? C'était pour lui une affaire gaulliste, une histoire étrangère. Ils n'étaient pas de la même famille pendant la guerre.

Je continuais dans ma défense exaltée – un peu trop peut-être, vue d'aujourd'hui – d'un Moulin « Christ laïc et républicain ». J'appelai à moi l'admirable Daniel Cordier [1], ses souvenirs et son travail d'encyclopédiste.

Mitterrand me répondit : « Le discours de Malraux au Panthéon, ce n'était qu'une opération politique pour conforter le régime gaulliste, à un an des élections présidentielles. La Résistance n'a rien à voir là-dedans. Tout cela est un coup monté de Malraux... Un peu comme sous Louis-Philippe le pitoyable retour des cendres de Napoléon aux Invalides [2].

– Monsieur le Président, ce discours fait partie de la liturgie gaulliste bien sûr. Mais vous vous trompez sur Moulin. Je parle du vrai Moulin, pas du Moulin déifié par les gaullistes.

– C'est la même chose, non ! C'était un gaulliste...

---

1. Secrétaire de Jean Moulin pendant la guerre, Compagnon de la Libération et auteur d'une monumentale biographie du chef du Conseil national de la Résistance : *Jean Moulin, l'inconnu du Panthéon*, 3 vol., Jean-Claude Lattès, 1989-1993 ; *Jean Moulin, La République des catacombes*, Gallimard, 1999.

2. En 1840, le gouvernement de Louis-Philippe obtient de l'Angleterre la permission de rapporter en France les restes de Napoléon Ier ; le corps fut déposé aux Invalides le 15 décembre.

– Moulin ne devient un “ gaulliste ” de Londres que tard. Jusqu'en 1942, il traîne en France, il cherche à faire quelque chose, prend contact avec les mouvements de la Résistance intérieure. Ce n'est pas un gaulliste type. Chronologiquement, il est autant un “ résistant de l'Intérieur ” qu'un “ résistant de l'Extérieur ”. »

Il n'avait pas l'air de très bien connaître Moulin, sa personnalité et sa trajectoire. Il n'insista pas.

« Vous avez peut-être raison... Cette réputation d'apparatchik gaulliste, puis d'agent soviétique, il faut dire qu'elle a été sacrément entretenue par Henri Frenay, qui ne le portait pas dans son cœur. [Rires.]

– Il est en effet pour beaucoup dans l'actuel procès en sorcellerie qu'on fait à Moulin. »

Le sentant dans de meilleures dispositions, j'étayai mes arguments.

« De Gaulle a annexé Moulin, alors que Moulin, c'était d'abord un républicain de gauche, un homme du Front populaire.

– Vous avez raison, cet apport de gauche sera bien utile à de Gaulle... Il était sa caution républicaine, c'est peut-être pourquoi il l'enrôla tout de suite.

– Monsieur le Président, c'est ce Moulin – dont une droite veut faire un « agent soviétique », et la droite gaulliste, un bon soldat – qui doit revenir à la gauche !

– Oui, mais le grand résistant des socialistes, n'est-ce pas Brossolette [1] ? »

---

1. Pierre Brossolette (1903-1944), journaliste, socialiste, rejoint le groupe de résistants du musée de l'Homme en février 1941. Arrivé à Londres en avril 1942, chef du bloc Opérations au BCRA, il contribue à améliorer les liaisons entre la Résistance

Bien joué. Il n'était pas incollable sur Jean Moulin mais il connaissait bien ses classiques socialistes, comme un paysan sourcilleux connaît sa terre – même d'adoption –, son troupeau, sa récolte, son patrimoine, et Brossolette fut, c'est vrai, sous la IVe République, le « Jean Moulin de la SFIO ». Pauvre Brossolette éclipsé par son rival !

Je cherchais une réplique, d'autant plus que, pour la première fois, Moulin semblait le captiver. Je finis par trouver le seul argument.

« Monsieur le Président, c'est toute la question du CNR. Moulin lutte pour le retour au parlementarisme – dans la Résistance et en perspective de la Libération. Tandis que le " socialiste " Brossolette (avec Passy) s'oppose à ce retour au parlementarisme [1]. Entre Moulin, le soi-disant gaulliste, et Brossolette, le soi-disant socialiste, c'est à front renversé en vérité. »

François Mitterrand était attentif. Il raffolait de ces subtilités.

« J'ignorais l'opposition si violente entre Brossolette et Moulin. Je pensais que c'étaient des rivali-

---

extérieure et intérieure, à coordonner l'action politique et militaire de la résistance en zone sud, puis en zone nord, au cours de différentes missions en France en 1943 et 1944. Il est arrêté en métropole, le 3 février 1944. Reconnu, torturé, il se jette par une fenêtre pour éviter de livrer des informations.

1. Pierre Brossolette proposait une refondation politique totale pour l'après-guerre. Craignant le retour aux erreurs de la IIIe République, il lutta contre le Conseil national de la Résistance qui regroupait les anciens partis politiques. (Cf. Georges-Marc Benamou, *C'était un temps déraisonnable*, *op. cit.*, p. 32-33 et 323-325, et Guy Perrier, *Pierre Brossolette, le visionnaire de la Résistance*, Hachette Littératures, 1997.)

tés de personnes. Bien sûr mon ami Passy [1] émet souvent des réserves sur Moulin. C'est donc à cause de cela... »

Sa géographie politique de la Résistance était un peu bousculée, mais cette manière d'aborder la « question Moulin » ne le laissait pas indifférent. La main au menton, l'air songeur, il évaluait la nouvelle donne. Je poussai l'avantage, lui parlai de Caluire [2]. Il prit aussitôt l'air aigu, gourmand du spécialiste de faits divers – le même qu'il adoptait pour me parler si savamment à Solutré [3] de l'affaire Omar Raddad.

« Cette villa du docteur Dugoujon, c'est vraiment un décor de roman policier. Les résistants au rez-de-chaussée dans la salle d'attente et les autres en haut dans le cabinet du docteur. Barbie qui déboule avec quarante-cinq minutes de retard – comme Moulin d'ailleurs – et qui ne sait pas qui est Moulin parmi les résistants. Sans oublier Hardy qui s'évade et échappe à la mitraille.

– Est-ce Hardy, comme on le dit, qui a donné Moulin ? Qu'en pensez-vous ?

– C'est ce qu'on dit. C'est en tout cas ce qu'ont dit les juges... Ce qui frappe à première vue.

---

1. André Dewavrin, dit le colonel Passy, est un des premiers officiers à rejoindre à Londres le général de Gaulle qui le charge en juin 1940 d'organiser les services de renseignement de la future France libre. Il dirige le BCRA, puis la DGSS jusqu'en 1944. Il aida François Mitterrand à voir le général de Gaulle en 1943, à Alger (cf. note p. 121). Il est mort en 1998.

2. Le 21 juin 1943, la Gestapo arrête Jean Moulin et sept dirigeants de la Résistance de zone sud, dans la banlieue de Lyon, à Caluire, chez le docteur Dugoujon.

3. *Le Dernier Mitterrand*, p. 169.

– Mais, monsieur le Président, Hardy était-il vraiment le seul traître... ? Car il y a beaucoup de bizarreries dans l'affaire de Caluire : la négligence incroyable d'Aubry [1], la venue imprévue de Hardy...

– Oui, c'est vrai. Et puis, mes amis de Combat ne portaient guère Moulin dans leur cœur.

– Peut-on imaginer que certains, à Combat, aient voulu se débarrasser de Moulin ?

– Evidemment... [Rires.] Ils ne devaient pas être très heureux de voir Moulin débarquer et les déposséder de leur pouvoir, mais de là à imaginer autre chose... Enfin... Ça reste un mystère. On ne sait pas. En tout cas, si quelqu'un sait, c'est... Bénouville.

– Pourquoi Bénouville ? Il n'était pas à Caluire.

– Il était chef des “ groupes francs [2] ”, chargé de la protection de cette réunion, et non seulement il n'a rien protégé, mais il a laissé Hardy se rendre à la réunion de Caluire sachant qu'il n'y était pas convié et que, de plus, il venait d'être arrêté et relâché par la Gestapo...

– Et que vous a dit Bénouville ? C'est votre ami intime [3]...

---

1. Henri Aubry, membre du mouvement Combat, n'a pas prévenu le général Delestraint, chef de l'Armée secrète, que sa boîte aux lettres était découverte, provoquant son arrestation à Paris, le 9 juin 1943, quelques jours avant la réunion de Caluire.

2. Le chef du mouvement Combat, Henri Frenay, a décidé que pendant son voyage à Londres, en juin 1943, Bénouville aurait la charge des affaires militaires du mouvement. Il devient ainsi le numéro un de Combat par intérim.

3. Pierre de Bénouville se lia avec la famille Mitterrand, avant-guerre, à l'occasion de son passage au collège Saint-Paul d'Angoulême. Il retrouve François dans la Résistance au début de 1943 et lui fait rencontrer Henri Frenay, chef du mouvement Combat.

– Allez le voir si vous voulez... Celui qui sait, c'est Bénouville... »

A la fin du déjeuner, sur le trottoir de la rue du Château, il me prit à part, l'air patelin :

« Dites-moi, c'était un peu tarte, tout de même, cette cérémonie de Malraux... Il faudrait quelque chose de plus simple. Peut-être dans la crypte... ? Vous connaissez la crypte du Panthéon... ? »

Quelques semaines plus tard, François Mitterrand rendait un hommage important à Jean Moulin, dans la crypte du Panthéon [1]. Ce fut une cérémonie sobre, il déclama un beau discours. Balladur et son gouvernement de cohabitation le serraient de près. Les grands résistants présents étaient émus – Passy s'était fait excuser. En partant il m'interrogea, laconique : « Ça vous allait ? » Ça m'allait.

J'ai su qu'on pouvait – encore à ce moment-là – lui parler, être entendu.

C'était avant la grande tempête de 1994.

1. Le 17 juin 1993.

13

Bérégovoy, les chiens et Alexandre Dumas

Au printemps 1994, il était un vieux roi assiégé. Il ne restait plus rien de la grandeur magnétique du pouvoir, ni armée, ni cour, ni maréchaux, plus aucun réseau. On se trouvait au moment particulier où le règne se défait, tombe en lambeaux, où le pouvoir reflue, où la mort est là, annoncée, hypocrite derrière les atours du pouvoir, où déjà l'avenir trépigne avant que tout bascule ; cet instant sombre, langoureux, inquiet, où dans le Palais ne restent que les derniers fidèles dont on s'étonne même qu'ils soient encore là, si nombreux, qu'ils n'aient pas rejoint au galop Louis XVIII-Balladur. En observant Hubert Védrine [1], grand chambellan dans la tourmente, je m'interrogeais certains jours sur l'admirable énigme de la fidélité des exilés de Sainte-Hélène – du moins pour ceux qui, comme lui, étaient en âge de vivre encore, de conquérir, d'avoir de l'ambition.

1. Après avoir été porte-parole de la présidence de la République de 1988 à 1991, Hubert Védrine est alors secrétaire général de la présidence de la République, poste qu'il occupera

Le compte de ses ennemis, que le Président refit à table * ce soir-là devant moi à haute voix, était impressionnant : le Parti socialiste qui était redevenu rocardien, avec le ralliement de son « faux fils » Lionel Jospin; *Le Monde* qui trouvait toujours un meilleur angle pour l'attaquer; Chirac qui ne supportait plus son oisiveté forcée et à qui les « Guignols » faisaient répéter « Putain, deux ans ! »; les balladuriens qui, après un an d'une cohabitation « courtoise », « prenaient leurs aises, grignotaient tous les pouvoirs », et commençaient à l'insupporter en Conseil des ministres; les intellectuels pour qui il incarnait désormais la figure du Diable; les juges d'instruction, Thierry Jean-Pierre en tête, qui voulaient se payer un président de la République; et toutes ces polices qui, se plaignait-il, surveillaient, nuit et jour, ses faits et gestes et ceux de ses proches, sans doute Mazarine et sa mère; sans oublier ceux des Juifs qui, avec Serge Klarsfeld, poursuivaient leur travail de mémoire « sur mon dos ».

Mitterrand n'avait jamais été aussi seul.

A cette époque, il avait prévu de se rendre à l'inauguration de la Maison d'Izieu [1]. Les services de

---

jusqu'au terme du mandat de François Mitterrand, avant de devenir ministre des Affaires étrangères en 1997.

* *(Un dîner, restaurant « Le Divellec », 20 avril 1994.)*

1. Le musée-mémorial d'Izieu, dédié au souvenir des 44 enfants et 7 adultes juifs arrêtés le 6 avril 1944 dans ce village de l'Ain où ils avaient trouvé refuge, et déportés à Auschwitz, a été inauguré le 24 avril 1994.

François Mitterrand a écrit la préface du livre de Sabine Zlatin, *Mémoires de la dame d'Izieu*, Gallimard, 1992. Celle-ci, Polonaise émigrée en France dans les années trente, infirmière à la Croix-Rouge, a recueilli des enfants juifs à Izieu.

l'Elysée craignaient des troubles ; la « droite juive », le Bétar, avait mobilisé ses troupes ; les réticences à sa venue de certains responsables juifs étaient flagrantes ; l'atmosphère s'annonçait houleuse, sorte de réplique des incidents du 16 juillet 1992 au Vél' d'Hiv'. Tout le monde autour de lui s'opposait à ce déplacement officiel, le risque était trop grand.

Il irait à Izieu, notamment avec Claude Lanzmann qu'il appréciait pour sa liberté de comportement et dont il respectait l'autorité morale. Il avait lâché, avant cette visite, une sorte de cri de rage, son poing levé : « Qu'ils viennent, ces petits messieurs du Bétar... Je les affronterai. Je suis président de la République. On ne me traite pas comme ça... J'étais un combattant... Et je vais le redevenir... »

J'avais déjà entendu cette phrase : « J'étais un combattant... Je vais le redevenir... »

C'était le 4 mai 1993, après l'oraison funèbre de Pierre Bérégovoy où il avait stigmatisé « les chiens ». Il arrivait de l'aéroport de Villacoublay, tout droit sorti d'une journée peu ordinaire, les traits fouettés d'un chef d'armée au soir d'une bataille qu'il pensait avoir gagnée, du haut de la tribune de Nevers, avec son discours. Il n'était plus ce soir-là l'homme tassé, pincé, irritable des débuts de la cohabitation. Son corps s'était redressé, avait repris une prestance, et son visage sa raideur carrée. Sous l'effet conjugué du deuil, de la colère, et de l'Histoire qui rôdait, il avait retrouvé la vie.

Il avait choisi lui-même le restaurant * : une longue tablée, les bruits de la ville, les regards des Parisiens dans ce bistrot d'autrefois, du temps des combats et des complots – Marie-Claire Papegay [1] m'avait appelé de sa part dans l'après-midi. Il voulait absolument retrouver ce boui-boui qu'il fréquentait dans les années soixante et qui avait changé d'enseigne.

Il arriva avec Danièle Mitterrand. L'assemblée était hétéroclite, moins cloisonnée que de coutume : Anne Lauvergeon, Roland Dumas et Paul Quilès, Monique Lang – Jack s'étant fait excuser – et Roger Hanin. Il avait sonné le rappel de ses fidèles, ceux qu'on avait pu trouver. Il fit le plan de table d'un geste de la main brouillon et m'installa face à lui.

C'était un banquet de deuil, une sorte de réunion tribale où l'Ancien, que l'on n'avait pas vu depuis des jours et que l'on avait dit muré dans le silence, psalmodiait. Il parla longtemps sans lever les yeux : « J'étais là quand le corps de ce pauvre Bérégovoy est arrivé. Gilberte était là aussi... Le corps avait dû passer par la salle des urgences où ils ont l'habitude de voir toutes sortes d'atrocités et l'avaient, je crois, nettoyé et arrangé... Quand le corps fut prêt, ils ont soulevé le drap et là c'était... [Il eut une expression d'effroi.] Une balle à cet endroit, vous ne pouvez pas imaginer les dégâts que cela fait. Il était méconnaissable... Un œdème gonflé avait effacé ses traits...

---

* *(« Le Bistrot d'à côté », boulevard Saint-Germain, 4 mai 1993.)*

1. Fidèle secrétaire de François Mitterrand, déjà à ses côtés lors de la campagne présidentielle de 1965, membre du secrétariat particulier du président de la République depuis 1981.

Quand j'ai vu ce visage, je me suis dit : " Cet homme a été assassiné... " Et je suis resté avec le corps... »

Il parlait du « corps », du corps transporté, du corps perdant vie dans l'hélicoptère, du corps mutilé, du corps déformé, du corps assassiné, du corps veillé au Val-de-Grâce le 1er mai. Il parlait du corps, plus de Pierre Bérégovoy, pas de l'ami et semblait regretter, par-dessus tout, la disparition d'un maréchal abattu par l'ennemi : la preuve était ce « corps »... On ne parlait pas de suicide non plus – personne n'avait prononcé le mot – mais d'assassinat, d'une péripétie particulièrement tragique de la chasse à la gauche, à son chef surtout. Après le récit du Val-de-Grâce, il soupira : « C'est moi qu'ils ont visé et c'est lui qu'ils ont tué. »

Les convives commentèrent ensuite cette journée particulière, notèrent qu'à Nevers la foule était immense et émue ; qu'il restait un peuple de gauche malgré les Cassandre ; qu'aucun des grands leaders socialistes n'avait manqué, et qu'à son arrivée Michel Rocard avait été très applaudi – *tiens, tiens*. Ils se scandalisèrent – mais avec modération à cause de Dumas, ami du *Canard enchaîné* – de la publication par l'hebdomadaire satirique de l'affaire du prêt de Bérégovoy ; s'étonnèrent de la maladroite défense de Bérégovoy, et des explications oiseuses de la famille Pelat sur les conditions du prêt [1].

A un moment, Mitterrand, qui s'était isolé des bavardages, grogna : « Si Chirac avait eu sur le dos une affaire de 500 000 francs, il ne se serait pas sui-

1. 500 000 francs en chèque, 500 000 francs en livres de collection et objets d'art.

cidé pour autant. » Puis ils revinrent sur l'émotion de la foule à Nevers et se félicitèrent enfin des commodités du train.

Durant ces digressions, Mitterrand était resté plutôt silencieux. Il s'était intéressé aux propos de l'un ou de l'autre, mais semblait consumer l'énergie qu'il avait en arrivant. Il flottait, s'ennuyait, et lorsque quelqu'un s'avisa de l'interroger sur son discours, il saisit l'occasion :

« Oh, ce discours, je l'ai écrit dans le train, d'un trait, comme ça. Je ne savais pas bien ce que j'allais dire et c'est venu... Arrivé à Nevers, je ne tenais toujours pas la conclusion [les fameux « chiens »]. Alors, entre la cérémonie à l'église et mon allocution sur le parvis, je me suis rendu à la mairie. On m'a installé dans le bureau de Bérégovoy et on m'a laissé seul. J'étais assis dans son fauteuil, j'écrivais à son bureau, j'étais dans ses murs. Et là... la conclusion a surgi. En cinq minutes, j'ai pu rédiger cette fin que je ne trouvais pas... " les chiens "... tout est apparu... Les " chiens " ? Ça m'est venu sous la plume à la dernière minute. Ça les embête que je les traite ainsi, que j'ose les affronter ! On va gloser sur ces " chiens " ! Ils vont s'indigner, se serrer les coudes... Mais les médias font autant d'erreurs que les politiques... »

L'idée n'était pas neuve. A plusieurs reprises il l'avait développée – sans qu'on relève. Lors d'une cérémonie des vœux à la presse, il s'était adressé aux dizaines de journalistes présents, en brandissant une étrange menace où l'on n'avait discerné que de l'humour : « On dit " classe médiatico-politique ", avait-il dit je crois, souvenez-vous-en... Nous sommes sur le même bateau. Vous n'êtes pas à l'abri, vous non plus... » Il appartenait à une génération où il n'existait que deux catégories de journaux : les amis – et ils devaient être inconditionnels – et les ennemis. Une génération où les connivences étaient souveraines.

« Les médias ne sont pas neutres. Ils ont abattu Bérégovoy. Ils ont cherché à m'abattre, se sont ligués contre moi – les anciens gauchistes, rocardiens et gaullistes, tous mes ennemis de toujours. Ils ont été trop loin : la presse n'est pas un territoire sacré et je n'ai pas blasphémé. »

A un moment du dîner, le silence se fit autour de la table. Il reprit alors, à haute voix, ce fragment de discours dont il était si fier : « Ceux qui ont jeté aux chiens l'honneur d'un homme ! » Le signal était donné. Chacun se mit à chercher qui étaient précisément ces « chiens ».

Un premier lança : « Poivre d'Arvor ? » « Non ce n'est pas lui... », répondit Mitterrand après un temps de réflexion bien marqué. « Poivre, c'est un romantique, un type de droite mais pas un salaud, pas un " chien "... » Il prit un air désolé avant de passer à autre chose : « Je ne comprends pas d'ailleurs pourquoi il ne m'aime pas, celui-là. »

Etait-ce TF1 – qu'il avait dénoncé un mois plus tôt lors du dernier Conseil des ministres du gouvernement Bérégovoy, et son patron Patrick Le Lay ? « Non, pas Le Lay, je crois que c'est un type correct », trancha Mitterrand.

« Mougeotte, c'est Mougeotte ! » lança un troisième, affirmatif. « Non, pas lui non plus. Bien sûr, il a été " deuxième gauche " dans sa jeunesse. Mais je crois que ça lui a passé... Non, ce n'est pas lui. »

« C'est Bouygues alors ! Bouygues a tellement en commun avec Balladur. Ils ont fait alliance », surenchérit le suivant. Mitterrand fit la moue. « C'est vrai, Balladur est aux petits soins avec eux... Mais ce n'est pas leur genre, ils sont trop légitimistes. »

Il laissa se prolonger un instant le silence, ce suspense qui l'amusait. Et alors qu'on attendait le Grand Satan, un complot chiraquien, le Mur de l'argent, il lâcha un nom : c'était simplement Gérard Carreyrou [1]. « Ce Carreyrou me poursuit de sa haine depuis trente ans, le temps où il était au PSU. Aujourd'hui, rien n'a changé, il a la même haine viscérale. A la différence qu'il est entré au service de la droite... Il se vante d'avoir été l'ami de Bérégovoy – ils s'étaient connus au PSU. Mais Bérégovoy avait pris récemment ses distances avec lui, je crois... Carreyrou se sert aujourd'hui de cette prétendue amitié avec Bérégovoy pour faire de moi le responsable de sa mort ! Il a trouvé un moyen de se disculper, lui et sa chaîne, qui a fait la chasse à la gauche ces derniers mois, de " blanchir " dans cette affaire sa corporation – car en l'occurrence, c'est bien d'une corporation médiatique, avec ses intérêts et sa logique, qu'il s'agit. Il ne faut pas être naïf... »

Mitterrand avait reniflé le danger. Gérard Carreyrou, dans son éditorial sur TF1, avait insisté sur le « lâchage » de Pierre Bérégovoy par le Président – qui l'aurait ignoré depuis la débâcle des législatives : appels téléphoniques sans retour, rendez-vous différés, et autres signes d'indifférence... Mitterrand avait pris l'attaque au sérieux. Avec un coup d'avance, il avait compris qu'il devrait y avoir un « responsable »

1. Alors directeur de l'Information à TF1.

au suicide de l'ancien Premier ministre, que quelqu'un devait attirer la foudre de l'opinion : ce serait lui ou « les chiens ». Il prit donc ce soir-là un soin méthodique à sa défense, affirmant qu'un rendez-vous avec Bérégovoy avait été fixé pour le lundi ; que le vendredi, soit vingt-quatre heures avant le suicide, ils s'étaient manqués d'un rien au téléphone... Il le répétait et insistait. Réflexe de survie politique ou indignation réelle, Mitterrand tentait d'empêcher la propagation de cette méchante rumeur. Dans les mois qui suivirent, il continua à vouloir chasser cette ombre, n'hésita pas à exhiber son agenda, à détailler encore et encore le week-end tragique, à faire diffuser sa défense par ses collaborateurs, à se justifier sans cesse. Trop ?

Gérard Carreyrou fut la victime sacrificielle de la fin du dîner, mais il se faisait tard. La petite assemblée s'égrena vers 22 h 30. Ils repartirent en se serrant très fort, longtemps, en riant, en se touchant, en se disant qu'ils étaient si bien ensemble, près du mort, la vie ainsi suspendue. Ils étaient légers et tristes, comme on l'est après ces banquets de deuil.

François Mitterrand restait planté devant le bistrot, considérant la façade et cherchant toujours le nom de l'ancienne enseigne. Il lança à Dumas, qui traînait lui aussi, un sonore : « Vous vous souvenez, Roland. Nous y venions du temps de l'Observatoire... »

Ce goût du bistrot remontait, en effet, au début des années soixante où il ne pouvait plus entrer dans un restaurant parisien sans que quelqu'un ne pouffe, qu'un malin ne lance « Voilà l'Observatoire ! », ou qu'un groupe de notables le dévisage, ricane et le désigne sans vergogne. « Le beau François » devenu l'indésirable du Tout-Paris s'était replié sur ces lieux de conspiration virile, plus faciles à neutraliser, à conquérir ou à séduire.

J'entendis Roland Dumas lui souffler : « ... Tout de même, Bérégovoy a craqué. Il aurait dû tenir... Souvenez-vous ce que vous avez enduré... L'affaire des fuites, c'était quelque chose tout de même... ! Et l'Observatoire, pensez, l'Observatoire !... » C'était le moment où les femmes et les enfants sont couchés, où l'on sort les alcools forts et où l'on se raconte des histoires interdites. Mitterrand lui répondit, œil brillant et air nostalgique : « Ah, oui... Vous avez raison, Roland. Il ne faisait pas bon être contre de Gaulle en ce temps-là. Impossible d'entrer dans un restaurant sans se faire houspiller... »

Dumas, faux douloureux, vrai *Vitelloni*, acquiesça : « Et de Gaulle qui, durant des années, a laissé courir la procédure.

– D'ailleurs, Roland, je crois même que cette affaire n'a jamais été close, qu'elle ne l'est toujours pas [1].

– Oui, monsieur le Président, de Gaulle agissait dans cette affaire de manière sadique : dès que le dossier risquait d'être refermé, il demandait à ses magistrats de dénicher quelque chose qui permettrait de relancer la procédure. Cela a duré des années.«

---

1. La procédure accusatoire contre François Mitterrand n'aboutira à rien, il n'y eut jamais de procès. Le 8 août 1966, il bénéficia d'un non-lieu grâce à une loi d'amnistie qui prescrit l'action publique (Aymar du Chatenet, Bertrand Coq, *Mitterrand de A à Z*, *op. cit.*, 1995, p. 286).

Mitterrand lui lança d'un air entendu : « Tout ça, c'était Michel Debré... »

Hochements de tête complices de Dumas qui répéta après son ami, mais plus énigmatique : « Michel Debré... »

Mitterrand se retourna vers moi : « Vous ne savez pas, vous. Vous êtes trop jeune pour réaliser qui était Debré à l'époque... ! »

Il ne me laissa pas le temps de répondre : « Pas le sage inventeur de la Constitution... ! mais un illuminé, capable de tout, l'homme de la subversion gaulliste contre la IVe République. Il voulait la mort du régime...

– Son cercle était un repaire de hauts fonctionnaires, d'aventuriers et d'espions..., compléta Dumas.

– C'est lui qui les a inventés, les barbouzes », renchérit Mitterrand : « Sans Debré, il n'y aurait pas eu l'affaire de l'Observatoire – il avait dit " affaire " et pas " attentat " –, s'il n'y avait pas eu deux ans auparavant l'affaire du Bazooka [1]. [...] Debré et ses amis avaient voulu assassiner Salan parce qu'il était trop " républicain ". Ils l'avaient manqué, mais il y avait eu un mort, le commandant Rodier. L'enquête remonta à Debré, à ses amis, à Griotteray, qui aujourd'hui donne des leçons de morale, au commandant Kovacs mais pas à Giscard comme la rumeur en avait couru. J'étais ministre de la Justice, et il apparaissait qu'ils étaient cernés [2]. Michel Debré demanda à me voir. Je

1. Le 16 janvier 1957, à Alger, un coup de bazooka est tiré contre le commandant en chef en Algérie, le général Raoul Salan, mais c'est son adjoint le commandant Rodier qui est tué.

2. Les auteurs de l'attentat, menés par René Kovacs, arrêtés peu après, déclarent avoir agi dans le cadre d'un complot visant une prise du pouvoir à Alger, dirigé par des personnalités poli-

le reçus place Vendôme. Je le revois comme si c'était hier... Il tournait et retournait dans mon bureau. Il était blême, agité, suant. Ce n'était plus " Debré la Terreur " mais un enfant suppliant. Hoquetant, pathétique. Il se tordait les mains en me suppliant de l'épargner, de bloquer cette affaire [1], répétant que sa vie était entre mes mains. [Un silence.] Alors, j'ai gardé le dossier de " l'affaire du Bazooka " sous le coude [2]... Disons que je me suis laissé attendrir par lui. Et que j'ai eu tort... [Un autre silence.] En 1959, il était devenu Premier ministre de De Gaulle. Comprenez, j'étais devenu trop dangereux pour lui, pour la droite, pour Tixier-Vignancour... A cause de ce dossier du Bazooka, de ma bienveillance idiote, j'étais l'homme à abattre. »

---

tiques. Ils citent les noms de Pascal Arrighi, Alain Griotteray, Jacques Soustelle, le général Cogny et Michel Debré. Ces hommes ont des liens avec les ultras qui veulent conserver l'Algérie française à tout prix. Michel Debré, en particulier, est acharné contre le régime et semble mêlé à tous les complots de l'époque. Ces accusations paraissent si fondées que le procureur général d'Alger demande la levée de l'immunité parlementaire du sénateur Michel Debré.

1. Au moment de l'affaire de l'Observatoire, alors que le Sénat débat de la levée de son immunité parlementaire, François Mitterrand raconte comment, en février 1957, Michel Debré est venu, place Vendôme, protester auprès de lui de son innocence et lui demander d'empêcher la levée de son immunité parlementaire.

2. En 1957, François Mitterrand ne demande pas la levée de l'immunité parlementaire de Michel Debré. L'affaire est confiée à la justice militaire, plus discrète, et finit par être enterrée l'année suivante alors que Jacques Chaban-Delmas est ministre de la Défense nationale. François Mitterrand avait-il conservé des pièces du dossier? Quoi qu'il en soit la preuve ne sera jamais apportée d'une participation des hommes politiques accusés à cet attentat.

A la fin du récit, Dumas reprit la complainte : « Ah, il ne faisait pas bon être contre de Gaulle en ce temps-là. »

L'« affaire de l'Observatoire » réduite à si peu, j'admirais la pirouette. Les deux larrons me faisaient une visite guidée de cette *ténébreuse affaire* et ne laissaient rien au hasard – on avait dit tant de choses sur l'Observatoire... La « vindicte de Debré », ce n'était pas faux : le mobile de l'affaire de l'Observatoire trouve vraisemblablement sa source dans l'« affaire du Bazooka » que Mitterrand aurait pu ressortir à tout moment. Il était donc l'adversaire à abattre, pour Michel Debré et la Ve République commençante. Mais pas un mot sur les misérables coulisses de l'« attentat » ; rien ne subsistait de la défense que Mitterrand avait tenue si maladroitement ; rien sur les péripéties de ce double coup tordu, sur sa chronologie, sur ses détails, et sur l'ahurissante facilité avec laquelle Mitterrand s'était laissé piéger par Debré et Pesquet. Rien sur sa peur ce soir-là, alors qu'il était allongé par terre, ridicule, dans le jardin de l'Observatoire et avait, paraît-il, crié à Pesquet et à son acolyte : « Mais allez-y, bon Dieu, allez-y. » Pesquet avait dû s'y reprendre à trois fois avant de tirer à cause de ces amoureux qui se bécotaient dans une voiture non loin. Rien non plus sur le vaillant Bernard Finifter que Mitterrand aurait enrôlé, pour suivre ses « assassins d'un soir », à cause d'un souvenir de stalag ; et rien, pas un mot non plus, sur la « scène » qu'avait dû lui faire par la suite Georges Dayan, offensé d'avoir été tenu à l'écart de tout. Son récit avait changé avec les années, habilement – comme la francisque –, on ne l'avait pas vu migrer de la dénégation absolue des débuts à ces aveux implicites d'aujourd'hui. Il ne restait rien d'autre qu'un sale coup de Michel Debré, ce diable. Un complot de plus pour le détruire, lui.

Imprudemment, je me mêlai : « Mais Pesquet [1], par la suite, a-t-il avoué ses liens avec Michel Debré ? Avez-vous cherché à en savoir plus... ? »

Au nom de « Pesquet », il y eut un blanc. Quelque chose passa dans leurs regards. Etait-ce la résurrection de ce nom terrible, depuis quarante ans rangé, occulté, effacé, l'arrivée d'un intrus dans une conversation joyeuse... ? J'avais dit « Pesquet » : le charme était rompu. Je devinais chez Dumas une gêne subite et chez François Mitterrand, une soudaine inquiétude à l'évocation de ce fantôme – comme s'il méditait. *Ah ! il ne manque plus que celui-là à la meute qui me traque aujourd'hui.* Ils tardèrent à répondre. Du regard, le Président renvoya la corvée sur Dumas qui bafouilla : « Oh Pesquet, il est vivant... il est en Suisse... tout va bien pour lui », phrase censée rassu-

1. Elu, en 1956, député du Loir-et-Cher, républicain social (gaulliste), avec le soutien de Michel Debré, il s'apparente ensuite au groupe poujadiste, mais n'est pas réélu en 1958. Après l'attentat, inculpé, il est mis rapidement en liberté provisoire, ce qui lui permet de s'enfuir à l'étranger. En 1963, condamné par contumace à vingt ans de réclusion pour participation à un complot de l'OAS en Algérie, il s'enfuit à nouveau, est rattrapé en 1978, libéré l'année suivante. Il a donné plusieurs versions de l'affaire. En 1965, il accuse l'extrême droite et Jean-Louis Tixier-Vignancour d'avoir fomenté ce piège contre François Mitterrand. En 1975, dans l'hebdomadaire d'extrême droite *Minute* et en 1995, dans un livre de souvenirs, il met en cause Michel Debré qui voulait écarter définitivement l'ancien garde des Sceaux à cause du dossier du Bazooka. François Mitterrand aurait accepté cette mise en scène qui devait mal tourner pour lui. (*Mon vrai-faux attentat contre Mitterrand*, Paris, Michel Lafon, 1995.)

rer Mitterrand d'un ton qui signifiait, de manière oblique, au Président : tout est en ordre, verrouillé, pas d'inquiétude.

En se séparant, ils entonnèrent une dernière fois leur « Ah, il ne faisait pas bon être contre de Gaulle en ce temps-là ».

Roland Dumas était pressé. Il avait un « rendez-vous », dit-il avec la fougue du jeune homme. Mitterrand lui demanda : « Une brune ? » L'autre, qui s'en allait en courant, lui cria : « Non, une blonde, monsieur le Président ». Et on le vit disparaître vers les quais.

En observant les deux septuagénaires, je songeais que les compagnons intimes de Mitterrand avaient un point commun, leur jeunesse. Dumas et son air de mistigri ; Rousselet, sec, impeccable, et son allure d'adolescent ; Dayan, magnifique et sénateur mais bagarreur jusqu'à la mort ; Jean Munier, toujours prêt à prendre le maquis dans l'heure ; Pelat, le colosse au grand cœur, prolo à vie même milliardaire. Ils étaient mieux que « bien conservés » – cette terrible expression –, jeunes, d'une jeunesse sans effort, sans travestissement ni coquetterie. Ils n'étaient pas devenus des grands-pères et étaient restés disponibles, prêts à tout, aux entreprises héroïques comme aux coups tordus, et dans l'ombre si possible où ils se mouvaient si bien. Ils ne s'étaient pas transformés en bourgeois : c'est la « jeunesse canaille » qu'on lisait sur leurs visages, qu'on entendait dans leurs rires. Un pour tous, tous pour lui... A tous, il avait fallu, des origines à l'Elysée, mener bien des batailles, éviter tant de poignards et tant de bazookas, sauter toutes les chausses-trapes gaullistes, ourdir quelques complots, en déjouer bien plus, passer des nuits à le chasser dans le lit d'une dame puis d'une autre, lui trouver des alibis, être là à toute heure du jour, de la nuit le plus souvent, dans la fiévreuse passion de lui. Il leur avait fait vivre dix vies, et leur avait donné pour toujours cette *jeunesse mousquetaire*.

Le Président n'avait pas envie de rentrer – l'excitation de la journée probablement. La nuit était douce et le boulevard Saint-Germain tranquille, peu éclairé, presque désert – comme souvent de ce côté-là, avant Jussieu, avant que le boulevard ne s'éteigne.

Nous marchions en silence. Je repensai à leur *jeunesse mousquetaire*, à ce qu'il m'en avait montré à l'instant, et finis par lui lancer, emballé par le récit de ces aventures violentes et immorales : « Tout ce que vous vous racontiez avec votre ami Roland, ces combats et ces complots de la IVe et de la Ve République, c'est terriblement romanesque, c'est du... Alexandre Dumas... ! » Il répondit par un grognement poli. Je le sentis déçu. Alexandre Dumas, oui pourquoi pas, quelle drôle d'idée ? avait-il l'air de dire. J'avais parlé de Dumas, ce saboteur génial, ce feuilletoniste malmené par la postérité, cet écrivain de deuxième classe. Quelle erreur, pire, quelle incongruité : un malentendu sur son destin. J'avais dit « romanesque », il attendait autre chose. De Marsay ou les Treize chez Balzac. Sorel ou Leuwen chez Stendhal, ou même Chateaubriand en personne, ce maître mégalo de l'autofiction, ou encore, il en aurait été comblé, Casanova, ce devancier des Temps modernes, le plus grand d'entre tous, pas un raté comme Sorel, un fils à maman comme Flaubert, un ogre mort trop tôt comme Balzac... Et voilà que je lui renvoyais d'Artagnan, Aramis et autres Porthos, ces batailleurs sans âme.

Je n'insistai pas. Il flânait, s'arrêtait devant une boutique japonaise et ses futons très-bien-pour-Latche, se plantait ensuite devant une affiche sans intérêt, revenait sur ses pas, s'intéressait à la façade d'un immeuble et, retournant à l'angle de la rue, constatait que la brasserie du coin avait disparu. Il dévisageait son quartier, notait les marques du temps et, après ce long silence, me parla de la montagne Sainte-Geneviève, en la désignant sur la gauche, où selon lui Paris commença avec ce saint [1] qui, prenant sa tête sous le bras, s'en alla à Saint-Denis, le centre sismique de sa France terrienne. Il riait en mimant ce saint sans tête qui déboulait dans la rue.

Il reprit la conversation où nous l'avions laissée à la fin du dîner. « Vos amis de la presse... Ils n'aiment pas que l'on dise : Bérégovoy c'est Salengro. Hein... ! » Je bafouillai un désaccord, il n'entendit pas et, tout à son idée, répéta cette phrase prononcée plus tôt : « Ils m'ont visé, mais c'est Bérégovoy qu'ils ont tué... »

« Pauvre Bérégovoy... ils l'ont eu... Moi... ça fait quarante ans qu'ils me font la chasse... » Il recompta les décennies sur ses doigts – comme s'il en avait besoin. « Oui, ça fait quarante ans... Cette chasse à

---

1. Saint Denis, évangélisateur de la Gaule au IIIe siècle, premier évêque de Paris, fut décapité par les Romains. Selon la légende, après son exécution, il se releva, ramassa sa tête et la déposa à l'endroit où, selon la volonté de sainte Geneviève, fut édifiée la première basilique de Saint-Denis.

l'homme, elle commence pour moi en 1954, avec l'affaire des Fuites – je fais alors partie du gouvernement Mendès France. Nous étions, lui et moi, les ennemis de la droite, les " bradeurs de l'Empire ". Vous ne pouvez pas imaginer le climat de l'époque, le pourrissement de la vie politique à cause des intérêts coloniaux, des groupes de pression, des barbouzes en tout genre. Tout jeune ministre, je me suis rendu compte que la droite défendait des intérêts si puissants qu'elle n'hésitait pas à faire abattre ceux qui entravaient la marche de leurs affaires... »

Il y eut un autre long silence, puis il continua dans un rire inquiétant : « Vous savez, l'assassinat politique existe toujours – malgré l'apparente civilisation du système. Il n'y a toujours qu'une manière de tuer en politique. Avant, on exécutait à Rome en public ou à la Renaissance dans les corridors. Au XXe siècle, on élimine les opposants avec des affaires, des juges et des campagnes de presse. C'est exactement la même chose que lorsqu'on poignardait le duc de Guise. Parfois le sang coule moins, et encore... [Une moue.] Regardez ce pauvre Bérégovoy... »

Il s'arrêta, survola la vitrine d'un bouquiniste d'un œil rapide et soupçonneux, et rompant la torpeur de cette promenade se retourna subitement, me fit face, et l'œil allumé, la main sur mon bras, la mâchoire crispée, eut une sorte de grognement : « Ah, ils seraient si heureux si cela avait pu m'arriver à moi... Si c'était moi le mort, et pas ce pauvre Bérégovoy. » Il avait dit « ce pauvre Bérégovoy » avec ce même ton clinique qu'il avait employé plus tôt pour mentionner son « corps ». « ... Ah, ils seraient si heureux si cela pouvait m'arriver vite, très vite, le plus vite possible... »

Je n'osais, de peur de paraître idiot, lui demander qui étaient donc ces « ils » qui lui en voulaient. Il ne précisa pas, m'observa, et, inquiet de son effet, poursuivit : « Oui, je les connais ces gens-là... La droite voudrait bien que je meure vite. Ils savent que, plus tôt je mourrai, plus vite ils se retrouveront au pouvoir, ce pouvoir dont ils s'estiment propriétaires... »

Il eut un autre rire inquiétant et martela : « D'ailleurs, ils doivent considérer comme une chose anormale – il insista sur ce mot – que je leur survive à tous, à Bérégovoy, à ma génération qui a disparu. »

Au coin de la place Maubert, comme s'il craignait d'être entendu, il baissa d'un ton – c'était devenu un chuchotement : « Et ils voudraient peut-être abréger cette génération politique qui doit se prolonger anormalement à leurs yeux... »

Il guetta ma réaction avant de reprendre : « Ils ont voulu me mettre en prison, en m'entourant de policiers choisis par eux, il y a deux mois... En 1986, lors de la première cohabitation, ils avaient déjà essayé de placer leurs hommes dans mon entourage, de me cerner, de me fliquer. Mais ils n'avaient pas réussi. J'avais alors un avenir et des arguments. Il ne faut pas oublier que j'ai été ministre de l'Intérieur et que j'ai su parler à Pasqua... Cette fois, avec cette deuxième cohabitation, il a fallu batailler dur avec Pasqua et Balladur. Finalement j'ai obtenu satisfaction. Ils n'ont pas réussi à me mettre sous leur coupe. Pour l'instant... »

Visiblement satisfait par mon air ahuri et scandalisé, il poursuivit à voix très basse toujours : « Vous savez, j'y pense parfois... Ils se pourrait très bien qu'ils n'aient pas la patience d'attendre deux ans. 1995 c'est loin... Ils doivent se dire qu'en deux ans il peut se passer des choses... Aujourd'hui, sans moi, ils auraient le pouvoir mais dans deux ans, qui sait... C'est certain, ils voudraient bien que je dégage... Hein, vous m'avez compris... »

Il jugea sans doute que je n'avais pas compris, pas assez, et répéta : « Ils sont prêts à tout, je vous dis. Prêts à tout pour que je ne les gêne plus. Bérégovoy n'était qu'un avertissement. Car quand quelqu'un comme moi est un obstacle, ils n'hésitent pas. »

Il fit alors un geste simple : le mouvement du poignard.

« J'y ai souvent pensé ces temps-ci. Il y a bien des moyens discrets pour éliminer un adversaire. Et " ils " savent faire – j'en sais quelque chose. Un accident bête et sans cause, ordinaire [air badin]... Ou bien un attentat [air de comploteur]... Les extrémistes ne manquent pas sur cette terre et on sait les manipuler. Ou bien encore un déséquilibré... Oh bien sûr, si une telle chose devait se produire, elle ne serait pas signée. Vous savez, dans ce genre d'entreprise, on a toujours des ressources, de l'imagination... Ce n'est pas si difficile. »

Etait-ce la lumière électrique du boulevard, le jeu des ombres qui allaient et venaient, jouaient avec son visage, le rendaient très vieux ou très jeune selon l'instant, les trottoirs luisants et déserts, la silhouette de ses gardes du corps derrière les platanes, l'ivresse après tant de dangereuses confidences, toutes ces coulisses d'une histoire sanglante... j'eus un rire enfantin pour dissimuler un frisson, mon vertige devant ce gouffre. Il m'avait transmis ses peurs et, sur le boulevard Saint-Germain, je voyais des espions, des assassins en action, des terroristes en planque, des agents de Pasqua qui nous auraient mis sur écoute.

Il dut remarquer mon incrédule effroi, s'en amusa ; et, le sourire aux lèvres, refit le mouvement du poignard en répétant : « J'y ai souvent pensé ces temps-ci... Il ne leur serait pas si difficile... » Puis il reprit, plus mesuré, comme pour donner du crédit à son inquiétant récit : « Je me suis souvent interrogé sur cette haine à mort qu'ils m'ont toujours vouée... Elle va au-delà d'une haine de la droite envers la gauche. Quand il s'agit de moi, c'est autre chose... Bien sûr, ils détestaient Thorez ou Blum, mais " ils " devaient trouver normal qu'un ouvrier fût chef communiste, ou qu'un intellectuel juif comme Blum soit chef des socialistes. Les ouvriers et les Juifs étaient leurs ennemis traditionnels – c'était pour " eux " dans l'ordre des choses. Mais quand il s'agit de moi, c'est violent, si haineux, toujours assassin [un long silence]. Je me suis toujours demandé pourquoi cette différence, et je crois que j'ai trouvé la réponse. » Un silence, et cette phrase qui claqua : « S'ils me haïssent tant, c'est... parce-que-je-viens-de-chez-eux... Et ça, ils n'aiment pas. »

Je songeai devant ses paroles à ce pauvre Léon Blum – on ne pouvait pas avoir été plus haï que lui –, à sa tête enturbannée après cette agression [1] à l'autre

---

1. Le 13 février 1936, la voiture de Léon Blum se retrouve coincée boulevard Saint-Germain au milieu de la foule qui attend la sortie du corbillard de l'historien Jacques Bainville, l'un des théoriciens de l'Action française. Les camelots du roi

bout du boulevard Saint-Germain, où il faillit être tué par des camelots du roi en fureur – les amis du jeune Mitterrand, ceux de la 17e section. Mais il n'aurait pas entendu. Il ne pensait qu'à lui, au roman de sa vie, et à cette cause – la haine de la bourgeoisie pour le renégat – qui lui convenait très bien.

« La droite n'aime pas qu'on la trahisse. Elle est prête à tout pour le pouvoir, elle ne recule devant rien pour abattre. Je la connais si bien. Je viens de chez elle. Tout ça, c'est bourgeoisie en façade, mais derrière, c'est Cagoule et compagnie... Et croyez-moi, je les connais, je viens de chez eux... ! »

Son rire dans la nuit lui donnait plus que jamais l'air du comploteur. Il avait l'œil allumé, envie de raconter d'autres histoires du temps de sa jeunesse, mais il faisait froid tout à coup, et nous étions arrivés rue de Bièvre.

Il dormirait là. Il ne voulait pas rentrer dans son palais, la nuit y serait trop lugubre.

---

font pleuvoir les coups, d'abord sur la voiture, puis sur Léon Blum lui-même (il a alors 64 ans), aux cris de « A mort le Juif ! », « Crevez-le ! ». Il faut l'intervention de la police pour le sauver et le conduire à l'Hôtel-Dieu où il sera soigné (Jean Lacouture, *Léon Blum*, Paris, Seuil, 1977, p. 258-259). Les agresseurs sont des membres de la 17e section des camelots du roi dont fait partie Pierre de Bénouville qui, dit-il, n'a fait qu'« assister » à l'agression (Pierre Péan, *Vies et morts de Jean Moulin*, Fayard, 1998, p. 101).

14

L'homme de la Cagoule

En me réveillant le lendemain, j'enrageai.

Il avait dit : « Je viens de chez eux... C'est Cagoule et compagnie. » Et je n'avais pas réagi, pas sauté sur l'occasion tant l'évocation de la Cagoule avait provoqué en moi un vertige. J'avais eu un recul d'effroi devant le trou noir de son appartenance supposée à la fameuse société secrète d'extrême droite.

La Cagoule ! L'abominable Cagoule. Le plus sérieux, le plus efficace des complots antirépublicains ; entre 1936 et 1937, une armée clandestine, des cellules étanches et armées jusqu'aux dents sur tout le territoire, déterminées à écraser une insurrection communiste. La France du grand patronat, des banques et des états-majors, avec pour parrain Franchet d'Espérey et probablement Pétain en coulisse, bien décidée à être l'antidote au Front populaire. Une redoutable organisation militaire – dont s'inspirera l'OAS – imaginée par Eugène Deloncle, l'un des constructeurs du *Normandie*, avec ses fichiers codés, ses méticuleux plans d'attentats, ses listes d'hommes à abattre, ses caches d'armes considérables à travers le pays, et l'appui de Mussolini. Une machine ultraperfectionnée servie par un romantisme de *carbonari* sanguinaires qui s'enraya heureusement en septembre 1937 [1] – mais dont on ne fera jamais ni le procès véritable [2], ni l'inventaire. Des polytechniciens et des fascistes à l'image d'Eugène Deloncle, comploteur maladif, leur chef; de Jean Filliol, leur « tueur », ami de Bénouville qui précéda Mitterrand au lycée d'Angoulême, exécuteur des frères Rosselli, opposants à Mussolini, ou assassinant le « judéo-bolchevique » Boris Navanchine dans la nuit du 27 janvier 1937; de François Méténier, leur « homme de main », autre proche de François Mitterrand, posant des kilos de dynamite au siège du patronat français – pour faire endosser l'attentat par les communistes. La Cagoule – c'était le serpent de mer de sa biographie, le seul grand secret. Ce qui reste de plus ténébreux dans sa part d'ombre – comme dirait Plenel.

Ce soir-là, je croyais être tombé sur une piste, avoir entendu le début d'un aveu – *je viens de chez eux*... La Cagoule lui avait valu la connivence grinçante de l'extrême droite depuis cinquante ans, des clins d'œil géants, l'amitié grasse du *Crapouillot*, de *Minute* et autres feuilles. La presse d'extrême droite avait dit vrai pour sa francisque dès les années 1960. Et si par cousinage, ou par cette passion des fiches de police

1. En septembre 1937, la Sûreté nationale découvre chez Aristide Corre une liste des membres de la Cagoule qui permettra de démanteler l'organisation.

2. Le procès se terminera, en 1948, par onze acquittements et des inculpations, avec des peines de travaux forcés et d'emprisonnement. Mais les débats furent faussés par l'absence de treize d'entre eux, en fuite, et par l'engagement de certains dans la Résistance.

propres aux fascistes, elle était aussi bien renseignée sur sa fidélité cagoularde ? Et si tous les indices de cette appartenance : le choix, comme pseudonyme de résistance, de Morland, du nom d'une station de métro, ces amis disséminés tout au long de son destin, ces attaches proprement familiales avec les principaux chefs de la Cagoule, recouvraient une réalité qu'*on n'avait pas voulu voir elle non plus ?*

Je venais de retrouver un texte, publié dans une de ces lettres confidentielles qui circulaient dans l'Atlantide française. Il donne le ton : le 27 juillet 1954, Jean-André Faucher, par ailleurs cousin éloigné de François Mitterrand, y écrit : « Hier, dans la cour du ministère de l'intérieur, F. Mitterrand célébrait la mémoire de Marx Dormoy, le ministre qui fut assassiné par la Cagoule à Montluçon. Ceux qui, comme moi, ont reçu les confidences de certains policiers qui exploitèrent la liste Corre [1] ont le droit de sourire. Tout va si vite en France. Et ceux qui savent en quelles eaux politiques Mitterrand connut son ami l'industriel Schueller, le beau-père de l'actuel ministre André Bettencourt ; que le cagoulard Méténier rencontre assez souvent François Mitterrand et travaille chez Schueller ; qui savent enfin que le cagoulard Jacques Corrèze doit sa situation à Madrid, ont le droit de se taper sur les cuisses... »

Quelque temps plus tard, je voulus revenir sur le sujet avec Mitterrand *. Avec une fausse naïveté, je le questionnai sur cette phrase de l'autre soir : « Mais je viens de chez eux... c'est Cagoule et compagnie. » A

---

* *Déjeuner à « L'Assiette », 10 juillet 1993.)*

1. Cf. note 1 de la p. 165.

mon grand étonnement il ne fut pas déconcerté. Il écarta d'une volute de la main cette image de « sorcellerie » : « Tout ça, la Cagoule comme la franc-maçonnerie, ce sont des comédies ridicules... Si on se mettait à fantasmer, tout le monde serait cagoulard... »

Il m'avait désarçonné en éludant. Et avec quel art ! J'en étais plus perplexe encore. La Cagoule faisait partie de l'Atlantide mais demeurait sa zone la plus opaque. Elle restait cadenassée.

Il avait changé de conversation, s'était passionné pour les petites misères que Jacques Chirac commençait à infliger à Edouard Balladur. Puis s'était mis à nous raconter la véritable histoire de *Jules et Jim* écrite par Henri-Pierre Roché, à propos de l'édition de ses carnets qui venait de paraître [1].

Avant de nous séparer ce jour-là, il me reparla de la Cagoule abruptement, comme si ma question avait appelé des souvenirs et réveillé une inquiétude : « Il ne faut pas s'imaginer. Quand j'ai connu ces cagoulards – tout le monde en a connu –, la Cagoule était finie. Ils avaient été arrêtés fin 37 ou étaient en fuite. Puis il y avait eu la guerre, on les avait libérés. Et la Cagoule était détruite... Il ne restait que des aventuriers, pas antipathiques d'ailleurs... Il ne faut pas croire que les cagoulards étaient collaborateurs d'ailleurs. [Un long silence, puis un rire.] Non et peut-être même le contraire. Quand la Cagoule fut décapitée avant-guerre, elle explosa ensuite en trois familles. C'est curieux. La première, la Cagoule de Vichy, est

1. Henri-Pierre Roché, *Carnets : les années Jules et Jim, 1920-1921*, A. Dimanche, Marseille, 1990.

l'aile la plus antiallemande et aussi la plus anti-Laval. Méténier et Gabriel Jeantet étaient de ceux-là. On pourrait même parler de « la bande du 13 décembre 1940 » le jour où ils ont convaincu Pétain d'arrêter Laval. Ceux-là étaient antiallemands dès le début et le resteront ; ensuite il y a la Cagoule de Londres. On a dit – ce n'est pas moi – que de Gaulle dès juin 40 était entouré de cagoulards. Il y avait Duclos, Fourcaud et peut-être d'autres... [Il y eut un autre long silence.] Et enfin la Cagoule de Paris, les vrais nazis, ils étaient quoi ? Une poignée autour de Deloncle qui, finalement [un sourire fataliste], se fit descendre par la Gestapo [1]. Non, la Cagoule, ce n'est pas ce qu'on croit.

– Mais cette Cagoule de Vichy, vous la côtoyiez...

– Oh, c'étaient surtout des antiallemands. Jeantet était un homme de grande conviction. Un patriote, élégant, une sorte de croisé. Il était attaché au cabinet de Pétain. Il a exercé, un temps, une petite influence. Son correspondant, me disait-il, était Bernard Ménétrel, médecin et aide de camp de Pétain, un cagoulard aussi je crois.... Jeantet venait de l'Action française. C'était un dissident. Dès son arrivée à Vichy, il a cru que Pétain pouvait s'opposer à Hitler – il en a même fait un livre avec Jacques Laurent [2] –, vous devriez voir Laurent d'ailleurs... Jeantet était plus convaincu que d'autres de la thèse du glaive et du bouclier. Je pense même qu'il a espéré obtenir des contacts à Londres mais que de Gaulle l'a

1. Le 7 janvier 1944, à Paris.
2. Jacques Laurent, avec la coll. de Gabriel Jeantet, *Année 40 : Londres, de Gaulle, Vichy*, La Table Ronde, 1965.

éconduit [1]. Ce n'était pas un collaborateur en tout cas.

– Et Méténier ?

– Oh, laissez tomber, Méténier a souffert comme les autres des conséquences de l'après-guerre. Ce procès qui vint en 1947 n'avait plus de sens... Ce sont de

---

1. En juin 1940, les membres de la Cagoule s'éparpillent. Duclos et le capitaine Fourcaud choisissent de rejoindre de Gaulle à Londres, ils s'engagent au 2e bureau qu'organise Passy. Gabriel Jeantet reste en France, aux côtés du maréchal Pétain. Il devient le secrétaire général de l'Amicale de France, à Vichy, et se voit confier la direction des centres de propagande de la Révolution nationale.

Le 18 août, Duclos, lors de sa première mission en métropole, rencontre Gabriel Jeantet à Paris. Leurs vues divergent, mais ils ont en commun leur hostilité aux Allemands. « La thèse de Jeantet est la suivante : on croit à Vichy, et même dans l'entourage de Pétain, que celui-ci est secrètement d'accord avec de Gaulle [...]; faisons de ce vœu instinctif une réalité solide. » Duclos se laisse convaincre, ils partent ensemble pour Vichy. Duclos y rencontre des cadres de l'armée d'armistice (2e Bureau et SR) qui veulent résister et ont commencé à s'organiser : le commandant Loustaunau-Lacau, le colonel Groussard, le colonel Heurtaux. Selon Jeantet, ces hommes bénéficient du « soutien du Maréchal et de plusieurs de ses ministres ». Il ajoute : « Du Moulin de La Barthète et le Dr Ménétrel, au cabinet du Maréchal, les ministres Alibert et Beaudouin, le Maréchal lui-même, ont été informés de la présence à Vichy de cet envoyé de De Gaulle, qui est prié de faire savoir, dès son retour à Londres, que le chef de l'Etat français désire s'entendre avec le chef de la France libre afin que les tâches qu'exige l'état actuel de la France soient réparties au mieux. »

Vers la mi-septembre, en essayant de rejoindre Londres, Duclos est à Marseille où il retrouve le capitaine Fourcaud, également en mission pour les services londoniens. Duclos l'emmène à Vichy. Le 23 septembre, Fourcaud se retrouve au siège de l'Amicale et suit avec Jeantet et Duclos le même parcours que ce dernier. Il voit « Groussard, Loustaunau-Lacau vieilles histoires. Moi je n'ai pas connu la vraie Cagoule, juste des cagoulards. C'étaient des soldats perdus... »

Je n'ai pu en savoir plus.

Alors a-t-il été cagoulard ? A-t-il prêté serment ? S'est-il plié aux rites initiatiques de la secte fasciste ? Son nom, en tout cas, ne figure pas sur la fameuse « liste Corre [1] ». Mais on prête peu de crédit à celle-ci, que la police d'Edouard Daladier expurgea de tous ses militaires avant que celle de Bousquet ne s'en empare pendant la guerre.

A-t-il été un terroriste, comme l'a prétendu le docteur Martin [2], et transporté en 1937 des explosifs pour le compte de Méténier, lors de l'attentat contre

---

et les principaux patrons du 2e Bureau et du SR dont certains étaient ses amis ».

Par des chemins différents, Fourcaud et Duclos, munis de papiers officiels fournis par l'administration de Vichy, retournent à Londres, fin décembre. Le rapport de Fourcaud, présentant les hommes de Vichy qu'il a rencontrés comme d'authentiques résistants et prônant un rapprochement entre Pétain et de Gaulle fait scandale à Londres. Le colonel Passy raconte dans ses Mémoires que de Gaulle, informé, refusa toute offre venant de Pétain. Et n'envoya aucune aide financière, réclamée par Loustaunau-Lacau pour ses organisations.
(D'après Philippe Bourdrel, *La Cagoule, histoire d'une société secrète du Front populaire à la Ve République*, Albin Michel, 1970, et Jacques Laurent, *Année 40 : Londres, de Gaulle, Vichy*, La Table Ronde, 1965, les citations sont extraites de ce dernier ouvrage.)

1. Cf. *supra* note de la p. 165.

2. Le docteur Martin prétendait que François Mitterrand avait été mêlé aux deux attentats de septembre 1937 contre le siège du Patronat français, rue de Presbourg. (Pierre Péan, *Une jeunesse française, op. cit.*, p. 109.)

le siège du patronat français? Cela paraît rocambolesque à tous les historiens sérieux [1].

Pierre Péan convient que les propos du docteur Martin ne sont pas fiables. Et dans son enquête [2] il refuse de croire à la thèse d'un Mitterrand « cagoulard » en dépit de l'environnement qui était le sien.

J'ai entendu un autre son de cloche en interrogeant Philippe Bourdrel [3], spécialiste du sujet depuis trente ans. Celui-ci a commencé par me raconter une anecdote qu'il interprétait de curieuse manière. En 1982, Bourdrel avait été convié à participer au voyage officiel du Président en Israël, et aux premières loges, à deux chambres de lui. Philippe Bourdrel se demande toujours si l'intérêt que Mitterrand lui avait porté alors n'était pas lié à ses renseignements sur l'organisation secrète :

« Mitterrand cagoulard... ? Il n'y a pas de certitudes, mais il y a de fortes présomptions. Elles tiennent à un enchaînement de faits qui ne peuvent s'expliquer par le hasard. A l'origine, il y a des attaches familiales et des souvenirs de jeunesse. On connaît les amitiés du jeune Mitterrand dans les Charentes, à Angoulême, époque où il se lie avec Jean Bouvyer, et c'est à peu près certain, connaît Jean Filliol – les deux activistes les plus dangereux de l'Organisation secrète.

« François Mitterrand appartient à une famille conservatrice et a adhéré aux Volontaires nationaux, filiale des Croix-de-feu du colonel de La Rocque. Le fait n'est pas négligeable, s'agissant de la Cagoule. Ses dirigeants avaient organisé une forme d'entrisme dans les mouvements nationaux comme les Croix-de-feu, et

1. En particulier Philippe Bourdrel, *La Cagoule, op. cit.*
2. Pierre Péan, *Une jeunesse française, op. cit.*
3. Entretien du 15 mars 2001.

joué sur les atermoiements du colonel de La Rocque pour débaucher ses militants. Gabriel Jeantet m'avait révélé cette stratégie...

« Il n'y a aucune trace d'adhésion de François Mitterrand à l'Organisation secrète dans les différentes listes connues à cc jour, notamment la liste Corre... Mais il faut relativiser l'intérêt de ces listes. La fameuse liste Corre, établie en clair, ne concernait que les adhérents de Paris et de la banlieue. Il n'existe aucune liste en clair des adhérents de province, alors que la Cagoule y était largement implantée. J'ai retrouvé et publié les archives des procès de la Cagoule et des listes codées concernant la province. On peut en tirer toutes les conclusions, les listes restant indéchiffrables.

« Troublante est également la trajectoire de Mitterrand pendant la guerre et après-guerre. Son arrivée à Vichy, ses contacts avec Gabriel Jeantet qui devient, comme par hasard, l'un de ses deux parrains pour la francisque, sa fidélité à François Méténier, l'organisateur des attentats contre le siège du Patronat français. On sait qu'il s'intéressera à son sort à la Libération, il assistera à son procès, et certains ont pu conclure qu'il était intervenu en sa faveur ; ainsi que, bien sûr, ses liens avec Eugène Schueller, patron de L'Oréal et financier de la Cagoule, qui, alors qu'il est en panne de situation après-guerre, lui offre la direction de *Votre beauté*... »

Encarté ou pas, Francois Mitterrand aura été un « homme de la Cagoule ». Plus précisément un homme de l'après-Cagoule – celle d'après le démantèlement de 1937. Lorsqu'il connaît les cagoulards, le complot a avorté. Il ne reste qu'une influente confrérie, une troupe de bretteurs fascisants et sentimentaux, qui, pro-nazis, pro-maréchalistes, pro-gaullistes, resteront soudés, dans la guerre et après la guerre, par une indéfectible solidarité. En 1947, on verra ainsi débarquer au procès de la Cagoule un héros de Londres à l'allure de Gary Cooper, Maurice Duclos, de retour d'Amérique du Sud, venu se livrer et témoigner au procès de ses camarades.

La Cagoule est partout autour de Mitterrand.

La Cagoule sert de famille d'adoption à Mitterrand dans l'une de ses vies. Il épouse par exemple le destin malheureux de Méténier et de quelques réprouvés après-guerre, s'occupe de lui, participe à sa libération anticipée, entre autres blanchiments. Une famille par alliance aussi, avec ce frère Robert qui épousera Edith Cahier, la nièce du fondateur de la Cagoule, l'inquiétant Eugène Deloncle. Le 6 décembre 1939, François Mitterrand assiste au mariage de Robert et d'Edith à Saint-Mandé. L'histoire officielle familiale insiste sur le fait qu'à cette époque Eugène Deloncle, qui n'assiste pas à cette cérémonie, est emprisonné à la Santé [1]. C'est faux. Deloncle est libre depuis le début de la guerre, en septembre 1939, pour cause de mobilisation. Comment aurait-il pu ne pas venir au mariage de cette nièce dont il était si proche ?

Ce n'est pas la seule réunion familiale des Mitterrand où les cagoulards purent se retrouver. En 1949, a lieu un autre mariage. Eugène Deloncle est

---

1. Témoignage de la famille Cahier dans Catherine Nay, *Le Noir et le Rouge*, *op. cit.*, p. 68 et dans Pierre Péan, *Une jeunesse française*, *op. cit.*, p. 114.

mort, sa veuve se remarie avec son amant de toujours, Jacques Corrèze, libéré de prison. Ce fut une belle noce. On parle d'une photo qui circule dans la famille. J'aurais aimé la voir.

Et enfin la Cagoule c'est la famille intime, secrète, presque adultérine de Mitterrand : sa sœur la plus proche, Marie-Josèphc, marquise de Corlieu, divorcée, sera des années durant [1] la maîtresse de Jean Bouvyer, ancien cagoulard, charentais et fonctionnaire aux Questions juives à Vichy [2]. Mitterrand suit les méandres et les vicissitudes de cet amour interdit, fréquente assidûment, comme nous l'apprend Péan [3], l'appartement de la rue Zédé, puis celui de la rue Chernoviz, du côté de Passy, où fraie le Tout-Cagoule d'avant-guerre ; rend visite à la Libération à Bouvyer, en prison, reste fidèle à la mère de Jean, Antoinette Bouvyer qui deviendra la marraine de Jean-Christophe.

La Cagoule, pas moyen de s'y soustraire avec Mitterrand. En 1990, une étudiante, une petite-nièce de François Mitterrand, m'avait été recommandée. En

1. De 1942 à 1947.

2. Jean Bouvyer, ami d'enfance de François Mitterrand, membre de la Cagoule avant-guerre, puis membre du commissariat général aux Questions juives en 1944, emprisonné à la Libération, mis en liberté provisoire en juin 1947, grâce sans doute à l'attestation de résistance fournie par François Mitterrand en 1945, décide de ne pas attendre le procès et de s'enfuir au Paraguay. Il a été condamné à mort par contumace, le 27 novembre 1948. Il a trouvé un emploi au Brésil, à la Vidrobas, filiale du groupe Saint-Gobain/Pont-à-Mousson. François Mitterrand a déclaré avoir ignoré ses activités antijuives au moment de la Libération (Pierre Péan, *Une jeunesse française, op. cit.*, p. 537-554).

3. Pierre Péan, *Une jeunesse française, op. cit.*, p. 229.

la recevant, mon œil fut attiré par sa dernière fonction mentionnée sur son CV : stagiaire chez L'Oréal-Cosmair sous la responsabilité de Jacques Corrèze. Le nom de Corrèze ne m'était pas inconnu. Il y a dix ans, avant que n'éclate l'affaire L'Oréal, qu'il ne démissionne et ne meure aussitôt, Jacques Corrèze était donc toujours de la famille. Comme le souvenir de Deloncle. Comme celui de Schueller, le père de Liliane Bettencourt, qui employa Deloncle en Espagne puis aux Etats-Unis, et Filliol dans la même filiale espagnole.

Comment ignorer que le Président est l'ami, le protégé, l'obligé des cagoulards ? Comment a-t-on pu ne pas voir ? Cette ignorance procédait, peut-être, de la même hypnose, dont parle Régis Debray à propos du passé de Mitterrand : « Je savais et je ne savais pas, je ne voulais pas savoir. »

Et enfin reste un dernier mystère cagoulard : celui du rendez-vous avec de Gaulle. Comment Mitterrand parvint-il à l'obtenir si facilement ? Comment passa-t-il à Londres, puis de Londres à Alger, lui qui était considéré comme un « pétainiste » par l'entourage du Général ? Je l'ai souvent interrogé sur ce « passage ». Chaque fois, il s'est dérobé. Un jour c'était l'ORA, l'autre, Henri Frenay qui avait monté la rencontre. Il avait toujours brouillé les pistes [1]. Je me suis demandé s'il n'était pas arrivé à Londres par la connection cagoularde justement. Derrière le flou volontaire sur ce départ pour Londres ou Alger, n'y avait-il pas le cagoulard Gabriel Jeantet ? En effet, le patron de l'« Amicale de France » avait établi dès 1940 une liaison solide entre Vichy et le BCRA à Londres. Des

1. Cf. *supra* pp. 120-121.

contacts furent alors noués, des résistants gaullistes répondirent aux approches de Jeantet, traînèrent à Vichy. J'ai tout retrouvé dans l'ouvrage de Jeantet et Laurent [1]. Très tôt, Jeantet incarna, au vu et au su de Pétain dont il était l'un des fers au feu, un Vichy anti-allemand qui considéra le de Gaulle à Londres comme un interlocuteur possible. Le glaive du bouclier Pétain. De Gaulle éconduisit les tentatives de Jeantet et les offres du même type, comme le ralliement de Loustanau-Lacau, les offres de services du colonel Groussard [2]. Reste qu'il y eut un pont Vichy-Londres du fait de la Cagoule.

Catherine Nay s'interroge également sur l'origine du rendez-vous avec de Gaulle. Dans son excellent *Le Noir et le Rouge*, elle cite cette lettre de Michel Charette (pseudonyme de Michel Cailliau) à son oncle Charles de Gaulle qu'il met ainsi en garde contre François Mitterrand : « Je me demande qui a pu le faire passer à Londres. »

En effet, qui a bien pu le faire « passer » à Londres, puis à Alger ? Et si c'étaient simplement des cagoulards de Londres rendant service à ceux de Vichy, d'autant qu'en cette fin 1943, de Gaulle étant absent, Moulin ayant disparu, Bingen et Bouchinet-Serreules étant affaiblis, Fourcaud, Duclos et Passy, leur patron, se sentaient les coudées franches.

---

1. Jacques Laurent, avec la coll. de Gabriel Jeantet, *Année 40 : Londres, de Gaulle, Vichy*, *op. cit.* cf. *supra* p. 169.

2. Saint-cyrien, spécialiste du renseignement et de l'action secrète, il était très lié avec la Cagoule avant-guerre. Après avoir créé, en 1940, avec l'accord du maréchal Pétain, le Centre d'information et d'études, un service de renseignement et un soutien paramilitaire du régime, il finit par entrer dans la Résistance et créer les réseaux Gilbert et Sosies.

Un indice vient étayer cette hypothèse.

Le colonel Passy – qui a toujours démenti être cagoulard, malgré l'*Encyclopædia Universalis*, l'OSS américaine et quelques rumeurs dans la Résistance – m'avait reçu peu avant de disparaître pour me parler de son cher ami Mitterrand.

Il me révéla alors un curieux secret.

Un jour de juin 1994, François Mitterrand avait débarqué chez lui à Neuilly, dans le branle-bas de combat des visites présidentielles. Passy en fut stupéfait. « C'était autour du 15 juin. Le quartier était mobilisé par une armada de flics de chaque côté du boulevard... Enfin Mitterrand est arrivé. Et j'ai vite compris ce qu'il voulait. Il voulait que – si j'étais amené à raconter notre rencontre à Londres – je ne mette pas en doute la version qu'il avait donnée à Péan. Il avait dit que c'était chez Reine Paris que nous avions joué au bridge – et donc que nous nous étions connus. Celle-ci m'a d'ailleurs dit qu'elle avait été étonnée d'apprendre que j'avais appris le bridge chez elle. Tout cela est faux. Je n'ai jamais joué au bridge pendant la guerre [1]... »

Pourquoi Passy devait-il avoir connu Mitterrand absolument après le rendez-vous avec de Gaulle... ? Début 1944, et pas fin 1943 ? Pourquoi à son retour d'Alger, pas avant, longtemps après être arrivé à Londres ? Pourquoi cette réécriture qui figure aussi dans les *Mémoires interrompus* [2]... ? Pourquoi ce mensonge apparemment anodin... ?

---

1. Entretien avec l'auteur, le 16 janvier 1998.

2. François Mitterrand raconte, de retour à Londres, après le voyage à Alger : « J'allais souvent chez les Passy qui passaient de longues soirées à jouer au bridge. J'entrais parfois dans la par-

Mitterrand avait peut-être besoin de donner ce tour de vis à une histoire qui flottait trop à son goût. Il devait impérativement n'avoir pas connu le colonel Passy et les cagoulards de Londres avant son rendez-vous avec de Gaulle, pour ne laisser aucune trace sur cette filière de toute une vie qui, vue d'ici, saute aux yeux.

---

tie. J'ai pu de la sorte approcher un habitué de la maison, le colonel Passy, chef des réseaux de renseignements et d'action de la France libre, très important, très redouté – probablement l'un des trois ou quatre Français qui comptaient réellement autour de De Gaulle. J'appréciai vite sa droiture, sa clarté d'esprit, sa détermination. Nous nous liâmes et le sommes toujours » (*Mémoires interrompus*, *op. cit.*, p. 141).

15

La tempête *

En un mois, il était devenu un petit vieillard gris. Désormais, je le voyais à la nuit tombante – la journée, il restait dans son lit, signait des parapheurs, sommeillait, lisait, recevait quelques collaborateurs privilégiés et martyrs, consultait ses nombreux médecins – Gubler, de moins en moins, et de plus en plus Tarot contre la douleur, et de Kuyper pour les miracles.

Il se traînait dans son grand bureau de l'Elysée, soufflant, grognant, et me lança en guise de salut : « Je ne suis qu'un œdème, un gros œdème [1]. » Son regard m'effraya. Ses yeux étaient perdus, minuscules, rouges, incandescents, des têtes d'épingles enfoncées dans un masque. Il y passa un éclat étrange, furtif, un scintillement, le même qu'on surprend parfois chez le chat dans la nuit quand il achève de vous fixer. J'avais l'impression dérangeante d'un « déjà vu » – mais lequel... La mort était dans l'œil.

---

* *(Palais de l'Elysée, bureau du Président, 12 octobre 1994.)*

1. De préférence à la chimiothérapie qui avait failli l'emporter au mois d'août, il subissait des séances de radiothérapie.

C'était la morphine. On avait commencé à lui en administrer depuis quelques jours. Un dimanche après-midi, à Latche, il se tordait de douleur, un médecin était venu, lui avait parlé de la drogue qui le calmerait. Il avait protesté d'abord, affirmé qu'il n'en était pas à cette extrémité, puis avait fini par céder. Il avait fait une découverte.

Sa première phrase était devenue rituelle en cet automne 1994. « Ça secoue... Vous ne pouvez pas imaginer ce que ça secoue... C'est dingue tout de même ce qui se passe. » A ces mots, il fit un geste des deux bras, comme une perte d'équilibre, le grand roulis qu'il vivait et la tempête alentour qui se déchaînait.

Tout avait dégénéré en même temps : le pouvoir qui filait dans les mains de Balladur; la fronde des socialistes et le « parricide de Jospin »; la guerre de Bosnie avec les intellectuels. Mais cette fois, c'était pire. L'escalade dans la fin de règne. Le cancer qui flambait, cette boule qu'il palpait depuis deux ans et dont il disait parfois, avec un air aigu, aérien, qu'elle exploserait un jour – et alors ce serait le grand feu d'artifice. Et Vichy, le trou noir de son passé, qu'il avait décidé d'éclairer, et qui rendait le pays fou. Tout lui échappait.

Le livre de Pierre Péan [1] venait d'être publié dans la consternation; on ne parlait que de cela dans les bureaux des fonctionnaires socialistes, au zinc des bistrots, dans les rédactions. A la une de tous les journaux, « le vichysme de Mitterrand » faisait la colère des éditorialistes – sauf au *Figaro*, où la bourgeoisie

1. *Une jeunesse française*, Fayard, 1994.

conformiste n'était pas mécontente de défendre ce Mitterrand-là, et où l'anticonformiste Giesbert était redevenu mitterrandien sur la fin ; dans les sections de ce qu'il restait du PS, c'était l'accablement, les insultes des rocardiens ; le « trouble » de Lionel Jospin [1] et son « on voudrait rêver d'un itinéraire plus simple et plus clair » ; la gêne de Pierre Mauroy ; l'hallali jouisseur de la « deuxième gauche » qui savourait sa revanche, celle de Gilles Martinet surtout qui appelait, trente ans après l'historique défaite de son camp, à « rompre avec le mitterrandisme » ; et le grand chagrin du peuple de gauche sonné, amer, dévasté qui, comme Daniel Mayer [2], répétait : « Si j'avais su avant 1981, je n'aurais pas appelé à voter François Mitterrand. »

François Mitterrand n'imaginait pas que la révélation de sa « jeunesse française » provoquerait un tel choc. Il savait qu'il devait régler « le problème Vichy » avant de mourir, de même que « le problème Mazarine ». L'échéance approchait, c'était une question de semaines, peut-être de jours... Il s'attendait à des secousses bien sûr, à la polémique des vieux gaullistes, au réveil passager de la meute. Il appréhendait cette opération – mais pas plus que s'il s'était agi d'une autre intervention chirurgicale. Il pensait

1. *Le Point*, 10 septembre 1994.

2. Daniel Mayer, secrétaire du Parti socialiste clandestin pour la zone sud dès 1941, membre du Conseil national de la Résistance, secrétaire général (1943-1946) puis membre du comité directeur du parti socialiste (1946-1954), plusieurs fois ministre sous la IVe République, président (1958-1975), puis président d'honneur de la Ligue des droits de l'homme, président (1983-1986), membre (1986-1992) du Conseil constitutionnel, est mort en 1996.

dominer, contrôler, amortir le choc mais il était littéralement secoué par la tempête nationale qui, depuis deux semaines, allait crescendo ; la tourmente qui se calma quelques jours après la sortie du livre, pour repartir de plus belle après qu'on eut examiné la photo de couverture – le jeune Mitterrand face au vieux Pétain – et qu'on eut vraiment lu l'enquête de Péan, notamment ce dernier chapitre où l'on trouvait cette phrase fanfaronne sur Bousquet [1].

A présent, il en voulait à Péan.

A la sortie du livre, il ne se plaignit pas de lui, convenant, au contraire, « qu'il n'était pas un garçon antipathique, qu'il avait fait un bon travail, oui un travail honnête, qu'il n'avait rien à y redire... Oui, le livre de Péan est honnête. Il dit globalement que Mitterrand ce n'est pas seulement le pétainiste qu'on croyait *... », avec l'air magnanime de celui qui n'a rien à se reprocher. Mitterrand n'avait pas sollicité ou suscité l'entreprise de l'investigateur, comme certains l'ont prétendu. Il avait même hésité à coopérer avec Péan, s'était enquis de l'opinion de Jean Védrine, son vieux compagnon, vichysto-résistant comme lui, historien de son mouvement [2], qui lui avait conseillé :

---

* *(Entretien à l'Elysée, 7 septembre 1994.)*

1. « Ce n'était pas un vichyssois fanatique, comme on l'a présenté... C'était un homme d'une carrure exceptionnelle. Je l'ai trouvé plutôt sympathique, direct, presque brutal. Je le voyais avec plaisir » (Pierre Péan, *Une jeunesse française, op. cit.*, p. 315).

2. Prisonnier de guerre en Silésie, rapatrié comme malade à la fin août 1942, il rencontre François Mitterrand quand il devient directeur des Centres d'entraide pour la zone sud au commissariat général aux Prisonniers de guerre à Vichy (1er novembre 1942-15 janvier 1943). Il démissionne en même temps que lui au moment du départ de Maurice Pinot. Membre

« Joue le jeu. Sois totalement transparent. Dis tout, ne cache rien [1]. » Après s'être renseigné sur Péan, ce « rôdeur » à la réputation d'enquêteur coriace, il avait dû conclure que rien ne servirait de s'opposer à lui, qu'il était trop tard, que ses réticences seraient contre-productives, et qu'en fouillant dans les secrets du docteur Martin [2] *il avait dû déjà trouver quelque chose.* Ainsi avait-il reçu le journaliste, l'avait envoyé vers un témoin ami de Bousquet et lui avait désigné un « placard » au ministère de la Défense...

Au moment où j'arrivais, il avait à la main un article de presse, et venait d'y lire un entretien de Pierre Péan qu'il brandit, agacé : « Je lis un article de lui qui affirme que... Mitterrand était finalement maréchaliste ! Il exagère. Il aurait pu dire que je suis resté résistant plus longtemps encore... On ne peut pas se contenter de caricaturer... ! » Il reposa le journal dans un soupir rauque. « Monsieur Péan prétend que j'étais maréchaliste et pas pétainiste. C'est une finesse qui m'échappe ! Les collaborateurs : ça c'était clair. C'étaient les gens qui marchaient directement avec les Allemands. »

---

de l'équipe dirigeante du RNPG, puis du MNPGD, père d'Hubert Védrine dont François Mitterrand est le parrain, Jean Védrine a réuni des témoignages et des notes sur les prisonniers de guerre dans *Dossier PG-Rapatriés 1940-1945*, Imprimerie Daniel, Asnières, 1981.

1. Entretien avec Hubert Védrine, le 26 octobre 2000.

2. Pierre Péan est l'auteur d'une biographie d'Henri Martin, ancien cagoulard, comploteur-né qui luttera d'abord contre la République, puis contre l'Allemagne, enfin contre le communisme et l'indépendance de l'Algérie (*Le Mystérieux Docteur Martin, 1895-1969*, Fayard, 1993).

Je me suis demandé s'il était de ceux qui marchaient indirectement avec les Allemands, mais je n'ai pas osé le faire enrager.

Pas besoin de le relancer, il poursuivait son réquisitoire grognon contre Péan : « Il a cherché son petit effet, hein... Cette photo en couverture du livre, il ne m'en avait pas parlé... » Il hésita et repartit dans sa colère : « Et cette phrase sur Bousquet, je l'ai dite comme ça, mais je ne savais pas qu'il la mettrait en couverture, qu'il l'utiliserait ainsi... Si j'avais su... » Quand je l'interrompis en disant : « Les dégâts sont là, monsieur le Président. Vous ne pouvez vous en tenir à cela sur Bousquet, vous devez parler, vous expliquer », il tourna vers moi subitement le même regard mauvais qu'il avait eu en parlant de Péan – celui aussi du « dîner Papon » [1]. Il me fixa en laissant tomber un terrible : « Ah... vous aussi... »

Il était trop tard.

Depuis que la tempête s'était levée, nos entretiens, en vue de ce livre pour janvier [2], comme il disait, étaient devenus bavardages, rabâchages, feintes et rugissements, d'illusoires séances de rattrapage, parfois des matchs de boxe où je servais de punching-ball si j'avais le malheur de trébucher sur un nom, un fait ou de rapporter une anecdote déplaisante à son égard.

Personne ne croyait plus à ce livre qui s'enlisait.

Lui se justifiait sans cesse et s'en voulait, et m'en voulait de se justifier. Il répondait à mes questions

1. Cf. *supra* p. 57.
2. Celui qui deviendra *Mémoires interrompus*.

distraitement, la mémoire si sèche et la parole si courte, que j'étais parfois un puisatier désespéré. Il vagabondait, s'interrompait au milieu d'un souvenir pour revenir dix fois à son obsession de l'instant, à tel point évoqué par Péan, comme cette appartenance à la Légion française des combattants dont il convint enfin, à « ces Lévy-Despas chez qui j'ai séjourné à Saint-Tropez et dont on conteste qu'ils soient juifs », ou pour enrager contre un article de Plenel dans *Le Monde*, sur un dessin de Willem étalant les viscères présidentiels dans *Libération* ; il pestait contre son ami François Dalle parce qu'il avait trop parlé à Péan « et s'était mis au centre de l'histoire », fulminait contre les cuisiniers du Palais qui étaient trop lents ; à moins qu'il ne s'en prît avec la même intensité rageuse à « Edouard Balladur qui, décidément, est bien imprudent en me croyant mort demain ».

Et moi qui avais rêvé de ce livre avec lui, de cet « Interrogatoire » ambitieux, j'avais l'impression de connaître désormais le désarroi de Wim Wenders filmant l'agonie de Nicholas Ray [1] dans l'œuvre lugubre qu'ils ont réalisée ensemble. J'étais moi aussi bouclé dans un hospice de vieillards, pris au dépourvu par le coup de tonnerre, le déclenchement de cette guerre, un otage consentant parmi les fantômes dont j'avais abusé. Piégé dans le Palais obscur, j'allais, parfois pour me rassurer, le soir, rendre visite à Védrine, placide et respectable dans la tempête. Nous parlions beaucoup. Il tenait bon.

1. *Nick's Movie* (1980). Nicholas Ray, cinéaste américain, auteur de *La Fureur de vivre* (1955), cher aux *Cahiers du Cinéma*, est mort d'un cancer en 1979.

Il était trop tard pour ce livre et trop tard pour partir, rejoindre la vie dehors qui pourtant me tentait.

Mais je restais là, avec lui. Je ne savais pourquoi, curieux, disponible, fasciné par le crépuscule du monarque. J'attendais.

Que faire d'autre d'ailleurs... ?

Rejoindre la « meute » ? Ecrire à mon tour une tribune indignée et savante, dans *Le Monde* ou *Libération* ? Me scandaliser, hypocritement et à très haute voix surtout, de cet itinéraire « trouble » que je connaissais mieux qu'eux, et avant eux, et qui, hormis Bousquet, ne méritait, selon moi, pas tout ce fracas ? Tuer le Père, piétiner Mitterrand, lui trouver subitement la main droite tellement plus lourde que la gauche ? Devais-je, comme eux, faire la sainte nitouche ? Porter son deuil joyeux en regrettant comme tant d'autres Mendès France, l'homme politique aux mains propres « car il n'avait pas de mains » ? Ou mieux, faire l'apologie de Rocard – qui connut alors un fugace *revival* ? Ou, comme Debray [1], découvrir de Gaulle et détester Venise pour le faire bisquer... ? Devais-je, après tant d'autres, défaillir à l'évocation de son nom, avoir le nez pincé des petits marquis devant l'immondice, les mêmes qui auraient rêvé, un an plus tôt, d'un simple salut de lui ?

1. Régis Debray, normalien, fondateur de la médiologie, fut l'admirateur du « Che » et de Salvador Allende, avant de travailler auprès de François Mitterrand (chargé de mission auprès du président de la République pour les questions internationales en 1981, puis en 1987-1988 pour le bicentenaire de la Révolution), et fait, enfin, du général de Gaulle son grand homme dans *A demain, de Gaulle*, Gallimard, 1990.

Ou le lâcher théâtralement, rejoindre au galop, avec passion et acrobatie conceptuelle, Balladur qu'on annonçait comme le prochain roi en participant moi aussi à cet incompréhensible frisson qui saisit alors les élites françaises – et en dit long sur ce pays fatigué… ? A moins que, orthodoxe, je ne prisse part avec Lionel Jospin, et ses amis quadras, aux cérémonies expiatoires du mitterrandisme, à leurs transes parricides… ? Ou même pourquoi pas, si j'en avais eu l'estomac, aller m'encanailler avec Debray, Gallo et d'improbables chiraquiens de gauche dans un de ces clubs qui fleurirent alors… ? Partir, les rejoindre, être de ceux dont il disait à ce moment-là, amer, tristement lucide, et il n'avait pas tout à fait tort : « Ils tentent de se faire désinfecter d'une trop longue fréquentation de moi…. Là où on veut bien d'eux… »

Fuir ? Les rejoindre ? M'échapper de l'hospice de vieillards… ?

J'y répugnais, de toute façon il était trop tard.

Trop tard pour le défendre aussi, et d'ailleurs il était indéfendable avec ses justifications roublardes sur Bousquet, ses réticences sémantiques à condamner Vichy ; indéfendable dans son narcissisme – il croyait expliquer cette tempête par *la chasse* qu'on lui faisait depuis quarante ans, et réduire le psychodrame national à « la mauvaise humeur des intellectuels ou de la communauté juive qui m'en veut depuis Arafat, et sait se faire entendre ». Indéfendable à cause de son orgueil ossifié.

Mais je restais ému par ce vieux roi qui rugissait et se mourait. Je restais, inquiet que cela ne dégénère plus encore. J'imaginais, comme d'autres, Robert

Badinter ou Claude Lanzmann probablement, pouvoir éviter le pire, l'escalade, le clash avec les Juifs. J'étais présomptueux.

L'accabler me répugnait et je n'aimais pas cette Histoire aux mains de juges d'instruction improvisés ; cette France, aveugle pendant cinquante ans et qui soudain, en une saison, voulait tout passer au crible ; cette Histoire à la sauce de l'audimat, émotionnelle, confusionniste, aux perspectives aplaties, avec ses bons et ses méchants, faisant de tous des salauds équivalents, et de lui un gestapiste. Il y avait autant de gravité dans cet examen que de frivolité dans la passion si soudaine des médias pour les *ombres du passé*. Il régnait une atmosphère de lynchage en cet automne 1994 et je retrouve mon désarroi intellectuel d'alors à travers ce qu'écrivaient Eric Conan et Henri Rousso dans *Vichy, un passé qui ne passe pas* [1] : « Entre ceux qui croyaient à l'action militante ou à la valeur cathartique des procès pour crimes contre l'humanité, et ceux qui préconisaient l'oubli, le silence ou la “ réconciliation nationale ”, il restait peu de place à ceux qui réclamaient une autre approche de ces questions, et tentaient de sortir le débat public des ornières dans lesquelles il s'était enlisé. L'heure était à la réaction, pas à la réflexion. »

J'étais seul comme jamais. Sa tourmente était mon tourment.

Il m'avait prévenu, un an auparavant, en 1993, alors que tout se décomposait déjà, avec un air bienveillant de grand-père car la perversion n'était pas

1. P. 427, Le Livre de Poche.

son seul registre : « Vous savez... Si vous restez avec moi, vous serez très seul. » La phrase avait glissé sur moi, mais à l'automne 1994 je compris enfin son augure. J'étais seul par sa faute. L'ami du Diable, un paria.

Seul pour ne pas l'avoir écouté peut-être à cette époque de ma vie. Lui confiant mes destinées sentimentales compliquées, les deux femmes que j'aimais, il m'avait ordonné, impératif, sa main sur mon bras : « Gardez les deux ! » Je n'avais pas suivi son conseil. Cécile m'avait quitté, elle avait trop longtemps subi mes inquiétudes, ma dépendance à lui, ce qu'elle appelait ma « toxicomanie Mitterrand ». Elle était trop pieuse pour révérer les rois ; et trop pressée de vivre pour aimer les fantômes – elle en avait assez chez elle.

Je restais avec lui donc et avec cette actrice, héroïne de Truffaut, que j'aimais autant pour moi que pour lui, avec qui je partageais ce rêve d'elle. J'aimais par procuration et le vieux Casanova me conseillait, les bons jours me guidait, trépignait de curiosité, s'impatientait pour que je lui raconte encore...

Il faisait nuit, toujours, en ce temps-là. Cette nuit était la mienne. Une « nuit américaine » – celle où l'on invente les ombres, la lune, la nuit en plein jour –, au cinéma.

16

Le bunker *

Cela avait été un désastre. La grande explication télévisée avec Jean-Pierre Elkabbach [1] devait servir de remède. Elle fut pire que le mal. En avait-il conscience ? Mesurait-il l'ampleur des dégâts ? Savait-il l'image pathétique qui restait de lui, son air de moribond empêtré, ses lapsus en direct, cette fatale erreur qu'il commit sur « le statut des Juifs étrangers [2] » ? Il

---

* *(Un déjeuner au restaurant « Minchelli », 15 octobre 1994 probablement.)*

1. Le 12 septembre 1994.

2. Interrogé sur les lois antijuives, François Mitterrand avait répondu : « Il s'agissait – ce qui ne corrige rien et ne pardonne rien – d'une législation contre les Juifs étrangers, dont j'ignorais tout » (*Le Monde*, 14 septembre 1994).

Le statut des Juifs du 3 octobre 1940 les exclut, Français ou étrangers, de certaines fonctions publiques, tandis qu'un numerus clausus est introduit pour certaines professions, les transformant ainsi en citoyens de catégorie inférieure. Le lendemain, une loi sur les ressortissants étrangers de race juive prévoit leur internement dans des camps spéciaux. Le 2 juin 1941 une nouvelle loi remplaçant celle de 1940 aggrave la condition des Juifs français en leur interdisant une longue liste de professions. Le même jour, un recensement des Juifs est instauré. Le 22 juillet est édictée une loi relative aux entreprises, biens et valeurs appartenant aux Juifs. Si le port de l'étoile jaune est imposé aux avait frôlé la mort l'autre soir – la mort politique. Son intervention n'avait fait qu'aigrir la crise, empoisonner l'atmosphère ; et la mort physique qui affleurait, avec ce malaise une heure avant le début de l'émission, les remontants qu'on lui avait administrés, si bien qu'il avait dû être porté par Jacques Pilhan [1] et Elkabbach [2], jusqu'au studio de l'émission.

Il y avait un faux enjouement autour de la table de ce nouveau restaurant huppé qu'il affectionnait désormais parce que tout y était capitonné : la nourriture qui glissait, les maîtres d'hôtel qui valsaient, le ton des conversations, et les fauteuils moelleux qu'on lui avançait.

Dès son arrivée il fanfaronna comme s'il venait d'échapper à une grande catastrophe, à un crash aérien et répétait – décidément : « Ça a sacrément secoué. » Puis il se mit à plaider l'implaidable et revint sur le statut des Juifs. « Vous savez, ce statut des Juifs je n'en avais pas entendu parler au stalag. Ça ne nous est pas parvenu... C'était un fait de guerre parmi d'autres, qui avait dû passer inaperçu au stalag, dans ce milieu où l'on ne faisait pas de dif-

---

Juifs par les Allemands en zone nord à partir du 7 juin 1942, le 11 décembre 1942 Vichy demande l'apposition de la mention « Juif » sur les titres d'identité délivrés aux Israélites français et étrangers.

1. Conseiller en communication de François Mitterrand de 1984 à 1995, puis de Jacques Chirac jusqu'à sa mort en 1998.

2. Jean-Pierre Elkabbach était en liaison régulière avec le président de la République depuis avril 1993. Il avait obtenu de mener avec François Mitterrand une série d'entretiens télévisés durant la cohabitation, destinés à être diffusés « plus tard ». Sur quinze mois, le journaliste mènera une vingtaine d'entretiens, de durée variable. Ils s'interrompront en septembre 1994.

férence... Car je ne faisais pas de différence ! Puis arrivé à Vichy, mes propres amis juifs ne s'en sont pas aperçus tout de suite, eux non plus. »

Des Juifs à Vichy. Il nota mon étonnement, et reprit à la volée, enchanté de me surprendre, de pouvoir marteler son argument : « Mais je vous dis qu'il y avait des Juifs à Vichy... ! Ça peut vous étonner. Il y en avait... Je ne sais pas moi... [Il marqua un silence.] Michel Debré [1] [il eut un petit rire sadique], non, lui, je crois, s'était fait porter catholique... Il y avait Robert Aron [2], l'historien, protégé par Laval... Il y avait même la femme de Brinon [3] – Brinon cette ordure – que les nazis avaient faite " Aryenne d'honneur "... J'ai même entendu dire qu'il y avait une synagogue à Vichy, qu'elle avait fonctionné, qu'on y avait commis un attentat en 1941, un coup du doc-

---

1. Michel Debré, né en 1912 dans une famille juive alsacienne dont le père, Robert Debré, s'est converti au catholicisme sous l'influence de Charles Péguy. Prisonnier évadé, il occupe un poste à Rabat en 1941 avant de retourner en France et de se lancer dans l'action clandestine. Il entre dans le gouvernement de Gaulle en 1945 comme chargé de mission pour la réforme administrative. Sénateur gaulliste sous la IVe République, Premier ministre de 1958 à 1962, il occupe encore différents postes ministériels sous la présidence du général de Gaulle et de Georges Pompidou. Il meurt en 1996.

2. Historien, prévenu en novembre 1942 du débarquement allié en Afrique du Nord, il veut gagner Alger. Il va voir Jean Jardin, directeur de cabinet de Pierre Laval, qui lui fournit un visa et une place d'avion. Empêché de partir à cause de l'interruption des trajets entre la métropole et l'Afrique du Nord, il se cache chez Jean Jardin. Finalement, il trouve une filière clandestine par l'Espagne, et finit par rejoindre Alger en janvier 1943. Après la Libération, il dénonce l'ampleur de l'épuration au nom de la défense des droits de l'homme (Robert Aron, *Fragments d'une vie*, Plon, 1981).

3. Cf. *supra* p. 77.

teur Martin[1] et que la répression contre les terroristes antisémites avait été impitoyable de la part de Vichy... Je vous dis qu'il y avait des Juifs à Vichy. A commencer par mes camarades juifs prisonniers de guerre évadés qui sont arrivés là avec moi. »

De crainte qu'il ne m'abuse encore, que sa force de conviction, réelle ce jour-là, ne l'emportât sur mon scepticisme, je l'interrompis : « Et qui étaient vos amis prisonniers de guerre juifs, arrivés avec vous à Vichy ? » Il s'apprêtait à répondre, mais il bafouilla. Il n'y arrivait pas et je lus sur ses lèvres, à ce bref rictus, l'humiliation de devoir encore s'expliquer.

« Eh bien... Il y avait Finifter. Ah, le vaillant Finifter. Il n'avait pas froid aux yeux celui-là, petit Juif allemand[2] qui au stalag terrorisait nos gardiens boches...

– Et puis ? »

Il sembla s'effaroucher devant ce nouvel interrogatoire et ne répondit pas tout de suite. Il devait

---

1. Après un attentat contre la synagogue de Vichy, fin juillet 1941, le chef de la Sûreté, cherchant les coupables, pratiquera une trentaine de perquisitions, chez les membres du PPF (Parti populaire français) et chez le docteur Martin. Les auteurs de l'attentat sont retrouvés parmi les premiers, mais le prétexte est trouvé pour arrêter le docteur Martin, le 24 mars 1942, et faire cesser l'activité de son officine qui gêne le gouvernement Darlan. (Philippe Bourdrel, *La Cagoule, Histoire d'une société secrète du Front populaire à la Ve République, op. cit.*, p. 284-285.)

2. Bernard Finifter, camarade de François Mitterrand au kommando IX A à Schaala (Thuringe), installé à Toulouse après son évasion, est chargé en juillet 1943 par le RNPG (Rassemblement national des Prisonniers de guerre) d'aider au passage de la frontière. (Cf. J. Védrine, *op. cit.*, p. 218.)

passer en revue, mentalement, ses camarades du stalag. « Mais qui était l'autre Juif, bon sang, qui ? » semblait dire sa gêne.

Au bout d'un moment, il répondit, indécis : « Peut-être Georges Beauchamp [1]. » Il hésitait, sa réponse flottait, et dans ce « peut-être » il y avait un affolement qui semblait dire « Beauchamp, mais il faudrait vérifier, surtout qu'il est encore vivant ». Ce « Peut-être Beauchamp », c'était la réponse courte et floue qui convenait quand on n'était pas sûr de son dossier – et il connaissait les ficelles. Répondre court, toujours court, répondre sec devant un flic, un juge, un journaliste – c'était la même chose. Et puis cette brièveté, ça vous posait.

Il répéta, plus affirmatif, reprenant pied : « Oui, c'est ça, je me souviens de mes deux amis juifs, Finifter et Beauchamp. » Il avait craint de trébucher.

Comment le croire... ? Et au fond, pourquoi l'accabler davantage ? Les commentateurs avaient voulu faire de savantes exégèses sur son lapsus, durant l'émission, à propos du « statut des Juifs étrangers [2] ». Mais tout était évident, si clair, si limpide. Son cafouillage n'en était pas un : il avouait l'indicible. Il disait la vérité, et cette vérité était à la fois

---

1. Georges Beauchamp, ami intime de François Mitterrand depuis leur rencontre fin 1943-début 1944. Il est chargé de participer à la lutte contre le STO, aux opérations de fusion qui vont aboutir à la création du MNPGD (Mouvement national des prisonniers de guerre) et de participer aux opérations militaires. A la Libération, il entre au cabinet de François Mitterrand, secrétaire général aux Prisonniers de guerre jusqu'à l'arrivée d'Henri Frenay, puis devient président de la Confédération internationale des déportés du travail. (H. *Védrine*, *op. cit.*, t. II, p. 97.) En 1994, il est nommé au Conseil économique et social.

2. Cf. *supra* p. 195.

banale – révélatrice de *l'inconscient français* qui considérait alors *les Juifs même français* comme des *étrangers* –, et désespérante car, statut ou pas, les Juifs n'existaient pas pour *ces gens-là*.

Les Juifs ne comptaient pas, on ne les voyait pas, et quand le statut fut publié, on devait même estimer parfois que c'était là *un juste retour des choses.* Comme le dérapage de Raymond Barre sur les « Français innocents [1] », le lapsus de Mitterrand – ce télescopage du sens et des dates – était dans le droit fil du reste, de sa « jeunesse française », de la manière bourgeoise et provinciale dont on considérait, dans son milieu charentais, les Juifs en 1940. Cette phrase disait tout. Elle était peut-être un effet de la vieillesse, une remontée de la jeunesse, une trahison de la vigilance mais elle révélait précisément son état d'esprit d'alors : *il était étranger à cette question juive et pour lui, les Juifs étaient des étrangers.*

Le reste du déjeuner se passa sur le mode badin – il se rassurait. « Vous ne pouvez pas imaginer le courrier d'amitiés que j'ai reçu après cette émission. Vous ne pouvez pas imaginer, des sacs entiers de messages de soutien, d'amitié, d'encouragement. » Anne Lauvergeon [2] approuvait avec entrain : « Et même

---

1. Après l'attentat contre la synagogue de la rue Copernic, en octobre 1980, le Premier ministre Raymond Barre déclare : « Cet attentat odieux a voulu frapper les Israélites qui se rendaient à la synagogue, il a frappé des Français innocents qui traversaient la rue. »

2. Secrétaire générale adjointe de la présidence de la République depuis décembre 1990. Elle remplaçait également Jacques Attali comme représentant personnel de François Mitterrand, chargée en particulier de la préparation des som-

des paysans du Limousin. Et des artisans du Sud-Est... Et des ouvriers du Nord... Et des bourgeois de Bordeaux... » Elle compléta : « Et beaucoup de lettres de Picardie », heureuse, si heureuse de le satisfaire.

Le courrier. C'était devenu une des grandes activités de l'Elysée. On sait comment d'ordinaire les correspondances parviennent – ou non – à un Président ou à des ministres. Il existe dans la République une gigantesque administration du courrier, avec ses filtres, ses secrétariats spécialisés, ses procédures, ses formulaires et ses lettres types dont l'objet principal est d'empêcher qu'il accède aux puissants. En temps normal, tout est là pour juguler le flux, éviter des soucis au monarque, mais en ce temps-là, le palais présidentiel semblait avoir dérogé à ces règles. On avait ouvert les vannes et le flot du courrier était arrivé jusqu'à lui ; une marée soigneusement coordonnée par Anne Lauvergeon, avec ces lettres de cancéreux qui témoignaient de leur compassion ; celles des socialistes inconditionnels et ruraux qui hurlaient à la persécution ; et celles, forcément, des vieux pétainistes avec leurs longues diarrhées antisémites, qui devaient ressembler à celles que l'on reçoit dans la presse. Une écriture serrée de vieux autodidactes catholiques et fiers de l'être, leur rituelle inversion de la martyrologie et leur obsession de la France décadente...

Ainsi lui avait-on apporté le moindre élément de réconfort, le démenti de la France profonde aux horreurs qu'on lisait dans les journaux.

---

mets des pays industrialisés depuis avril 1991. Elle occupait à l'Elysée le bureau voisin de celui du chef de l'Etat.

Un ton plus bas, il s'étonna, d'un air miséricordieux :

« Dites donc, Lauvergeon, c'est fou ce qu'ils m'aiment... [un silence] et ce qu'ils s'en prennent à Elkabbach... »

Lauvergeon acquiesçait toujours et, faux-jeton, il poursuivit : « Je n'imaginais pas le ressentiment à son égard... Bon... il m'a posé quelques rudes questions mais il a bien fait son travail... Je lui avais demandé de ne surtout pas se censurer.

– Monsieur le Président, enchaîna sa collaboratrice, tout de même il aurait pu éviter ce harcèlement ! [Un air indigné.]

– Vous exagérez, Anne, répondit Mitterrand sur un ton cauteleux...

Mitterrand et Lauvergeon se dévisagèrent et j'eus l'impression que, dans leur connivence d'esprits assiégés, ils s'étaient mis à se dire que, finalement, il y avait peut-être un « problème Elkabbach ». Leurs regards, ces insinuations, ne me donnèrent plus de doutes sur ce qu'on pouvait lire de dégueulasse dans ces lettres.

L'Elysée était devenu un bunker de crise, avait pris la mentalité d'assiégés – ce n'était pas difficile avec Mitterrand. Il y avait l'Elysée officiel, gouverné avec un efficace sens de l'Etat par Védrine et son équipe : faire tourner la machine, rendre possible la cohabitation, masquer les absences, les hésitations, les mauvaises humeurs du Président, faire fonctionner les services de presse avec de gros argumentaires savants sur « Mitterrand pendant la guerre ». Faire illusion dans la tempête. Je fus frappé par la sérénité, le sang-froid et l'humour parfois désespéré de Védrine. C'était dans ces moments-là la seule manière de faire face, de rendre possible la cohabitation – et l'on ne dira jamais assez que ce secrétaire général de l'Elysée sauva la fin de règne.

Et puis il y avait l'*Elysée off*, une structure informelle, plus chancelante mais permanente dont Anne Lauvergeon était, jour et nuit, dans le bureau du Président, ses appartements privés, lors de ses promenades, l'infirmière, la secrétaire, la prêtresse. En quelques semaines, cet ingénieur des Mines activiste et méthodique s'était improvisée historienne. Elle avait pris des cours accélérés : Vichy, de Gaulle, Giraud, la Résistance intérieure, la Résistance extérieure, l'Epuration, les méandres de l'affaire Bousquet. Rien ne lui était étranger. Elle établissait parfois des passerelles avec des Juifs amis, surveillait les médias, se croyait en guerre, elle aussi, contre *Le Monde* et TF1, annotait, réagissait, au point de croire qu'elle pouvait remplacer Jacques Pilhan, de plus en plus sollicité par ses mystérieuses activités chiraquiennes.

Mitterrand avait organisé cette dyarchie entre le rigoureux Védrine et l'ardente Lauvergeon pour plusieurs raisons : outre le classique mais efficace « diviser pour régner » – c'était classique au point qu'il arriva un moment où Lauvergeon tenta de court-circuiter Védrine dans ses rapports avec Matignon ; Mitterrand se méfiait des systèmes trop huilés, trop administratifs : « Il voulait bordéliser son propre système », m'avait confié un de ses collaborateurs ; enfin dans sa dévotion complète au Président, Lauvergeon avait vite appris la mentalité de l'assiégée, les ruses de l'assiégée, la force de l'assiégée. Elle était devenue la Pasionaria du bunker.

Dans ces contextes, les historiens de l'Elysée avaient pris une grande importance. Georgette Elgey, gaulliste, amie de François Mitterrand, auteur du recueil de ses textes politiques en 1978 et sa collaboratrice à l'Elysée depuis 1982, était revenue d'un exil volontaire. Il n'était pas facile d'être l'historienne de Mitterrand et la convention morale entre les deux semblait avoir été rompue vers 1990 – date où Elgey s'éloigna du Président. Néanmoins, durant cette crise, elle était présente à nouveau. On lui demandait note sur note, elle livrait de multiples synthèses. Tandis que l'historienne Dominique Bertinotti engagée depuis peu à l'Elysée se mobilisait elle aussi, avec un dévouement qui n'avait pas échappé à François Mitterrand. L'enjeu était de taille pour Bertinotti : son entrée d'historienne dans l'Histoire.

Et enfin il y avait Charasse, le grognard du bunker. Son bureau à l'Elysée était une sorte d'arrière-boutique. Cet Auvergnat, né à Puy-Guillaume, le pays de Laval, était incollable sur la période. Il s'était fait historien lui aussi, fouillait les poubelles des autres et serait bien passé à l'offensive. C'était un va-t-en-guerre. En juin, il avait déterré des trésors : les mémoires de Joseph Barthélemy [1], le ministre de la Justice de Vichy, et répétait à qui voulait l'entendre qu'on y trouvait des « choses intéressantes » sur Michel Debré, Maurice Couve de Murville, Jacques Chaban-Delmas et leur séjour dans la haute administration de l'Etat français ; et un texte d'avant-guerre où Hubert Beuve-Méry, le futur fondateur du *Monde*,

1. Cf. *supra* p. 70.

se montrait d'une étonnante modération à l'égard d'Adolf Hitler. Ces trouvailles avaient plu à Mitterrand – il lui arrivait d'aiguiller ses interlocuteurs vers *ce brave* Charasse qui se chargeait de distribuer ces textes. Les leurres n'avaient pas fonctionné.

17

Un trou de mémoire *

Je ne savais jamais dans quel état je le retrouverais. Pour tenir, je m'étais d'ailleurs fabriqué mes propres consignes : ne pas le brusquer, surtout ne pas le brusquer; avancer, garder le cap, le faire parler, croiser ses récits, déjouer ses mensonges, combler les trous noirs, et l'observer; mais ne pas le forcer, éviter *le côté tribunal* comme il disait. Il me répétait souvent alors : « Notez, notez tout et dites-leur que je ne suis pas le Diable. » Je notais mais je me méfiais.

En arrivant, je me dis que c'était un bon jour. Il semblait sorti de la tourmente, solide, loquace, de bonne humeur. Il était enfin souriant, bienveillant, coopératif, et si heureux de reprendre vraiment ces entretiens avec moi après tous ces soucis. Je n'en revenais pas – chaque rendez-vous était l'occasion d'une surprise.

Il n'attendit pas que je l'interroge. L'air triomphant, debout pour une fois, il claironnait : « Tiens...

---

* *(Palais de l'Elysée, bureau du Président, 26 décembre 1994, après plusieurs rendez-vous déplacés.*

J'entends Monsieur Klarsfeld prétendre qu'étant fonctionnaire de Vichy, j'ai dû signer l'attestation que je n'avais pas de parents juifs... »

Un silence, une pause théâtrale, celle du torero avant la banderille, et il fit claquer un : « Monsieur Klarsfeld délire... »

Un autre silence et il reprit : « Ça prouve que Monsieur Klarsfeld n'y connaît rien... » Il laissa la phrase en suspens, puis ricana, avant de porter l'estocade, très catégorique : « Parce que je n'étais pas fonctionnaire... J'étais contractuel à Vichy. Je n'étais donc pas lié au statut de l'Etat français... Personne ne m'a rien demandé. »

Il exultait en répétant « Monsieur Klarsfeld délire ». « Ils ont tous prêté serment à Vichy. Je vous dis : tous. Les ministres, les hauts fonctionnaires, les grands corps d'Etat, toute la magistrature – sauf un seul, le président Didier. Un seul a refusé, vous imaginez... Mais moi, je n'ai rien fait ! » [Air de triomphe outré.]

Vainqueur modeste, magnanime tout à coup, il se pencha vers moi et murmura : « Oh, ce serment [1]....

1. Il convient de distinguer le serment de fidélité à la personne du chef de l'Etat imposé, janvier 1941, aux ministres et aux hauts fonctionnaires, puis en août, à l'armée et à la magistrature, de la déclaration certifiant la non-appartenance à la race juive selon la définition donnée par le statut des Juifs d'octobre 1940. Cette déclaration fut mise en œuvre par la plupart des ministères à partir du 16 décembre 1940, afin de pouvoir appliquer l'exclusion des Juifs de la fonction publique. Si les consignes du gouvernement s'appliquaient à toute la fonction publique, y compris les emplois subalternes, chaque ministère eut sa propre interprétation, certains l'entendaient au sens large tandis que d'autres excluaient de cette mesure les auxi-

Encore un mauvais procès de Monsieur Klarsfeld qui veut être mon procureur. Monsieur Klarsfeld ne sait rien. On l'abuse... »

L'autre avait fait une faute [1], il tenait sa revanche, pensait-il. Il allait le réduire à rien. Je comprenais mieux sa jubilation.

Deux jours plus tard – quelle coïncidence – je compris la raison de sa fougue et la soudaine fermeté de ses souvenirs. Il m'avait conseillé de consulter le travail de Jean Védrine sur leur mouvement de résistance des prisonniers de guerre : deux gros pavés de textes polycopiés sous une couverture orange – compilation d'archives, instructions allemandes, réponses françaises, commentaires tapés à la machine par le laborieux Védrine –, aussi ennuyeux qu'une thèse universitaire, intitulés : « Dossier des prisonniers de guerre – rapatriés 1940-1945. » En écrivant, François Mitterrand et son ami Jean Védrine avaient pris la précaution de contrôler leur propre histoire, craignant probablement l'autre, celle des gaullistes. En feuilletant l'œuvre de Jean Védrine, je tombai sur une surprenante note interne de la présidence de la République, estampillée « TTU » (très très urgent) et « Confidentiel », souligné deux fois. Elle date du 23 septembre 1994 et émane de l'historienne Georgette Elgey, conseiller technique. Elle est adressée à Anne Lauvergeon.

---

liaires, contractuels, etc. (Marc-Olivier Baruch, *Servir l'Etat français : l'administration en France de 1940 à 1944*, Paris, Fayard, 1997, p. 136.).

1. Le 13 septembre 1994 sur France 2.

« Voici, compte tenu des éléments accessibles à tous les chercheurs, une première réponse à la question que vous m'avez posée sur “ le serment ”.

« Seule la consultation du dossier d'instruction du non-lieu de Maurice Pinot [1] pourrait me semble-t-il apporter les éléments indiscutables permettant de démentir sans discussion possible l'affirmation de Serge Klarsfeld selon laquelle le Président a juré sur l'honneur qu'il n'était pas juif pour pouvoir travailler en 1942 au commissariat au Reclassement des prisonniers de guerre rapatriés.

« Je saurai la semaine prochaine si le dossier peut nous fournir cette preuve.

« Mais dès à présent, différents éléments sont de nature, me semble-t-il, à être utilisés si un journaliste enquêtait à ce sujet. Georgette Elgey. »

Ainsi il avait fait vérifier.

Il ne savait plus s'il avait juré. Jurer pour Pétain, ou contre les Juifs... Il avait dû fouiller dans ses souvenirs, non vraiment, il ne se souvenait plus de cette formalité.

---

1. Cf. *supra* p. 92.

18

Bousquet-Mitterrand : l'énigme de 1942 *

Tout d'abord, je ne le vis pas dans ce grand bureau de l'Elysée. Il était perdu dans un coin, tassé sur son fauteuil, recroquevillé, le cheveu jaune, pauvre, collé. Sur son visage amaigri, ses curieuses lunettes loupe – que je ne lui connaissais pas – lui donnaient l'air d'un de Gaulle après son opération de la cataracte. A mon arrivée, il leva à peine un œil, fit un vague signe de m'asseoir sans un mot, et se replongea dans la lecture du *Monde*. Une lecture rapide, inquiète. Je suivais son regard : il était à l'affût. Il s'arrêta net sur la dernière page. Je pris mon exemplaire du journal, et en tâchant surtout de ne faire aucun bruit, je cherchai ce qui venait de le faire sursauter.

« Selon le journaliste Stéphane Denis, le président de la République aurait connu René Bousquet en 1942 [1]. » L'information rôdait dans les rédactions, personne ne l'avait publiée jusque-là – excepté Stéphane Denis, qui avait évoqué cette rencontre

---

* *(Palais de l'Elysée, bureau du Président, 23 septembre 1994).*

1. Titre du *Monde* du 24 septembre 1994.

Mitterrand-Bousquet en 1991 [1], et venait de récidiver dans *Paris-Match.* La reprise de ses propos par *Le Monde* risquait de marquer une étape nouvelle dans l'« affaire Bousquet ».

Pour le vieux Président, avoir fréquenté l'ancien secrétaire général de la Police de Vichy jusqu'en 1986 était déjà une faute qu'on ne cessait de lui reprocher. Mais s'il avait menti ? L'avoir connu en pleine guerre, à Vichy en 1942, et pas en 1949 « blanchi par son procès » ; et donc bien plus tôt qu'il ne le prétendait, tandis que Bousquet réclamait à Heydrich la souveraineté sur sa police, négociait avec Oberg les modalités de la rafle du Vél' d'Hiv' et que les trains français partaient avec leurs quarante-deux mille déportés, c'était pire : l'aggravation inimaginable du « cas Mitterrand ».

Il était muet. Ses mains restaient crispées sur *Le Monde.* Il relisait l'article, s'arrêtait sur un mot, grimaçait sur un autre, reconsidérait le titre et, chaque fois, semblait se courber comme à l'annonce d'une nouvelle et terrible bourrasque.

---

1. Dans une interview à *L'Evénement du jeudi* du 18 avril 1991. Pascale Froment affirme que si le secrétaire général à la Police était probablement au courant de l'existence de François Mitterrand et de l'aide apportée par Jean-Paul Martin à son mouvement, il n'est pas du tout certain que les deux hommes se soient rencontrés à Vichy. (Pascale Froment, *René Bousquet*, *op. cit.*, p. 530.)

Pourtant, d'après Jacques Attali, en 1975, après le déjeuner avec Bousquet, François Mitterrand lui aurait expliqué : « Beaucoup de ceux que vous avez vus aujourd'hui autour de cette table seraient morts si René Bousquet n'avait pas été là ! » (Emmanuel Faux, Thomas Legrand, Gilles Perez, *La Main droite de Dieu*, Seuil, 1994, p. 92).

Sa lecture s'acheva enfin. Il replia les branches de ses loupes, se redressa, ou plutôt tenta de se redresser car son bras glissa sur l'accoudoir, et cracha un soupir de dégoût : « Pff... *Le Monde* – qui ne m'aime pas – prend pour argent comptant tous les ragots, et cette information publiée par Stéphane Denis dans *Paris-Match*, un écrivain qui ne manque pas d'intérêt d'ailleurs. Ce n'est pas nouveau... D'ordinaire, *Le Monde* n'aurait pas publié une telle information mais là, ils se font un plaisir de la reprendre *et en bonne place...* »

Il posa à nouveau ses yeux sur ce titre, puis laissa tomber le journal à ses pieds : « *Le Monde* devrait faire attention. Ils ne sont pas très sourcilleux sur leurs origines... Et pourtant il y a à dire, hein... A Uriage, ils étaient maréchalistes aussi... Et Mounier ! Et Beuve-Méry qui n'a jamais été le grand résistant qu'on a fait croire... Oui, ils devraient faire attention à cela quand ils parlent de moi... »

Ce « pourquoi moi, pourquoi pas les autres » avait représenté une ligne de défense constante. La manière habile de louvoyer sans cesse, entre son destin d'homme privé et celui d'homme d'Etat ; de renvoyer les responsabilités de l'un à l'autre ; de dérouter la meute, de l'envoyer sur d'autres chemins. Un *pas vu, pas pris* qui a toujours fait enrager Jean-Marie Colombani [1], son adversaire. Mais cette feinte, jadis

1. Jean-Marie Colombani a depuis posé un regard critique sur la question d'Uriage. Dans un entretien à la revue *Commentaires* (Hiver 2000, vol. 23), il répond à Jean-Claude Casanova : [...] réfléchir sur Uriage, c'est d'ailleurs une bonne façon de plonger dans l'ambiguïté fondamentale de l'Histoire. Car je ne suis pas de ceux qui en font une lecture univoque [...] [Uriage], c'est ce qui, peut-être, nous sépare aujourd'hui de nos glorieux prédécesseurs, parce que l'ancienne génération, celle

efficace, ne fonctionnait plus. Tandis qu'il me servait son antienne habituelle, je me demandais si Stéphane Denis disait vrai.

Le journaliste m'avait confirmé cette entrevue « Bousquet-Mitterrand en 1942 lors d'un déjeuner. Ils s'étaient rencontrés grâce au sous-préfet Jean-Paul Martin qui voulait absolument que « les deux hommes qu'il aimait le plus au monde se connaissent [1] ». Il y avait des témoins, disait-il. Un déjeuner à Lyon, puis des rendez-vous au Cintra, le bar du Tout-Vichy.

Face à Mitterrand, je voulus en avoir le cœur net. J'avançais à tâtons, de peur qu'il ne se referme.

« Monsieur le Président, qui était donc vraiment pour vous ce Jean-Paul Martin par lequel vous avez connu René Bousquet ? »

Il y eut un frémissement d'intérêt dans sa voix : « Jean-Paul Martin... C'était un fonctionnaire de Vichy, un sous-préfet de qualité, l'ami de mon ami André Magne [2]. Jean-Paul Martin n'était pas le colla-

---

qui a porté *Le Monde* à ses premiers sommets jusque dans les années 1978-1980, est une génération qui a adhéré à Mitterrand en connaissant le passé vichyste de Mitterrand, peut-être parce que la matrice du journal a été à la fois Vichy puis la Résistance, ce qui était aussi le parcours de Mitterrand. »

1. Georgette Elgey est d'un avis contraire. Jean-Paul Martin lui raconta en 1955 ou 1956 que les deux hommes s'étaient connus après la guerre. Elle estime le témoignage de Martin probant, au regard du moment où cette confidence lui a été faite. (Entretien avec l'auteur le 1er février 2001.)

2. Prisonnier de guerre au stalag IX A comme François Mitterrand, rapatrié en décembre 1941, il entre le mois suivant

borateur qu'on a prétendu. C'était un grand sceptique. Il ne croyait pas du tout à Vichy ni à la Révolution nationale. Un homme droit, très droit, un peu mystique, très chevaleresque... » Il écorcha le mot « chevaleresque ».

Jean-Paul Martin fut en effet le grand ami du « beau François » à Vichy. Il fabriqua ses débuts. Il composa, avec Gabriel Jeantet, le premier Mitterrand. A l'époque le jeune homme, sorti du stalag, découvrait le monde, la mêlée sociale et les aimait, tous ces aînés, lancés et bienveillants, sans discernement. François Mitterrand savait alors, racontait-on dans les cercles de l'Atlantide, séduire avec ses bonnes manières, sa sensibilité presque féminine, avec sa jeunesse française. On raconte que Jean-Paul Martin, célibataire démodé, homosexuel esseulé, s'éprit de Mitterrand. Très vite il se mit à l'aider, à lui présenter le Tout-Vichy, à lui ouvrir toutes les portes et à l'entraîner dans ses promenades rêveuses et poétiques. L'existence de ce curieux haut fonctionnaire, qui se morfondait entre son bureau de grand flic et l'Hôtel Gallia à Vichy,

---

au commissariat général aux Prisonniers de guerre, à Vichy, comme inspecteur général des Maisons du prisonnier en zone sud. En janvier 1943, quand Maurice Pinot est remplacé par André Masson au commissariat, il démissionne en même temps que François Mitterrand et Jean Védrine et continue ses activités dans le RNPG, puis le MNPGD. Il est mort en 1975 (J. Védrine, *op. cit.*, t. II, p. 430).

Dans son attestation en faveur de Jean-Paul Martin, datée du 25 octobre 1944, André Magne déclare avoir mis en relation Jean-Paul Martin et François Mitterrand. Dans la sienne, François Mitterrand date sa rencontre avec Jean-Paul Martin d'août 1942 (Pascale Froment, *René Bousquet*, *op. cit.*, p. 520).

fut bouleversée par le jeune ami, qui bientôt prit l'ascendant sur lui.

Le jour des obsèques de Jean-Paul Martin, François Mitterrand surprit l'entourage du défunt – dont René Bousquet – en débarquant avec Danièle Mitterrand puis en réclamant devant le cercueil qu'un drapeau français y soit déposé.

« C'était un ami, il est mort le 12 décembre 1986 dans d'atroces souffrances... Il était devenu aveugle sur la fin. C'était terrible... » Il marqua un long silence puis reprit :

« Oui, je vous le confirme, Jean-Paul Martin a rendu d'importants services à la Résistance. » Je lui fis remarquer alors que c'était classique chez les fonctionnaires de Vichy en 1943. Il rétorqua, cassant, par ce familier : « Jeune homme, vous ne savez pas de quoi vous parlez ! » Et il répéta, en détachant les mots de sa phrase : « Martin a rendu d'importants services à la Résistance.

– Mais, monsieur le Président, Martin aurait-il pu rendre tous ces services à la Résistance sans en aviser Bousquet, son supérieur hiérarchique ?

– Martin n'était pas un collaborateur si direct de Bousquet. Au-dessus de lui, il y avait Cado [1].

– Je n'en crois rien, monsieur le Président. Ça ne ressemble pas à Martin qui restait fidèle et lié à Bousquet.

1. Henry Cado, directeur général adjoint de la Police, et donc le second de René Bousquet au secrétariat général pour la Police à Vichy. Jean-Paul Martin était son directeur de cabinet.

– [Une moue.] Martin était un sous-préfet de bon rang, mais ce n'était pas un grand personnage du régime... [Une pause.] Je ne sais pas dans quelle mesure il informait Bousquet. »

Je lui vis l'air rétif de celui qui ne veut pas se laisser entraîner sur ce terrain-là. Je l'inquiétais tout à coup, je dérangeais une histoire dont il s'était accommodé ; sa rencontre avec Bousquet en 1949 seulement.

« Monsieur le Président, croyez-vous vraiment que Martin ne parlait pas de tout cela à Bousquet ? »

Il hésita – le temps d'évaluer ce qui était le moins périlleux pour lui : en rester à la version officielle d'un Bousquet rencontré après 1949 et « blanchi » ; ou évoquer les « services rendus » à son réseau et l'éventuelle rencontre de 1942. Puis il enchaîna : « Martin pouvait ne rien dire à Bousquet bien sûr, mais il est possible que... » Il eut une autre hésitation, sembla se raviser, puis lâcha comme une concession, un demi-aveu, le minimum pour ne pas être accusé d'avoir menti hier, ou demain d'avoir triché : « Je ne sais pas dans quelle mesure Bousquet était informé par Martin...

– Monsieur le Président, Martin a rendu des services. Lesquels précisément ?

– Les interventions, directes et – un silence – indirectes ont permis de sauver pas moins de trente membres de mon réseau.

– Trente personnes sauvées par Martin, monsieur le Président. Ou bien par Bousquet ?

– Je n'en sais rien... C'est possible... Allez regarder les comptes rendus du procès de Bousquet en 1949. Personne n'a eu la curiosité d'aller les consulter. »

Il se cabra, il voulait en finir, mais j'insistai : « Monsieur le Président, pourquoi ne pas en convenir ? Bousquet vous aidait. » J'avais peut-être été trop loin, je rajoutai : « Nous connaissons le rôle criminel de Bousquet depuis les années 80. Mais les mémorialistes de Vichy [1], eux, parlent d'un Bousquet républicain et antiallemand. Aurait-ce été si anormal que vous l'ayiez connu alors ? »

Je retenais mon souffle, m'attendant à ce qu'il m'expulse de son bureau. Il marmonna : « A Vichy, nous n'étions pas dans les mêmes circuits, pas dans les même sphères. Nous n'étions pas de la même génération. Lui était un très haut fonctionnaire, presque un ministre. Je n'étais moi qu'un prolétaire. Loin, très loin du centre du pouvoir... »

J'admirais la modestie du « simple prolétaire » qui rencontra, en moins d'un an, Pétain, de Gaulle, Montgomery, Giraud, Joséphine Baker [2], Passy, tous ceux qui comptèrent à Vichy, à Londres et Alger. Un « prolétaire » qui avec virtuosité se faufila dans la géographie complexe de Vichy, maréchaliste en arrivant, lavaliste quelques semaines fin 1942 – il voulait à toute force sortir de son hospice de vieillards maurrassiens. Comment n'aurait-il pas voulu, ou pu, rencontrer Bousquet, le plus intrépide des lavalistes... ?

1. Robert Aron et Maurice Martin du Gard.

2. Depuis le début de la guerre, Joséphine Baker, tout en poursuivant sa carrière au music-hall, est un agent de renseignement du commandant Paul Paillole, un militaire proche du général Giraud. Paillole, qui a gardé des contacts avec l'Intelligenc Service depuis 1940, est arrivé à Alger en novembre 1942 et a unifié les services de contre-espionnage français. A Marrakech, avec le capitaine Jacques Abtey, Joséphine Baker assure une liaison avec le poste de l'Intelligence Service à Lisbonne. En décembre 1943, elle héberge François Mitterrand à Marrakech dans le palais du second fils du grand vizir et l'aide à trouver un avion pour retourner à Londres.

Il ne s'était pas mis en colère, ne m'avait pas congédié, alors je revins à la charge : « Pouvez-vous me confirmer, monsieur le Président, que vous n'avez pas rencontré René Bousquet à Vichy ? » Il répéta un peu las, sur un ton mécanique : « Je vous dis que j'étais un marginal, que nous n'étions pas dans les mêmes sphères... »

J'aurais voulu pouvoir attester cette rencontre de 1942. Elle était dans l'ordre des choses. Elle semble vraisemblable quand on connaît la complexité de Vichy, des liens qui unissaient certains réseaux de résistance à Pétain et Laval. Elle expliquerait son regard à la lecture du *Monde* ce jour-là. L'énigme demeure.

19

Décryptages *

Durant un an, de juin 1994 à mai 1995, il ne parla que de Bousquet. Il expliquait, se justifiait, testait ses arguments, y revenait, se coupait parfois. Le bourdonnement autour de lui l'inquiétait, il se débattait, pensait améliorer sa plaidoirie, s'empêtrait en fait. Bien qu'elle se figeât vite, sa défense sur « la question Bousquet » mérite d'être décryptée.

Lui : « René Bousquet – que certains prétendent être mon ami – était sous la IVe République un personnage public, un banquier, un homme de réseau, un personnage, comme on dit aujourd'hui, incontournable. Tout le monde le recevait. En 1949, le climat avait changé. Nous étions en pleine guerre froide et le véritable ennemi était le communisme... René Bousquet était libre, il venait de passer trois années en prison [1], il avait été relevé de son indignité

* *(Extraits de nos conversations du 10 juin 1994, 7 septembre 1994, 17 novembre 1994.)*

1. Emprisonné à Fresnes de mai 1945 à juillet 1948, date à laquelle sa demande de mise en liberté provisoire est acceptée, il est donc libre, après trois ans, un mois et treize jours de déten-

nationale pour faits de résistance. Il était devenu fréquentable. »

Traduction : Formellement, rien à dire. Mais à y regarder de plus près, ce fut un procès tronqué. Le 23 juin 1949, la Haute Cour déclare René Bousquet convaincu du crime d'indignité nationale, le condamne à cinq ans de dégradation nationale, mais le relève aussitôt de sa peine pour services rendus à la Résistance. Comment expliquer ce verdict clément que certains contestent déjà à l'époque ?

D'abord, cinq ans après la Libération, les passions se sont calmées, l'épuration est plus clémente de façon générale. Le gouvernement veut tourner la page, les préoccupations en ces temps de guerre froide sont autres, la chasse aux communistes prime. L'avant-dernier jour du procès de René Bousquet, le 22 juin 1949, le secrétaire d'Etat chargé de l'Information à la présidence du Conseil, François Mitterrand, à qui il revient de servir de porte-parole, rend compte d'un projet d'amnistie en faveur des coupables de faits de collaboration présenté en Conseil des ministres ; la première loi d'amnistie des délits liés à l'Occupation sera promulguée le 5 janvier 1951 ; la deuxième, le 6 août 1953.

Le président du Conseil est alors Henri Queuille, depuis le 11 septembre 1948. Or, un de ses anciens collaborateurs, Jean Vaujour, secrétaire à la Direction du personnel en 1943, vient témoigner au procès : René Bousquet l'a prévenu en 1943 que l'arrestation d'Henri Queuille était à l'ordre du jour du prochain Conseil des ministres ; ce dernier quitte

---

tion. L'année suivante, il entre à la Banque de l'Indochine comme conseiller technique.

nce pour Londres et devient commissaire
:r. C'est un témoignage qui, en 1949, pesa

Enfin, la composition de la Haute Cour a changé depuis mai 1948 et la démission des jurés communistes provoquée par le rejet de la candidature de Maurice Kriegel-Valrimont à la présidence de cette Cour. Quinze jurés parlementaires vont le juger dont un de ses amis, Jean Baylet, député radical et directeur de *La Dépêche du Midi*.

Lui : « Par ailleurs, je vous signale que Bousquet avait été arrêté par la Gestapo avec sa femme et son père et déporté en Allemagne... »

Traduction : Lors de son procès bâclé, René Bousquet dramatisa les conditions de son arrestation et de sa détention [1]. Il ne s'agit pas de déportation. René Bousquet et son père furent arrêtés par les Allemands, le 9 juin 1944. Il avait été remplacé par Darnand en décembre 1943 car les Allemands avaient fini par le suspecter.

Deux ans plus tard, dans une déposition, Karl Oberg, le chef de la police SS en France, déclare : « J'ai agi par amitié pour Bousquet, et parce que je n'ai voulu à aucun prix qu'il lui arrive quelque chose tant que je serais à mon poste. » Il explique qu'un attentat communiste se préparait contre lui [2]. Lors de son procès, René Bousquet qualifiera de roman-feuilleton l'aide apportée par Oberg. Quoi qu'il en soit, à l'époque, la tête de Bousquet était mise à prix

1. Pascale Froment, *op. cit.*, p. 457-459.
2. Déposition du 20 février 1946, citée par Pascale Froment, *op. cit.*, p. 454.

par la milice, par des résistants, et les Allemands le jugeaient peu sûr. Il était cerné de tous côtés.

Dix jours plus tard, René Bousquet, sa femme et son fils quittaient Paris et furent assignés à résidence par les Allemands en Bavière, à une trentaine de kilomètres de Munich. Au même moment, le 20 juin, Jean Zay, emprisonné à Riom, était assassiné par les miliciens. Le frère de René, Louis, travailleur en Allemagne, fut muté dans la région, de sorte qu'ils purent se rencontrer. A la mi-mai 1945, la famille Bousquet, saine et sauve, fut « libérée » par les troupes américaines.

Lui : « Dans les années 50, je l'ai croisé à la table de Jean Baylet, le fondateur de *La Dépêche du Midi*, grand résistant et ancien déporté... On pouvait imaginer que ce grand résistant savait ce qu'il faisait. »

Traduction : En fait Jean Baylet, malgré ses brevets de résistance, protégea Bousquet auquel il était lié dès avant-guerre. Jean Baylet faisait partie du réseau des frères Sarraut. Proche collaborateur de Maurice Sarraut, Jean Baylet, administrateur et principal actionnaire de la *Dépêche* avant-guerre, a connu René Bousquet dans les années 30 lorsque ce dernier était chef de cabinet du préfet du Tarn-et-Garonne. Il fut un des membres du jury si bienveillant qui « blanchit » Bousquet en 1949. Il fut juge et partie car Bousquet faisait partie de son monde, de son réseau, républicain, de gauche, franc-maçon du Sud-Ouest. Comme Mitterrand le disait, Jean Baylet savait ce qu'il faisait – puisque Bousquet fut à la mort de celui-ci son successeur à *La Dépêche du Midi* [1].

---

1. En 1959.

Lui : « Bousquet était un des produits préférés des frères Sarraut [1] – dont il était le protégé avant-guerre –, il avait fait toute sa carrière dans le sillage des francs-maçons et des radicaux socialistes du Sud-Ouest. On y croisait un certain nombre de résistants comme Bourgès-Maunoury. Il n'y a jamais eu beaucoup de grands journaux régionaux de gauche... »

Traduction : *La Dépêche du Midi* fut effectivement le principal soutien de François Mitterrand dans les années 60 – plus même que *Le Provençal* de Gaston Defferre, marseillais et Troisième Force, ou que *L'Express* mendésiste, ou encore *Le Monde* démocrate-chrétien. C'est à Toulouse qu'il achève sa campagne présidentielle de 1965 par un grand meeting [2] – campagne que Bousquet finance, à hauteur de 500 000 francs [3] de l'époque.

Lui : « A l'époque, on savait que son destin avait buté sur la Collaboration et sa participation à Vichy.

---

1. Maurice et Albert Sarraut, piliers du radicalisme du Sud-Ouest dans l'entre-deux-guerres, Maurice, à la direction de *La Dépêche* et au parti radical, Albert, député puis sénateur de l'Aude, plusieurs fois ministre. Le père de René Bousquet, Emile, s'était lié d'amitié avec les frères Sarraut. En 1929, René Bousquet est nommé chef de cabinet du préfet du Tarn-et-Garonne sur leur recommandation. Maurice Sarraut fut assassiné par la Milice en décembre 1943.

2. Le 17 décembre 1965 devant une foule de 25 000 personnes.

3. François Mitterrand avance pour le financement de cette campagne le chiffre de 970 000 francs. F.-O. Giesbert précise qu'il est peu probable qu'il ait dépensé plus de deux millions. Celle du Général a coûté plus de 20 millions. (In *François Mitterrand, une vie*, *op. cit.*, p. 220.)

Etre dans ces époques-là dans les histoires " de police ", c'est toujours dangereux. J'imagine qu'il y avait dans le dossier de l'instruction cette terrible affaire du Vél'd'Hiv' mais à l'époque personne n'en parlait. »

Traduction : L'historiographie de Vichy a longtemps occulté la rafle du Vél' d'Hiv. Robert Aron n'en parle même pas dans son *Histoire de Vichy*.

Lui : « Jusqu'en 1978, Bousquet n'était au centre de rien. On ne le connaissait même pas. L'émotion provoquée par l'interview de Darquier dans *L'Express* était vite retombée. D'ailleurs Darquier de Pellepoix était un homme de sac et de corde, dont les propos étaient loin d'être crédibles. On n'a parlé du Vél' d'Hiv' qu'au début des années 80 où, grâce à des travaux d'historiens comme ceux de Robert Paxton [1], on a compris l'ampleur de la politique antisémite de Vichy – et en particulier l'affaire du Vél'd'Hiv'. Serge Klarsfeld lui-même ne l'a pas poursuivi en justice au début [2]. Il s'en est d'abord pris à Jean Legay et quand Jean Legay est mort en 1989, quand sa proie lui a échappé, Klarsfeld s'est rabattu sur Bousquet [3]. Ce

---

1. *La France de Vichy, 1940-1944*, Seuil, 1973.

2. Après l'interview de l'ex-commissaire général aux Questions juives, Louis Darquier de Pellepoix, dans *L'Express* le 28 octobre 1978, Serge Klarsfeld annonce son intention de poursuivre Jean Legay, l'ancien subordonné de René Bousquet. Mais une campagne autour de René Bousquet se développe au sein des entreprises dont il est administrateur, UTA et Indosuez, dont il doit démissionner en janvier 1979.

3. Jean Legay est inculpé de crimes contre l'humanité en 1979 et meurt en juillet 1989 sans avoir été jugé. La plainte de Serge Klarsfeld contre René Bousquet date du 13 septembre 1989, il est inculpé le 1er mars 1991.

n'est d'ailleurs que peu de temps avant sa mort en 1993 que René Bousquet est sorti de l'ombre et est devenu le symbole de la persécution des Juifs par Vichy – ce qui n'est pas juste mais réel. »

Traduction : Ambigu. Mitterrand est à peu près honnête sur l'historiographie, longtemps incomplète, concernant Bousquet – même s'il admettait lui-même « qu'étant dans les affaires de police il avait dû se laisser entraîner vers des choses pas claires ». En revanche, il est de mauvaise foi quand il accuse Klarsfeld de n'avoir découvert, lui aussi, que sur le tard l'existence de Bousquet. Klarsfeld ne poursuit Bousquet que lorsqu'une voie juridique s'offre à lui – de nouvelles preuves concernant les concessions françaises à propos des enfants juifs pris dans la rafle du Vél' d'Hiv'.

20

« Tout Paris le voyait » *

Un samedi matin, l'Elysée désert. Dans son bureau, les rideaux étaient tirés à 11 heures, et dans cette pénombre permanente qu'il habitait, raide, immobile sur son divan, mains croisées sur le bas du ventre, yeux clos, il serinait la même rengaine : « Tout le monde le voyait sous la IVe République. Il était à la Banque d'Indochine, à la *Dépêche du Midi*... C'était un personnage du régime. Il fallait le fréquenter – ce n'était qu'une relation... Un homme [un silence] on ne pourrait pas dire incontournable... Une sorte d'Alain Minc d'aujourd'hui, vous voyez... »

Sa défense, celle de l'*ami lointain*, du personnage *qu'en trente ans il n'a dû voir que dix ou douze fois, et j'ai vérifié,* ne tenait pas. Jusque-là, il m'avait tenu inlassablement le même discours. Il s'était réfugié derrière tous les paravents : judiciaire, « Allez donc voir les minutes du procès de 49 » ; celui de la Résistance avec Jean Baylet qu'il avait rencontré à la même table que lui [1] ; et même le paravent de cette

---

* *(Palais de l'Elysée, bureau du Président, samedi 17 décembre 1994 probablement.)*

1. Entretien à l'Elysée, le 7 septembre 1994.

Légion d'honneur, « un signe qui valait blanchiment », qui lui avait été restituée en 1957. François Mitterrand était alors ministre de la Justice de Guy Mollet [1].

Mais ce jour-là, dans son antienne, il s'arrêta brutalement. Une méchante douleur venait de l'attaquer, il se tordit sur sa couche comme pour s'y soustraire. Une fois l'alerte passée – elle avait duré une longue minute –, son débit s'était ralenti, il semblait même avoir changé de conversation, comme submergé par une vague de tendresse : « Une carrière brisée à trente-cinq ans, c'est terrible. Il avait une étoffe, ce type. »

Je me demandais de qui il parlait. De mes trente-cinq ans ? De qui d'autre ? De ces jeunes énarques de l'Elysée contre lesquels il était en rogne ?

Il répéta : « Une carrière ainsi brisée à trente-cinq ans, ce n'est pas supportable... Bousquet en souffrait cruellement. Imaginez cette " cassure ", cette carrière foudroyée, cette vie arrêtée en plein envol alors qu'il aurait pu – c'est certain – occuper des postes ministériels dans tous les gouvernements de la IVe et même de la Ve. Il en avait la capacité. Quel dommage. »

J'étais médusé. Je ne cherchais pas à le questionner, il s'allumait tout seul. Je ne m'insurgeais pas, je le laissais parler. L'extrême douleur l'avait libéré, il

---

1. René Bousquet avait reçu cette décoration en 1930 pour avoir sauvé de la noyade plusieurs personnes lors d'inondations provoquées par le Tarn. Un décret la lui avait retirée en 1946. En février 1957, le Conseil d'Etat annule cette décision, mais seulement pour vice de forme. Sa requête de réintégration dans ses droits de préfet est rejetée (Pascale Froment, *René Bousquet*, Stock, 1994, p. 559 et *Le Monde*, 14 septembre 1994).

laissait échapper un monologue, impudique et passionné.

« Vous vous rendez compte, cette mort qu'il a eue... Il est là, en pyjama, chez lui, à quatre-vingt-cinq ans, bien tranquille. On sonne et c'est ce fou, ce Didier, qui le toise, qui lui dit deux mots et qui tire. On est sur le palier. Et Bousquet blessé se jette sur lui, tente de l'étrangler. Vous vous rendez compte, c'est tout de même extraordinaire. C'est tragique... »

Il avait mimé la scène – la strangulation de son assassin –, il avait dû y penser souvent, se l'être représentée et être ému à chaque fois. Il avait dit *extraordinaire... tragique*, et il était vraiment aux pieds de Bousquet, sur le palier, baignant dans son sang. Il aimait tellement les scènes de mort – et les cimetières – qu'il avait dû se faire raconter celle-ci, avec précision. Il resta ainsi figé, frappé par ce malheur, et moi, pour ne pas hurler, je pensais à la photographie d'une petite fille juive parisienne, qui ressemblait à Anne Frank, et incarnait, je le lui avais dit, la singularité de chaque martyr. Je lui avais montré ce cliché. Il pensait à son Bousquet et je pensais à mon Anne Frank parisienne, qui, – je me le dis aujourd'hui – devait ressembler à Dora Bruder[1] que Patrick Modiano n'avait pas encore ressuscitée.

Il se réveilla de son songe comme dessaoulé. Peut-être s'était-il rendu compte de mon trouble – il voulut conclure par une parole niaisement philosophe : « Je me suis dit... que c'étaient les dernières séquelles de la guerre. »

1. Dans *Dora Bruder* (Paris, Gallimard, 1997), Patrick Modiano fait le récit d'une enquête sur une jeune femme victime de la rafle du 18 février 1942, déportée et tuée à Auschwitz.

Bousquet, à peine une relation... En vérité la relation entre les deux hommes avait été plus forte qu'il ne le soutenait. Il y a le berceau de Vichy. Pour le jeune Mitterrand, Bousquet était resté le « Fouché 43 » dont tout le monde parlait, le jeune ministre le plus puissant de France. Le ministre audacieux, avec ses cols en fourrure, et la brutalité montalbanaise avec laquelle il roulait les Allemands, disait-on [1]. Danièle Mitterrand m'avait dit : « François aimait bien Bousquet. Il y avait comme un effet miroir entre les deux hommes. » Et quand une telle fascination imprègne une âme jeune, elle la stigmatise. La vie a beau changer les hommes, l'âge venir et les positions évoluer, le rapport de forces initial est indélébile. L'octogénaire Bousquet restait le jeune ministre de Vichy qui subjuguait Mitterrand. Il restait à vie l'aîné qui s'impose.

Et puis il y a les *services rendus*. Une vie de *services rendus*, comme un contrat ancien et secret. En 1943, la protection discrète de la police de Vichy – à travers Jean-Paul Martin notamment – au réseau de Morland. En 1949, Martin se sert probablement de Mitterrand et de son réseau pour voler au secours de Bousquet [2]. En novembre 1958, Mitterrand lui donne l'investiture de l'UDSR pour les législatives dans la Marne. En 1961, Bousquet organise le fameux voyage en Chine de Mitterrand, et sous la Ve,

1. Pascale Froment, *René Bousquet*, *op. cit.*
2. Interrogé par Pierre Péan, François Mitterrand a répondu qu'il n'était pas intervenu dans le procès de 1949, mais que « Martin a pu dire que Bousquet avait rendu de grands services à la Résistance, et s'appuyer sur moi pour cela » (*Une jeunesse française*, *op. cit.*, p. 315).

il continue à le soutenir à travers *La Dépêche du Midi* qu'il contrôle.

Plus qu'une amitié affichée, cette relation Mitterrand-Bousquet s'apparente, par sa longévité et sa clandestinité, à celle de ces inquiétants héros balzaciens qu'on trouve dans l'« Histoire des treize [1] » où des corsaires urbains complotent à conquérir le pouvoir. Ces petites sociétés secrètes foisonnèrent au XIXe siècle. Elles nourrirent l'imagination de Balzac et enflammèrent celle de Mitterrand. Bousquet devait être un peu le « chef des dévorants » qu'on rencontre dans *Ferragus* ; l'ancêtre le plus solide et le plus redoutable de cette bande clandestine aux rites secrets, que liait un pacte inébranlable. Avec cet air de conspirateur qui m'amusait et m'inquiétait, Mitterrand m'avait appris : « Ne cherchez pas... Avec vingt hommes, bien déterminés, on prend un pays [2]. » C'est ainsi qu'il avait pris la France. Vingt hommes... Bousquet était-il parmi eux ? A moins qu'il n'ait été un de leurs correspondants en Atlantide ? L'histoire qui suit en dit long sur les étranges confréries de l'après-guerre. Elle explique l'impunité dont Bousquet va trop longtemps jouir.

Le grand restaurant a disparu. C'était « Dodin Bouffant », la cantine élégante de François Mitterrand, à dix mètres de la rue de Bièvre. Un jour du printemps 1975 [3], on pouvait y croiser quelques

1. Dans *Ferragus*, dans *La Duchesse de Langeais*, dans *La Fille aux yeux d'or*.

2. Balzac, *Œuvres complètes*, « Pléiade », t. V, Gallimard, p. 739.

3. Jacques Attali, « Mitterrand, la France, Israël et les Juifs », *L'Express*, 11 novembre 1999. Mais le 10 octobre 1994, dans un

beaux vieillards. François Mitterrand retrouvait « ses amis de la guerre ». Autour de la table, le mythique Henri Frenay, fondateur du premier mouvement de Résistance [1]; Jean Védrine, maréchaliste et résistant comme Mitterrand [2]; Jean-Paul Martin, un sous-préfet passé à Vichy [3]; Yves Cazaux [4], un ancien préfet; et un homme grand et distingué, un peu plus âgé que les autres, mais dont le charisme rivalisait, dans la petite assemblée, avec celui de Mitterrand. Un cadet avait été convié à cette réunion d'anciens, Jacques Attali.

---

entretien publié par *La Tribune*, Jacques Attali raconte pour la première fois qu'il a déjeuné « avant 1978 », « avec René Bousquet, en présence d'une dizaine de personnes ». Ce repas, raconté dans le livre d'Emmanuel Faux, Thomas Legrand et Gilles Perez, se déroule en juin 1978. (*La Main droite de Dieu*, *op. cit.*, 1994, p. 92.)

1. Cf. *supra* p. 111.
2. Cf. *supra* p. 181.
3. Jean-Paul Martin fut à partir de l'automne 1942 directeur de cabinet à la Direction générale de la police nationale, puis, en janvier 1944, chef de cabinet du secrétariat à l'Intérieur. Suspendu de ses fonctions à la Libération, il échappe aux poursuites pénales mais passe le 7 mai 1945 devant la Commission d'épuration du ministère de l'Intérieur, qui lui infligera cinq années de mise à pied. Pour sa défense, il a présenté de nombreuses attestations d'aide apportée à la Résistance, dont une de François Mitterrand, dont il va devenir un fidèle lieutenant dans les différents cabinets de la IVe République. Sous la République suivante, il devient préfet, puis directeur du Crédit municipal.
4. Fonctionnaire à la Direction de la police des étrangers à la fin des années 30, c'est là qu'il se lia d'amitié avec René Bousquet. Au début de l'Occupation, il entre au service des Beaux-Arts de la préfecture de la Seine, tout en ayant des activités résistantes, correspondant des services spéciaux clandestins. Il a toujours pris la défense de René Bousquet, en particulier dans un ouvrage intitulé *Bousquet face à l'acharnement*, Picollec, 1995.

Ce fut un de ces longs déjeuners, insouciant, joyeux, mélancolique, émaillé de conversations à tiroirs. Trois hommes la dominaient : Mitterrand bien sûr, Frenay et ce curieux René Bousquet, si brillant, si pétulant et si méconnu d'Attali. Son autorité naturelle, son expérience de banquier, ses indémodables costumes croisés bleu marine, sa fougue séduisirent le conseiller.

Après le déjeuner, François Mitterrand entraîna Attali pour une promenade. « Qui était-ce ? » demanda ce dernier en parlant du mystérieux René Bousquet.

« Un personnage, hein ! », lui répondit Mitterrand, l'air malicieux j'imagine, satisfait d'avoir bluffé son jeune conseiller, heureux que, lui aussi, ait été épaté par ce « personnage » – si Attali avait été séduit par Bousquet, c'est qu'il avait bien fait de le choisir. La formule constituait une sorte de cadeau, une preuve de sa confiance envers Attali, une exception à ce fameux cloisonnement qui guidait sa vie. Il l'avait fait entrer dans son passé.

On a déjà raconté cet étrange déjeuner. Mais l'étonnant, ce n'est pas qu'Attali n'ait pas compris alors qui était René Bousquet – en 1975 le grand public ignorait encore la responsabilité du secrétaire général de la police de Vichy dans la rafle du Vél' d'Hiv' –; ni même qu'il ait mis dix-neuf ans pour s'apercevoir qu'il avait déjeuné avec le Diable. La chose stupéfiante, c'est cette scène tout simplement. C'est que cette réunion ait pu exister, qu'elle se soit tenue, que personne ne l'ait su, n'en ait été horrifié. Autour de Mitterrand, le plus fameux des résistants de l'Intérieur, Henri Frenay, et face à lui le chef de la police de Vichy, René Bousquet !

Une réunion impensable, impossible, immorale, si l'on s'en tient aux canons de l'Histoire officielle. Hélas, ce déjeuner de 1978 a bien eu lieu. Il n'avait sans doute rien d'exceptionnel.

Il dit, mieux que mille pages d'exégèse, ces territoires interlopes de la mémoire française, où une fraction importante de la Résistance, dont les vichysto-résistants, fraya avec l'entourage de Pétain et d'habiles hauts fonctionnaires lavalistes, comme Bousquet. Un Vichy antiallemand qui pouvait dans le même temps aider les « bons maquis » et organiser la rafle du Vél' d'Hiv'. Par moments, l'assassin Bousquet, et son patron Laval, « républicains » tous deux et amis des francs-maçons, pensaient rouler les Allemands – Pascale Froment l'a bien raconté [1] : troquer l'honneur contre la durée ; tout négocier ; la souveraineté sur la police française contre les Juifs étrangers ; et sauver finalement quelques Juifs français en donnant tous les autres. On a vite fait d'appeler cela *le double jeu* de Vichy. C'est pire. Un maquignonnage sur l'essentiel : une schizophrénie française.

1. Pascale Froment, *René Bousquet, op. cit.*

21

Sortie de l'Elysée et « lobby juif » *

Il n'était pas mort pendant la *tempête*. Il allait quitter l'Elysée dans quelques jours. Vivant.

Il déménageait. Son appartement privé du palais de l'Elysée était presque vide. Il m'attendait dans une bibliothèque jouxtant sa chambre, inondée de lumière – contraste avec la pénombre de sa « première agonie » de la fin 1994 –, jambes plantées au sol, trônant entre les caisses de livres qu'il avait remplies, mains sur les hanches, comme un portefaix heureux après le labeur.

Dans cette pièce, il ne restait qu'un tableau, posé par terre. Un portrait de lui, étrange, inconnu. Le *Jeune François* à vingt ans, la taille flattée par une cambrure lascive, une pose effrontée, un visage émacié, l'œil séducteur, le nez robuste déjà, les pommettes hautes et saillantes de son âge, et coiffé d'un curieux bonnet ; au second plan, on distinguait des paysages vallonnés, la Charente probablement. J'imaginais que la toile, qui hésitait entre le style Renaissance et le XIXe siècle romantique, avait été peinte à Angoulême, par un

* *(Palais de l'Elysée, Champs-Elysées, 3 mai 1995.)*

artiste maniéré ; que c'était là, dans la ville où naissent *Les Illusions perdues*, un clin d'œil insistant au jeune François Mitterrand pour qui Rastignac fut – à l'instar de quelques générations d'Angoumoisins rêveurs avant lui – ce prochain, cette obsession, ce spectre glorieux, et finalement, peut-être, leur poison. A qui rêver quand on était collégien à l'institution Saint-Paul d'Angoulême ? A qui d'autre qu'à cet écrasant condisciple ?

Je me disais que ce portrait de lui était un « à la manière de », un cadeau qu'avait dû lui faire une vieille tante cultivée côté Sarrazin [1], une sorte de présage, de talisman offert à ses dix-sept ans peu avant l'envol pour la capitale. Le jeune Mitterrand à la conquête du monde et ce « A nous deux Paris » dans le regard. Saisissante promesse balzacienne.

Tandis qu'il s'affairait à ses rangements, je restais là, planté devant cette toile, dans cette pièce vide où tout résonnait, troublé, intrigué, fasciné par la prémonition de ce portrait. Je n'osais lui parler du style Rastignac du tableau, trop banal, trop évident, coïncidence si énorme qu'elle était devenue indicible, en tout cas triviale –, un jour, il m'avait dit à propos de l'autre Angoumoisin : « Ah, Rastignac ! C'est un cliché à cause d'Angoulême... Et puis c'est un raté. Tous les grands héros du XIXe que nous avons lus et aimés sont des ratés, n'avez vous pas remarqué ? » Si ce n'était vraiment Rastignac, c'était alors tous les autres, les

1. Antoinette Lorrain, la sœur de la mère de François Mitterrand, a épousé Francis Sarrazin.

cousins, les ennemis, les brouillons dont il avait copié en mieux les destins grandioses, et rectifié la courbe de la fatalité, celle de leur chute. Réussir mieux qu'eux...

Devant mon étonnement qui se prolongeait, il éclata d'un rire gai, se tourna face à la toile, opina plusieurs fois, longuement, flatté, pensais-je, par ma perspicacité : « Ah, vous trouvez... ! C'est pas mal... C'est pas mal... » Je lui demandai l'âge qu'il avait au moment de poser, qui était ce peintre, quelle était cette curieuse mise en scène et d'où venait ce décor suranné. Je commentais, je m'emballais... Il me répondit par un autre éclat de rire. Puis il eut un regard de gratitude, et me dit : « Vous avez vraiment cru que c'était moi... ? Mais non, pas du tout. Je vous assure que ce n'est pas moi. Robert Badinter a trouvé un jour cette toile, et fut frappé par ma ressemblance avec cet inconnu. Il me l'a offerte. Je ne connais pas le peintre... »

Il s'approcha de l'inconnu, le dévisagea, le détailla pour la centième fois probablement, s'éloigna et resta, face à l'autre, silencieux, perplexe, manifestement ravi de sa ruse romanesque.

« Oui, c'est un cadeau des Badinter. Des amis véritables, eux. Ils ne m'ont jamais lâché... Ils sont rares ceux qui ne m'ont pas lâché... Badinter est un des seuls. Il est un ami, il n'est pas forcément d'accord avec moi sur tout, nous en avons discuté mais nous nous respectons... Ce n'est pas comme avec les autres. » Les autres... Un geste de la main qui désignait l'ennemi, Paris, son grouillement, ses rumeurs, la meute qui avait faillit le faire chuter, les « bourgeois conformistes », les rôdeurs, les jeunes, *Le Monde*, TF1, la gauche, la droite. Ceux qui allaient lui survivre, et les Juifs bien sûr.

Badinter... Il l'aimait, mais pas comme les autres, avec une sorte de révérence rare chez lui qui n'était pas dupe des « comédies humaines ». Il se lassait si vite, trouvait des défauts à tout le monde, voyait la faille avant les autres, posait sur ceux qu'il croisait le regard sadique et impitoyable du romancier. Il avait pour Badinter cette considération durable qu'il n'avait jamais eue pour ses intimes, ses Premiers ministres, ses dauphins, sa famille ; et c'était si exceptionnel qu'on aurait cru parfois qu'il en parlait comme d'un grand prêtre. Il devait être impressionné *physiquement* par Badinter, par cette belle raideur qui lui donnait l'allure d'un tribun de la Grande Révolution ; et par son magistère, celui d'un grand ministre de la Justice, un Schœlcher [1] en mieux ; fasciné, voire intimidé aussi par la terreur morale que son ancien ministre devait, par moments, exercer sur lui. Ce jansénisme, cette nuque raide d'homme à principes, lui qui en connut si peu, ce judaïsme bien présent – avec Georges Dayan, Robert Badinter était devenu son « référent juif ». Il l'aimait pour cette intransigeance et le taquinait parfois – c'était là la seule liberté qu'il semblait s'autoriser avec lui. On n'aurait pas imaginé Badinter mêlé aux autres vies de Mitterrand, en compagnon de bistrot, dans ces assemblées roublardes, avec les autres mousquetaires. Badinter, c'était autre chose.

---

1. Victor Schœlcher, sous-secrétaire d'Etat aux Colonies dans le gouvernement issu de la révolution de 1848, signe le décret d'abolition de l'esclavage le 27 avril. Il s'exile en Angleterre après le coup d'Etat du 2 décembre 1851 et ne rentre en France qu'en 1870. Réélu député, puis sénateur de la Martinique, il milite pour l'abolition de la peine de mort. Ses cendres furent transférées au Panthéon en 1949.

Il reprit : « Ah, Badinter... Remarquez, on ne peut pas dire que je sois en guerre avec les Juifs... Je ne suis pas un pestiféré et eux ne sont pas des saints... »

Le même jour, un peu plus tard, une promenade au bas des Champs-Elysées.

« Ah, le mois de mai... J'aime mai, c'est le mois de ma vie. »

Le temps n'était plus aux éclats, aux drames, à cet automne des tourmentes où, le poing levé, de son lit de malade, il défiait ses ennemis. « A mains nues, je les affronterai à mains nues... Qu'ils viennent. » Il était heureux de vivre, presque euphorique, vidé par l'épreuve – tenir, ne pas mourir, sortir par le haut – et rassuré d'être tiré de l'œil du cyclone. Il semblait observer, plus calme tout à coup, les décombres après le séisme. « C'est fou, tout de même, ce qui s'est passé depuis septembre [1] avec cette " histoire de Vichy ". Il y a eu trop d'excès, trop de haines, trop de diktats. Je n'ai aucune rancune contre les Juifs, mais ce qui s'est passé contre moi, c'est à vous couper les bras...

– Mais quoi précisément, monsieur le Président ? Qu'est-ce qui vous a à ce point coupé les bras ? La demande d'excuses de la France ? Vous et Vichy ? Vous et Bousquet ?

– Me harceler, me contraindre. [Un long silence.]

– Mais croyez-vous vraiment que ce soit une demande des Juifs ? Ou plutôt une nécessité du temps présent de juger l'histoire française telle qu'elle a été ?

1. La sortie du livre de Pierre Péan, *Une jeunesse française*, *op. cit.*

– Oui... [Une moue.] Bien sûr il n'y a pas que les Juifs. Il y a Balladur et *Le Monde* qui ont mis de l'huile sur le feu... Le conformisme parisien... Mais ils ont fait tout cela parce que je n'accédais pas à la demande de Klarsfeld...

– Mais de quelle " demande " parlez-vous précisément ?

– La demande ? Que la France s'humilie... Que la France demande pardon. Que la France s'agenouille, oui, s'agenouille comme l'Allemagne l'avait fait avec Willy Brandt au ghetto de Varsovie [1]. Que la France s'exécute comme l'Allemagne et reconnaisse sa culpabilité dans la déportation des Juifs... Ils voulaient ça. C'était leur but, leur ambition, mais avec moi ça n'a pas marché. J'ai refusé ; j'ai évité cela à la France...

– Monsieur le Président, malgré toutes les maladresses de la part de la communauté juive, vous avez eu votre part dans cette affaire : cette histoire de gerbe était une provocation après le 16 juillet 1992...

– [Un silence, une hésitation.] Mais en déposant des gerbes sur les tombes de tous les maréchaux de la guerre de 14-18, je voulais dire que la Shoah n'était pas seule dans l'histoire de France. Il y avait aussi la terrible plaie de 14-18 – et Pétain c'était aussi Verdun... Rendez-vous compte : 1,3 million de morts, une génération fauchée, ça n'est pas rien...

– Pourquoi mettre en concurrence le Vél' d' Hiv' et Verdun ?

---

1. Le 7 décembre 1970, le chancelier allemand s'est agenouillé devant le monument élevé aux victimes du ghetto juif de Varsovie. Ce geste reste comme un symbole marquant.

– Et pourquoi vouloir oublier Verdun ? [Un autre silence, une autre hésitation.] Les deux devraient pouvoir vivre dans la mémoire française. Oui, cela doit être possible....

– Mais quel danger courrait donc la France à éclairer les zones d'ombre de Vichy ?

– Je ne l'ai pas fait, pas selon les termes qu'on a voulu m'imposer, pour deux raisons : d'abord la culpabilité française n'a rien à voir avec la culpabilité allemande – elle est réelle mais indirecte. Ensuite, toute cette opération est destinée à rabaisser la France sur le plan international et je ne m'y associerai pas. Voilà pourquoi ils m'ont fait la guerre, parce que je leur ai refusé de m'agenouiller comme Brandt à Varsovie. »

S'agenouiller... L'image de Willy Brandt [1] l'obsédait. Elle revenait, sans cesse, et lorsqu'il en parlait il faisait à chaque fois un curieux mouvement avec son corps : l'esquisse d'un geste de repentance – le mot n'était pas aussi courant qu'aujourd'hui –, genou droit légèrement en avant, posture à peine ridicule pour renforcer le caractère insupportable de l'image. La génuflexion... J'avais cherché, dans les déclarations de Klarsfeld, dans les interventions d'historiens, dans la demande des survivants et des orphelins, d'où venait cette demande « humiliante » pour lui ; quand elle était apparue ; qui l'avait formulée. Je n'avais rien trouvé. Rien, rien de si précis, pas le terme d'« agenouillement », pas le moindre parallèle avec Willy Brandt à Varsovie. Rien de tout cela.

1. Cf. *supra* p. 234.

En vérité, cette image venait de lui. Il l'avait introduite subrepticement dans le débat, et en faisait à présent assumer aux autres la paternité. S'agenouiller comme Willy Brandt... L'Allemand à Varsovie... ! Il fallait que l'image fût cinglante pour qu'elle serve son propos. Il avait dû se la fabriquer au terme d'une subtile élaboration mentale.

D'abord il y avait une autre image forte : Helmut Kohl et lui, main dans la main à Verdun [1], image écolière et grave dont il savait qu'elle resterait comme une icône de l'Europe. L'autre image, en contrepoint, c'était justement celle de Brandt à Varsovie. Les deux clichés s'étaient télescopés dans sa tête, au point d'en former une troisième : la sienne, lui François Mitterrand, à genoux comme l'Allemand !

Peur bleue du vieux chef. Le pardon français comme le pardon allemand. La France criminelle comme l'Allemagne nazie. Il avait inventé cet « agenouillement » comme on se forge des frayeurs intimes, et ce fut là, je crois, le point d'appui – le dernier – de son insensé refus de regarder en face Vichy, Bousquet et ses crimes.

Cette image repoussoir avait nourri sa *dernière obstination*. Le genou qu'il ne voulait pas poser à terre, cet épouvantail qu'il avait fantasmé, servait son refus. Durant les fièvres de l'hiver 1994, il tonnait : « On ne me fera pas faire cela » et quand je lui demandais « mais quoi ? », il désignait l'image, cette génuflexion, martyr de la Nation.

---

1. Le 22 septembre 1984 lors d'une commémoration aux victimes des deux guerres mondiales.

Dans cette guerre dont il était depuis le 16 juillet 1992 [1] le perdant désigné, il avait fourbi des armes absurdes et eut parfois quelques idées folles, notamment quand il m'expliqua très sérieusement que « le devoir de mémoire relevait d'une conception orientale » *.

La promenade sur les Champs-Elysées se poursuivait. Des badauds se retournaient, ils n'osaient approcher, surpris de le voir encore là. On attendait pour bientôt son successeur, Chirac ou Jospin. A l'angle de la place de la Concorde, un vent plus fort fouetta, et nous rebroussâmes chemin. Il reprit un discours, amer :

« Comme les Juifs savaient que j'étais leur ami, alors ils se sont permis avec moi ce qu'ils ne se seraient pas permis avec mes prédécesseurs – qui n'étaient pas leurs amis... Ont-ils demandé cela à de Gaulle... ? Est-ce qu'ils ont osé le harceler, afin d'obtenir de lui ces excuses de la France ? Oh non... Ils n'ont pas osé, et pourtant ils en auraient eu l'occasion quand de Gaulle en 1962 gracia Oberg et Knochen [2]... [Un silence.] Ils n'ont rien demandé à Pompidou non plus. Ils n'ont pas osé, remarquez, il

---

* *(Entretien à l'Elysée, appartement privé du Président, 28 mars 1995.)*

1. Ce jour-là, lors du cinquantième anniversaire de la rafle du Vél' d' Hiv', il avait été hué par une partie de l'assistance. Cf. *supra* p. 24.

2. Le général Karl Oberg, chef de la police SS en France de 1942 à 1944, et son subordonné Helmut Knochen, avaient été jugés en 1954. Condamnés à mort, ils avaient vu leur peine commuée en travaux forcés à perpétuité par le président Coty en avril 1958.

est resté si peu : quatre ans. Lui, il était anti-israélien... et quand il s'est fait chahuter par les Juifs de Chicago, il n'a pas supporté et a eu des mots terribles et on ne l'a pas traité d'antisémite, lui !... Sans parler de la grâce de Touvier... Alors que c'est moi qui ai fait juger Touvier et Barbie... Et Giscard ? L'ont-ils combattu, l'ont-ils insulté ? Ah, si moi j'avais déserté comme lui, si moi j'avais eu un Premier ministre qui avait parlé des " victimes juives et des Français innocents [1] " ? Mais non, moi c'est autre chose. Puisque je suis leur ami, ils peuvent tout se permettre... »

Au beau milieu d'une allée, il s'arrêta et me souffla, en me regardant un peu confus, avec une précaution trop marquée – craignait-il que je le prenne pour un « antisémite » : « Les responsables juifs ont perdu leurs nerfs dans cette affaire... » Il avait pris un tel air de mystère pour énoncer cette affligeante banalité. J'étais sur mes gardes – était-ce une *délicatesse* pour ce qu'il appelait la susceptibilité juive ? En tout cas le même air emprunté de crainte de blesser, d'être mal compris, cette manière de trop en faire, de prendre des gants qu'il avait eue en me disant que « les colonnes de Buren ressemblaient à un cimetière juif ».

« Ils ne sont pas assez souples, pas assez politiques. Le lobby... » Il s'interrompit, et rectifia sèchement : « Enfin je veux dire l'aile la plus extrémiste du lobby juif; Klarsfeld et ses acolytes ont guerroyé contre moi dans cette affaire. Ils ont... été trop loin... Je dis ça parce que je les aime bien mais ils ont tort

1. Raymond Barre, cf. *supra* p. 199.

d'être si fanatiques quand il s'agit d'Israël. En 1948 ou en 1967, alors que l'Etat était menacé, on pouvait comprendre. Je vais vous dire, dans ce procès qui m'a coupé les bras il y a beaucoup de conformisme. Ce sont des bourgeois comme les autres... »

Je retrouvais le « lobby juif » de Jean d'Ormesson – ils se verront peu après [1]. L'académicien avait attendu des années, expliquait-il, avant de révéler la teneur de cette conversation explosive. Au sortir de ce petit déjeuner mémorable à l'Elysée, d'Ormesson, sidéré par ce qu'il avait découvert de l'antisémitisme de Mitterrand, était « bouleversé ». Il n'en revenait pas, il s'interrogea et interrogea tous ses amis pendant des années sur le bruit que faisait le mot « lobby » jeté sur la table du petit déjeuner par le président de la République; et il avait fini par se demander si ce n'était pas là un testament, un message d'outre-tombe, le dernier aveu. Mitterrand était antisémite!

J'ai trouvé trop jouisseuse pour être honnête la délectation de ses ennemis à cette « révélation ». Ainsi lui aussi...

Il avait dit « lobby »...

---

1. Le 17 mai 1995, jour de la passation des pouvoirs à Jacques Chirac, prévue à 11 heures, Jean d'Ormesson a rendez-vous à l'Elysée pour le petit déjeuner, à 9 heures. « J'évoque l'affaire Bousquet, haut fonctionnaire de Vichy : beaucoup reprochent au Président les liens qui l'unissent à ce personnage qui a joué un rôle important dans la collaboration avec l'Allemagne hitlérienne. François Mitterrand m'écoute sans irritation apparente. Et il me regarde. – Vous constatez là, me dit-il, l'influence puissante et nocive du lobby juif en France » (*Le Rapport Gabriel, op. cit.*, p. 347).

Eh bien, ce jour-là aussi, Mitterrand m'a dit « lobby ».

A ce mot dégueulasse, j'avais froncé le sourcil. Il avait dû comprendre et rectifia dans l'élan.

Vous dire que ce mot a glissé sur moi ? Non. On ne peut plus parler de « lobby juif » depuis l'holocauste. Il n'y a que les tartufes antisémites pour prétendre le contraire. Mais je n'ai pas défailli. Il avait rectifié de lui-même, ce qui n'atténue pas le caractère insupportable de cet imaginaire.

Le lobby dont parlait Mitterrand, était-ce le Grand Sanhédrin ? Le « Protocole des Sages de Sion » ? L'Internationale judéo-marxiste ? La finance apatride ? Etait-ce un de ces mythes du « complot juif mondial » ?

Son « lobby », c'était plus bête que ça, inacceptable mais plus bête. Un peu familier, désinvolte, vaguement malin, au-dessus des lois, comme toujours. Le « lobby » ce jour-là, c'étaient les Juifs qu'on voyait et qu'on entendait comme tels, les Juifs institutionnels, le judaïsme sacerdotal, les rabbins et les notables israélites, une certaine forme de bourgeoisie pro-israélienne. Il désignait Klarsfeld et le CRIF, mis dans le même sac malgré la géographie complexe de la communauté juive française.

Nous étions de retour à l'Elysée, côté Porte du Coq. Il n'avait pas envie de retourner à son bureau – pour faire quoi ? Sur le trottoir, il prononça brusquement la fameuse phrase de De Gaulle : « Israël, peuple d'élite sûr de lui-même et dominateur [1]... »,

1. Cf. *supra* p. 45.

et ajouta dans un petit rire : « Si moi j'avais dit la moitié de ça. Imaginez... » Ça le reprenait. Le syndrome de persécution, l'enfantin « pourquoi moi, pourquoi pas lui ? ».

Il répéta, sardonique : « Peuple juif, sûr de lui et dominateur... » puis rumina : « Où étaient-ils ceux qui me conspuent aujourd'hui, les notables, l'establishment, les intellectuels juifs ? On ne les a pas vraiment entendus contre de Gaulle. Pourtant il y aurait eu à dire... Il n'y a eu que Raymond Aron pour rompre, pour avoir ce courage. Mais à part Aron, qui ? Personne ! Alors que la politique de De Gaulle était pro-arabe, qu'il y avait un boycott envers Israël, que c'était la pire des droites avec ses pires préjugés antisémites. Ils n'ont pas bronché. Ils n'ont rien dit... Alors pourquoi moi ? »

Six ans après, en faisant ce retour sur image, je réalise qu'il s'est fallu d'un rien – un miracle, un bras suspendu pour que n'éclate une crise majeure. Le clash avec la communauté juive. Comme de Gaulle. Une phrase-bombe, une simple phrase jetée en passant, de Gaulle en 1967. Il aurait pu s'en délivrer dans un délire de vieux roi cerné. Etre tenté. Etre au bord. Etre sur le point de fabriquer une phrase historique pour se venger ou se défendre. Je crois bien qu'aux pires moments de la polémique il a été tenté par un affrontement avec les représentants de la communauté juive, par un vrai bras de fer qui aurait clôturé la polémique, par une prise à témoin du pays – j'en avais tremblé après le 12 septembre 1994 et son effondrement télévisuel. Certains l'y poussaient ; durant deux mois au moins, les conditions du syndrome de persécution furent remplies. Depuis le temps que ça durait, c'était tentant : une bonne guerre frontale avec les Juifs, un clash à la de Gaulle.

En stratège, il avait dû réfléchir à une riposte, évaluer les rapports de forces, peut-être même avait-il trouvé cette « petite phrase » qui ferait les dégâts dont il rêvait. Il était sacrément renseigné sur la phrase de De Gaulle et l'émoi provoqué alors – il avait dû se faire passer le dossier. Il avait certainement reniflé dans l'air français, et dans ces fameux courriers reçus à l'Elysée, quelque chose qu'il aurait pu faire sien, un agacement face aux Juifs, une possibilité de les isoler, de les mettre à genoux. Je pense qu'il avait là, à sa disposition, une machine infernale, que même de Gaulle utilisa – mais lui avait *l'excuse du 18 juin*...

J'ai frémi lorsqu'il ressassa, en regagnant son bureau : « Ce qui s'est passé est un phénomène collectif irrationnel et qui est même inquiétant [il insista sur le mot inquiétant] pour " la cause juive "... Les dirigeants juifs sont trop peu politiques. Ils perdent leurs nerfs facilement. Ils devraient y réfléchir, se ressaisir, procéder autrement car on nc prend pas frontalement un pays comme cela... »

Il y eut un long silence, puis il répéta une dernière fois : « Et si cela n'avait pas été moi ? Et si cela avait été un autre ? Je vous assure que ça ne se serait pas passé comme ça. A l'avenir, il faudra qu'ils fassent attention... »

22

Attali est-il le traître ? *

Une promenade au Champ-de-Mars.

Il s'essayait à sa nouvelle vie, rue Frédéric-Le Play, sans y croire. Il se toquait de promenades dans le VIIe arrondissement avec Tarot, mais s'essoufflait trop vite. Il rêvait comme un gosse d'aller au cinéma avec Mazarine mais la voyait trop peu. Si elle n'était pas là, il ne parlait que d'elle, s'extasiait de ses résultats d'examens et trichait sur ses notes, d'un point et demi toujours, je m'en souviens. Entre-temps il se taisait.

Le mois de juin était aigre. Il s'était fait un devoir de ne pas « intervenir » : en réalité, il cuvait son chagrin de ne plus compter. Impossible de lui tirer plus qu'un grognement sur l'entrée en scène de Jacques Chirac, les premiers pas du gouvernement Juppé ou la gauche conquise par Jospin. Rien ne l'accrochait hormis ce vague sifflet d'admiration pour les jambes de Margie Sudre ou le pronostic que dans six ans Paris était perdu pour la droite. Difficile d'attirer son

---

* *(Avenue Frédéric-Le Play, Champ-de-Mars, conversations du 22 mai et de juin 1995.)*

attention, de le faire sortir de son nouveau quartier, de l'amener à rencontrer ses anciens collaborateurs. Il choisissait, un connétable par-ci, une secrétaire par-là. Il ruminait, ne s'intéressait plus à l'époque.

Etait-ce l'accumulation des frayeurs ces derniers mois, la souffrance maîtrisée, presque asséchée par Tarot, ou bien sa dernière posture ? Il était devenu un grand silencieux. Avec son crâne rasé, sa canne fétiche et ses habits trop neufs de retraité, il s'essayait à « la posture du banc corse [1] » : attendre la mort en regardant passer les gens, les riens, le temps, un peu comme le vieil Arabe de Chateaubriand [2].

Sur ce banc du Champ-de-Mars, il resta longtemps sans dire un mot, essoufflé par la promenade, tâtant ses jambes qui ne l'avaient pas lâché cette fois, touillant le gravier de sa canne avant de lancer, d'un ton détaché, en regardant devant lui, dans le vide : « Vous avez remarqué comment Attali signe ses articles maintenant ?

– ... Euh... Non, pas vraiment.

– Eh bien il fait suivre son nom de la mention “ intellectuel ”. [Un ricanement.] Vous avez compris, “ intellectuel ” !

– Non. Que voulez-vous dire ?

– Eh bien, pour se faire accepter parmi ses nouveaux pairs, “ les intellectuels ”, il faut qu'il donne des gages. “ Intellectuel ” cela signifie qu'il ne doit pas avoir d'attaches. Alors pour leur prouver qu'il est des leurs, qu'il n'a pas d'attaches, il se tourne vers moi

1. *Le Dernier Mitterrand*, *op. cit.*
2. *Mémoires d'outre-tombe*.

pour m'attaquer, leur prouver qu'il est libre soi-disant... Pff... »

Il articulait enfin son ressentiment [1] contre Attali. Jusque-là, depuis cinq ans que le conseiller avait quitté l'Elysée, les périodes de froid – après l'« affaire *Verbatim* », de colère, avaient toujours été suivies d'un retour de bienveillance. Il laissait parler ceux qui détestaient Attali, il y en avait tant –, en riait parfois, s'amusait de la méchanceté humaine mais balayait les critiques avec magnanimité. Il avait toujours préservé Attali, un reste de tendresse, le souvenir d'une vie commune et tant de secrets partagés...

Mais aujourd'hui, il se déchaînait : « Tout lui est bon jusqu'à ce discours de Berlin [2] pour lequel il est venu m'attaquer... ! Qu'avait-il besoin de venir me chercher ? De Gaulle lui-même n'a-t-il pas rendu hommage à l'armée allemande lors de la visite officielle d'Adenauer [3] ? Si aujourd'hui il me fait la guerre ce n'est pas par conviction, c'est pour... [il marqua une pause, il hésita, et il eut dans une grimace ce mot terrible] se désinfecter de moi. »

---

1. Qui datait de mai 1993, à la sortie de *Verbatim*.

2. Lors des commémorations de la victoire de 1945, le président de la République avait déclaré, à Berlin, le 8 mai, que les soldats allemands avaient été « courageux » même s'ils s'étaient battus pour « une cause mauvaise », et à Moscou, le 9 mai, avait de nouveau évoqué le « courage du soldat allemand ». Le 10 mai, sur France Inter, Jacques Attali déclarait : « Les seuls soldats allemands pour lesquels j'ai du respect, pour leur courage, sont ceux qui ont déserté ou se sont révoltés. »

3. Le 8 juillet 1962, alors que le chancelier Adenauer, en visite officielle, va quitter la France, le général de Gaulle déclare : « Il est salutaire que nos armées se rapprochent dans une estime réciproque. »

Il hocha la tête lourdement, satisfait de sa démonstration. Mais il avait oublié quelque chose. Il leva le doigt et conclut en se redressant sur le banc : « Après " intellectuel ", il mentionne " écrivain " dans son nouveau *curriculum vitae*. " Ecrivain ", ça, c'est une autre histoire... »

L'excommunication venait de tomber après vingt années d'une singulière liaison.

C'était la guerre. Jacques Attali avait attaqué non sans raison d'ailleurs son discours de Berlin. Mitterrand y lisait une « atteinte à sa sortie », une attaque insupportable, la traîtrise de dernière minute, la pire. Les digues avaient cédé et la danse du scalp faisait rage rue Frédéric-Le Play. Le Président laissait faire quand il ne l'orchestrait pas lui-même. Du coup, Charasse, excité, avait attaqué Attali, son « manquement grave au devoir d'Etat [1] » – et « sa passion du commerce », insistait-il en privé. Le grognard avait attendu trop longtemps, il s'en donnait à cœur joie. Rapporter au Président une histoire toujours plus accablante pour Attali ; lui rappeler une anecdote ridicule du temps où Attali trônait dans son bureau-couloir ; lui conter les colères des anciens de l'Elysée contre *Verbatim*, celles de Bianco et de Védrine, de Lang et de Badinter [2] ; évoquer les nuits passées à la photocopieuse pour la confection de *Verbatim* faisaient désormais les délices du Président.

---

1. Sur Europe 1, le 11 mai 1995.
2. Lors de la sortie de *Verbatim I* en 1993, Laurent Fabius, Pierre Mauroy, Jack Lang et Robert Badinter avaient relevé des inexactitudes (*Le Monde*, 20 mai 1993). Hubert Védrine et Jean-Louis Bianco lui ont reproché d'avoir recopié leurs notes (*Le Monde*, 29 janvier 1999).

Ce jour-là, nous sortions d'un déjeuner un peu improvisé, à deux pas de la rue Frédéric-Le Play, Jean-Pierre Tarot, Pierre Bergé étaient là. Il n'avait parlé que d'Attali – et incidemment de d'Ormesson qui venait de lui rendre un surprenant hommage dans *Le Figaro*.

« A l'Elysée, Attali me donnait des notes éparses sur des bouts de papier, des informations en vrac, des bouts d'idées dispersés, des morceaux de discours souvent incohérents. » Sa grimace amusa les méchants autour de la table : « Il fallait tout reprendre derrière lui... D'ailleurs, écrivain ! Quand il était à l'Elysée il n'écrivait pas vraiment... » Puis, prenant tout le monde à témoin, il surenchérit : « Contrairement à ce qu'il dit, il n'a jamais rédigé dans leur totalité aucun de mes grands discours. Ce qu'il me donnait, je l'utilisais parfois... » Il s'arrêta, eut un haussement de sourcils un peu trop théâtral, un air faussement accablé : « A les en croire, les Jacques Attali et Orsenna – ah, ce forban ! –, je ne saurais pas écrire... A en croire ces jeunes gens, durant quatorze ans je n'aurais pu penser sans eux... ! Ils prétendent aujourd'hui qu'ils ont écrit tous mes discours, qu'ils ont eu toutes mes idées, et tout particulièrement ceux qui me découvrent subitement tous les vices de la Création... »

En vérité, tout s'était cassé entre les deux hommes bien avant mai 1995. Cette rupture était passée inaperçue. Elle avait eu lieu le 16 novembre 1994. Ce jour-là, un article du *Monde* rapportait les propos d'un mystérieux ancien conseiller de François Mitterrand qui se scandalisait des révélations sur son passé à Vichy : « Et dire que pendant des années, j'ai été le collaborateur d'un collabo... »

La petite phrase, énigmatique du fait de son auteur anonyme, mais sortie en intertitre, avait fait le tour de Paris. Elle était sur toutes les lèvres. On cherchait son auteur dans les dîners en ville. A tous les étages du 55, Faubourg-Saint-Honoré, c'était un jeu de piste. Les mœurs du palais de l'Elysée étaient si douces que deux malins n'avaient pas tardé à mettre le Président sur la piste du « traître » : il s'agissait d'Attali.

« J'ai été le collaborateur d'un collabo » : cette phrase – qu'Attali s'était vite reprochée – l'avait affecté plus encore que celle de Lionel Jospin, à la même époque : « On voudrait rêver d'un itinéraire peut-être plus simple et plus clair pour celui qui fut le leader de la gauche française des années 70 et 80 [1]. » Mitterrand s'en gaussait mais y revenait toujours en cet hiver 1994, la ressassait, raillait sans cesse son ancien conseiller en prenant l'air d'un César réchappé d'un *Tu quoque, fili*. Il se moquait, mais la blessure était réelle.

Indiscernable Attali. J'imagine le désir fou qu'il a dû éprouver durant des années de s'émanciper de Mitterrand, de faire sa vie sans lui, loin de lui, contre lui. Mais à la liaison de vingt ans succédera un jeu malsain – Attali va « chercher » Mitterrand, tenter de le prendre en faute, de faire entendre sa différence, essayer d'en sortir – comme une lancinante vengeance – ni assouvie, ni assumée. Au début 1994, Jacques Attali se fait tout à coup le commentateur sourcilleux de François Mitterrand, des moindres de

1. *Le Point*, 10 septembre 1994.

ses faits, gestes et arrière-pensées : en mars, à l'occasion du procès Touvier, il exprime son désaccord avec le Président [1] ; en avril, après le discours d'inauguration de la maison d'Izieu par Mitterrand, il s'avance encore – mais sans rompre : « Excellent... Je dois dire, pour ma part, qu'entre réconciliation nationale et mémoire je choisis la mémoire. » En octobre, il poursuit son émancipation et révèle que François Mitterrand l'a invité à déjeuner avec Bousquet dix-neuf ans auparavant [2].

Mitterrand, face à la nouvelle attitude de son ex-conseiller, et malgré un entourage élyséen qui hait Attali, ne bronche pas. Il se déleste des pousse-au-crime. Fin 1994, il accepte même d'accorder une curieuse interview à Guy Sitbon qui prépare une biographie de Jacques Attali [3]. L'entretien se déroule sur le mode affectueux mais on y remarque d'étranges réserves, des critiques larvées, une relativisation du rôle d'Attali et surtout cette phrase terrible : « [...] je l'imagine mieux dans le commentaire politique que dans l'action politique. » Conclusion empoisonnée à l'intérieur d'une couronne de laurier.

L'accélération venait de se produire avec cette polémique de mai 1995. Elle allait s'aigrir encore, et

---

1. Le 20 mars 1994, au Forum de Radio J, à propos du procès de l'ancien chef milicien Paul Touvier, Jacques Attali déclare ne pas partager « le point de vue officiel de la France, en particulier exprimé par François Mitterrand sur le fait que Vichy est une parenthèse de l'histoire de la République ». Il considère que la République doit demander pardon des crimes commis sous l'Occupation (*Le Monde, 22 mars 1994)*.
2. Cf. *supra* p. 206.
3. Guy Sitbon, *Le Cas Attali*, Grasset, 1995.

devenir officielle – une affaire publique – quelques mois plus tard lorsque Jacques Attali envoya au Président les épreuves de *Verbatim III*. Contrairement à *Verbatim I*, que Mitterrand avait lu, vaguement annoté, et donc avalisé – quoi qu'il en ait dit –, cette fois, il ne toucha pas au manuscrit, ne le lut pas, n'ouvrit pas même l'enveloppe. Le paquet non décacheté traîna durant des semaines sur une table rue Frédéric-Le Play. Le Président maugréait en le voyant, s'en servait comme un défouloir, le désignait de sa canne, ou d'un doigt négligent : « Tenez, cet homme m'a envoyé son prochain *Verbatim*, comme il dit. Eh bien... voyez, je ne l'ai même pas regardé. Au moins, il ne pourra pas clamer dans tout Paris, comme un maître chanteur, que je l'ai corrigé ligne à ligne, stylo en main... Tenez, tenez, observez... Je ne l'ai pas touché. »

Six jours avant la sortie de *Verbatim III* [1], François Mitterrand dicta un communiqué à l'AFP. Il désavouait Attali et son livre.

Ce n'était pas fini. Le matin du 8 janvier 1996, quand Jacques Attali se présenta rue Frédéric-Le Play pour s'incliner sur la dépouille de François Mitterrand, il ne fut pas reçu.

Comment avaient-ils pu en arriver là ? A cette porte fermée rue Frédéric-Le Play ? A l'interdiction d'assister aux obsèques intimes, à tant de haine concentrée sur la fin... ? A cette jouissance sadique de Mitterrand à le malmener, à ce démenti public qui vaut répudiation devant l'Histoire ? Et Attali, à ses ruminations lapidaires dans les dîners en ville en ce temps-là, où il

1. En octobre 1995.

ne cessait de répéter, comme s'il s'agissait d'une révélation tardive : « Le problème avec François Mitterrand c'est qu'il n'a aucune notion du Bien et du Mal... » Comment avaient-ils pu descendre si bas ?

En 1981, ils formaient un couple modèle et planétaire. Le Prince et son jeune conseiller ; l'alpiniste et le sherpa ; le vieux gaulois et le jeune Juif ; le Président et son intellectuel. L'étrange alliage entre les deux hommes suscitait l'envie sur la scène mondiale ; et Paris, fasciné, les enviait, les redoutait. Mais derrière l'image pour magazine, il y avait la réalité. Une fois installé au pouvoir, ayant goûté à l'ivresse des sommets, s'en étant blasé, s'étant délecté d'« appeler par leurs prénoms quarante-sept chefs d'Etat ou de gouvernement [1]... », Attali ne trouve pas sa place auprès de Mitterrand – celles dont il rêvait. Toutes. Et Mitterrand était trop ogre balzacien pour n'avoir pas perçu, une fois à l'Elysée, les limites d'Attali qui ne serait ni ministre ni chef de la maison présidentielle, comme il l'avait voulu en 1982 [2]. Le conseiller spécial avait dû finalement comprendre, lui aussi, qu'il était acculé, glorieux mais coincé parce qu'il avait commis l'inceste pour les intellectuels ses pairs : s'être mis au service du Prince. Il ne se l'était pas avoué, n'avait rien dit, avait continué à faire comme si, à fréquenter le show business et Coluche, à publier

1. In Franz-Olivier Giesbert, *Le Président*, *op. cit* p. 391.

2. Pierre Bérégovoy, alors secrétaire général de l'Elysée, devient ministre des Affaires sociales et de la Solidarité nationale. Jacques Attali voulait lui succéder mais, devant les réticences du chef de l'Etat, il finit par proposer Jean-Louis Bianco pour ce poste (*Ibid.*, p. 389).

un livre par an, mais il savait, il était trop intelligent pour ne pas savoir – et bien avant la fin du premier septennat.

Ainsi Attali finira par devenir le préféré et le supplicié de l'Elysée, et ce durant des années. Les années de trop où il n'aura pas le courage de rompre. Celles où il restera dans cette semi-disgrâce – comme l'écrit Giesbert [1], « Dans le système Mitterrand, on torture mais on n'achève jamais ». Ce sera donc comme un divorce qui s'enlise, une sale histoire où l'on ne tranche pas, une longue souffrance comme celle que connurent probablement Grossouvre et Gubler.

Quand, en 1991, Jacques Attali décide enfin de prendre son envol – pour aller présider une banque [2] que Mitterrand lui avait réservée –, il pensait en avoir fini, être *sorti par le haut*, débarrassé de Mitterrand, libéré d'un Paris qu'il trouvait trop étriqué, ivre de son rêve d'être Kissinger en mieux, presque Disraeli : le Warburg [3] de son temps. Mais trois ans plus tard, c'est le crash : sa démission de la BERD après une campagne de presse internationale acharnée [4]; et l'« affaire *Verbatim* » avec cette nouvelle – et terrible – accusation de plagiat.

---

1. *Ibid.* p. 391.
2. La Banque européenne pour la reconstruction et le développement (BERD).
3. Jacques Attali est l'auteur d'une biographie de Sigmund Warburg (1902-1982), un Juif allemand naturalisé anglais, devenu un grand banquier occidental de l'après-guerre (LGP, 1986).
4. En juillet 1993, Jacques Attali se voit contraint de quitter la direction de la BERD après la publication du rapport d'audit critiquant sa mauvaise gestion.

Ce dut être un anéantissement pour lui. Un retour à tout ce qu'il avait voulu fuir : la dépendance mitterrandienne. A l'époque de la terreur passionnée. Au cauchemar qui, il faut le dire, dut être pour lui aussi douloureux qu'une drogue – quand l'accoutumance l'emporte sur le plaisir initial. A cette anxiété permanente du jeune conseiller, à l'affût du regard du maître, de son sourire, de son attention, de son intérêt. Terreur de ne pas être assis en face de lui, remplacé par un autre; ou d'être assis en face de lui et de le décevoir. Terreur d'être invité, de ne pas en être ou d'être invité trop souvent en s'inquiétant de savoir si cela durera demain. Terreur de s'absenter de Paris s'il appelait. Terreur d'un soupir, d'un rictus, d'un mot, de l'inclinaison d'un mot, d'une place prise dans sa voiture, d'une porte mal fermée ou trop ouverte à l'Elysée, d'un oubli, d'un compliment ou de pas assez de compliments.

Inquiétude folle, jalousie amoureuse, toujours soupçonneuse lorsqu'un rendez-vous du Président ne transitait pas par son bureau, que l'homme était jeune, un rival potentiel, que l'audience durait plus d'un quart d'heure et qu'il ne lui en disait rien. Terreur de le voir loin de lui, de se le voir enlever, de ne plus être aimé.

C'était une passion : ce devait être l'enfer.

Et l'autre, le Président, le grand manipulateur, capable d'autant de tendresse que de perversion, en avait fait son jouet, son instrument.

Son instrument... car Attali avait appris *le Mitterrand*, son alphabet, ses codes, ses signaux, sa musique, le bruit de ses silences, avec tant de zèle qu'il était devenu un diapason. Un diapason qui vibra durant vingt ans. Vingt ans où il ne dormit jamais, non pas parce qu'il écrivait dès 4 heures du matin comme il le racontait, mais parce qu'il s'évertuait à vibrer. Il ne déjeunait pas, ne dînait pas, ne s'amusait pas en vérité comme il voulait le faire croire ; il vibrait, ne faisait que vibrer – son âme, son corps et son visage vibraient, trahissant, par d'étranges somatisations, les désarrois de l'homme terrifié. On comprend qu'Attali ait voulu fuir cet enfer. Le mystère, c'est pourquoi est-il sorti si mal de Mitterrand ?

Reste le mystère de cette « sortie » ratée. J'ai longtemps cherché un qualificatif d'ordre médical pour expliquer l'impossibilité d'Attali à décrocher, reculant toujours sa décision, ne trouvant pas d'issue assez belle à son goût. Contaminé ? Contagieux ? C'était à la fois plus profond et moins spectaculaire. J'avais du mal à caractériser cette manière que Mitterrand avait de phagocyter la vie des gens, de la satelliser, de la dévorer, de l'oublier, de la jeter, de la chiffonner, d'y revenir parfois. Je ne savais pas expliquer pourquoi les rescapés du mitterrandisme font souvent penser à des blessés au regard vide.

Un ami, journaliste et perspicace, évoqua un jour ce phénomène qu'il avait constaté lui aussi chez des proches de Mitterrand, ce flottement dans les yeux, ces troubles de la volonté, leur désarroi sans lui ; ce gris à l'âme qu'ils avaient tous. Ce mal étrange, il l'avait appelé « irradiation ». C'était ça. Attali était irradié, le plus irradié d'entre eux – cela avait amoindri ses réflexes.

L'exposition avait été trop prolongée.

L'autre grand irradié fut le docteur Gubler. Sa guérison ne fut jamais complète, les tourments subis et l'irradiation reçue le désespérèrent si totalement qu'un jour il songea à la manière la plus certaine de se venger de son maître : « J'ai pensé à me suicider pour l'emmerder... » Voilà l'un des effets dévastateurs de l'irradiation mitterrandienne. D'autres ont été plus prudents qu'Attali – ou que Gubler. Ils se tinrent à l'écart des rayons ou s'étaient inventé des protections. Paul Guimard, conseiller un temps à l'Elysée, avait préféré l'éloignement, la Bretagne, les hommes de pierre. Védrine, avec le sérieux du commis de l'Etat, sut se tenir à l'écart, peut-être inspiré par les conseils de son père. Régis Debray se mit à aimer de Gaulle et la nation pour en guérir. Max Gallo ne s'en remit pas et partit se soigner dans des rêves barrésiens. Et ces jeunes Premiers ministres, jeunes antiracistes, que l'astre avait attirés dans sa course. Et moi qui n'ai pas reçu une dose aussi massive qu'Attali...

23

« Un président juif en France, c'est possible » *

Séance de travail sur la Libération et la IVe République. Une ère nouvelle s'ouvrait pour lui, pour sa génération. Mais Mitterrand n'a pas envie de travailler sur l'UDSR [1], ses relations houleuses avec René Pleven [2] ou les problèmes liés à la Constitution de 1946. Ce qui l'intéresse dans le régime nouveau, c'est lui. Le « beau François », lancé dans la République. Jeune ministre grisé par la vie parisienne. Ces mois d'août en célibataire à Paris, et ces rendez-vous de forban avec Edgar Faure – ils ne se quittaient plus quand leur famille était ailleurs –, celle de Mitterrand à Hossegor.

Après une leçon de choses sur la jalousie – comment-s'en-débarrasser – et après avoir écarté d'un œil noir ma question sur sa participation au gouverne-

---

* *(Rue Frédéric-Le Play, 15 ou 16 juin 1995.)*

1. Union démocratique et socialiste de la Résistance.

2. René Pleven était l'un des fondateurs de l'UDSR et François Mitterrand se heurta souvent à lui durant la IVe République.

ment de Guy Mollet en 1956 [1], il changea de conversation et me parla tout à trac du « scandale du sang contaminé ». Ce qui l'intéressait dans cette affaire, c'était la politique. Pas la morale, pas le débat sur la responsabilité des médecins ou des politiques, pas même le sort des « malheureux ». C'était le destin de Laurent Fabius, son ancien dauphin, longtemps son fils préféré, « le plus jeune Premier ministre qu'il a donné à la France ». Depuis des années que l'« affaire du sang contaminé » avait éclaté, le sort de Laurent Fabius était un de ses sujets de conversation favoris. Ses conseils à son disciple, son étonnement devant ce qu'il considérait comme des erreurs de défense, ses attendrissements et ses sévérités de *coach* lointain. Aura-t-il compris les leçons ? Aura-t-il les nerfs qu'il lui avait supposés lorsqu'il le remarqua à trente ans [2] ? Avait-il misé sur le bon cheval ? Le resterait-il ? S'était-il trompé ? Ou l'autre l'avait-il trahi... ?

De la passion de jadis, il restait de la tendresse et l'œil d'entomologiste. Depuis « Lui c'est lui, et moi c'est moi » de septembre 1984 [3] et le « trouble »

---

1. Garde des Sceaux de février 1956 à mai 1957 dans le gouvernement de Guy Mollet qui finit par confier les pleins pouvoirs à l'armée en Algérie.

2. En 1976, auditeur du Conseil d'Etat, membre du Parti socialiste, Laurent Fabius se voit proposer par François Mitterrand la direction de son cabinet. « En me précisant immédiatement, ajoute l'intéressé, par une dialectique typiquement mitterrandienne, qu'il n'avait pas de cabinet » (Laurent Fabius, *Les Blessures de la vérité*, Flammarion, 1995, p. 48).

3. Quelques semaines après son entrée à Matignon, Laurent Fabius, considéré depuis longtemps comme le « dauphin », voulait marquer son indépendance à l'égard du président de la République. En septembre 1992, François Mitterrand déclara à

exprimé par son jeune Premier ministre au moment de la visite du chef d'Etat polonais Jaruzelski [1]– sur lequel il était revenu si souvent avec moi –, quelque chose s'était cassé. Je crois que Mitterrand en rendait responsable Françoise Castro, devenue Mme Fabius [2].

Il n'aimait plus Fabius comme avant, tout en continuant à le serrer de près, à le soutenir chez les socialistes, désespéré qu'il était de ce PS devenu jospino-rocardien. Durant l'été 1993, le ralliement du courant Jospin au courant Rocard avait fait chuter l'éphémère premier secrétaire Laurent Fabius. Nous dînions chez Lipp, ce soir-là, ce fut un banquet de défaite où Mitterrand accablé n'avait cessé de répéter : « Que voulez-vous que je fasse contre les socialistes ? Je ne vais pas me contorsionner de rage ? »

« Ah quel dommage, à cause de cette affaire du sang contaminé, Laurent Fabius ne s'est pas présenté aux élections présidentielles... Sans elle il y serait allé, nous n'aurions pas aujourd'hui Lionel Jospin dans la position indéboulonnable qu'il occupe aujourd'hui au sein de la gauche...

– Pourquoi la victoire de Jospin ? Est-ce celle de la « deuxième gauche », monsieur le Président ?

– Non. Lionel Jospin est première gauche – ça n'a rien à voir avec Michel Rocard hier ou Martine Aubry aujourd'hui, qui a repris ses réseaux. Jospin a tou-

l'auteur : « Quand je l'ai entendu dire : “ Lui c'est lui, moi c'est moi ”, j'ai eu un doute. »

1. En décembre 1985.

2. L'épouse du Premier ministre jouait alors un rôle actif à la tête d'Espaces 89, un réseau de clubs et d'associations qui soutenaient la gauche, tout en se démarquant du Parti socialiste.

jours été avec moi, à tous les congrès, dans ma majorité, au Parti socialiste.

– Alors, pourquoi regretter Fabius, monsieur le Président ?

– Je ne regrette pas Fabius. Je constate une impasse politique. Je n'ai pas à choisir entre Jospin et Fabius qui ont tous deux des qualités... Il ne faut pas croire... Jospin et moi, nous nous entendons bien. Je l'ai vu quand il était malade. J'ai assisté à son mariage. Nous avons de bonnes relations. Ce n'est pas Jospin qui me déteste, c'est son entourage. C'est Vaillant, Cambadélis, Moscovici, Valls...

– Vous dites que vous n'avez pas à choisir entre Jospin et Fabius. Pourtant vous avez choisi Fabius. »

Mitterrand, l'air étonné faussement naïf : « Qu'est ce que vous voulez dire ?

– En 1985, vous nommez Fabius à Matignon N'est-ce pas la grande frustration de Jospin, que vous ne l'ayez pas fait Premier ministre ? ·

– Oui, mais en 1986, quand Fabius et Jospin ont été en guerre à propos de la campagne des élections législatives, j'ai choisi Jospin comme chef, pas Fabius. Souvenez-vous.

– Mais vous auriez pu le nommer en 1992, à la place d'Edith Cresson.

– J'aurais pu... [Un silence.] Il fallait réagir, un coup de fouet, un nouveau cap. Ça n'a pas fonctionné avec Edith, dommage... Peut-être Jospin m'en a-t-il voulu profondément à ce moment-là.

– Avez-vous pensé à lui en 1993, monsieur le Président ?

– En 1993, quand j'ai eu Bérégovoy, j'étais bien content de le trouver... Mais il était trop tard...

– L'an dernier vous n'avez pas non plus manifesté un enthousiasme délirant lorsque Lionel Jospin s'est présenté à l'investiture du Parti socialiste. Il m'a même semblé que vous souteniez son adversaire Henri Emmanuelli.

– Je ne me suis pas mêlé de cette campagne et par ailleurs Emmanuelli étant un ami, je ne voulais pas lui faire de mauvaises manières. »

Après un long silence, il revint encore à Fabius.

« Imaginez que Fabius, purgé de cette affaire du sang contaminé, se soit présenté contre Chirac. Avec une bonne campagne, tout lui était possible. Il a du talent, vous savez... Quel dommage, il aurait pu le battre... S'il avait affronté l'opinion et la Haute Cour, tout le monde l'aurait soutenu – regardez Raymond Barre... Par son courage, il aurait entraîné l'opinion... Mais il a eu peur... Peur de quoi... ? J'ai vécu moi-même sous la IVe des épreuves bien pires. Peur de quoi... ? Qu'une bande d'excités vienne renverser sur lui un pot de peinture dans un meeting ? A sa place, je me serais présenté devant la Haute Cour. Je l'aurais affrontée. Je me serais justifié. Et en se défendant et en faisant front, tout aurait été liquidé. »

Il se renfrogna à nouveau, longuement, puis revint comme en protestant :

« Mais ce que Laurent Fabius a retenu de cette affaire, je crois, c'est une sérieuse rancune envers moi. Il a pensé – ou on lui a fait penser – que j'étais responsable de cet état de fait [1], que je n'avais rien fait pour le secourir. »

---

1. Alors que Laurent Fabius était hostile à une comparution devant la Haute Cour de justice selon la procédure existante, le

Je m'étonnais. « Laurent Fabius aurait-il pu au bout du compte devenir président ? Un Juif président en France, ça ne doit pas être évident. »

Il eut l'air surpris.

« Vous n'y êtes pas. Le handicap de Fabius c'est son manque de détermination dans cette affaire, ce n'est pas le fait qu'il soit juif.

– Mais vraiment, cela ne constitue-t-il pas un handicap ? »

Une moue d'expert, il réfléchissait, il arbitrait. « Oh, peut-être un petit handicap... Mettons, l'extrême droite, 2 ou 3 % de racistes maladifs, pas plus. Mais un bon candidat, avec de bons soutiens, une bonne dynamique, peut l'emporter, qu'il soit juif ou pas, s'il est bien en phase avec le pays. Je ne crois pas que cela joue aujourd'hui... Regardez, même avant-guerre, la ferveur populaire que suscitait à gauche, pas dans mon milieu, un Léon Blum. Cet homme juif, agrégé, mondain, reconverti dans la politique, avec ses phrases compliquées, saccadées, avec son français trop étudié, enthousiasmait les ouvriers, le peuple – pour la bourgeoisie c'était une autre affaire. »

Il se lança alors dans un cours d'histoire.

« Un président juif, ce serait possible en France, mais à condition qu'il ne soit pas simplement un candidat juif... Je vous ai parlé de Blum... Mais regardez Mendès. Pendant dix ans, de 1954 aux abords de

---

9 novembre 1992, au cours d'une intervention télévisée, François Mitterrand estime qu'en ce qui concerne l'affaire du sang contaminé, « le devoir actuel consiste à faire élire les membres de la Haute Cour de justice et à la faire fonctionner normalement jusqu'à ce qu'une réforme soit adoptée ».

1965, il va peser, faire presque jeu égal avec de Gaulle, compter à gauche et au centre durant des années, bien plus que moi qui étais seul à l'époque. Mais il ne croyait pas assez en lui et pas parce qu'il était juif... Mendès m'avait expliqué qu'il ne ferait pas acte de candidature ; cela, pour deux raisons. En premier lieu, parce qu'il était viscéralement hostile à la Constitution de 1958 et à l'élection du président de la République au suffrage universel. Il était convaincu que les élections se solderaient par un véritable plébiscite en faveur de De Gaulle. La seconde raison tenait à ses origines juives. Tant lors de son passage au gouvernement de Front populaire de Léon Blum comme sous-secrétaire d'Etat aux Finances qu'en 1940 puis en 1954, il avait été en butte à de violentes attaques antisémites. Et il pensait que sa candidature réveillerait de vieux démons. Il a peut-être eu tort. »

24

Ce « chagrin Bousquet » *

Je dis Mitterrand, et dans leurs yeux passe un voile. C'est un regard qui se ferme, un chagrin qui ne s'étale pas, ne se perd pas en plaintes, en injures. Un malaise soudain. L'envie de passer à autre chose, vite ne plus parler de lui. Plus que le sentiment trivial d'être un « déçu de Mitterrand », c'est une amertume muette et si lourde qu'elle semble aller au-delà de lui. Regrettent-ils d'avoir dansé un soir de mai à la Bastille, d'y avoir cru, de l'avoir défendu, de s'être disputés avec des amis de droite à cause de la francisque ? Déplorent-ils leur vote, une fois, deux fois, toute leur vie ? Ils ont été trahis, mais par quoi ? Par son Vichy, par les affaires, par Tapie, par Pelat, par les écoutes ? Ou en veulent-ils à la vie tout simplement, à leur jeunesse envolée, à leur crédulité d'hier, à leurs illusions perdues ? Ils sondent leurs âmes en silence et, comme s'il s'agissait d'un mal sérieux, impalpable, n'arrivent pas toujours à le définir. Ils sont meurtris par le « chagrin Mitterrand ».

---

* *(Rue Frédéric-Le Play, 28 novembre 1995.)*

S'il me reste aujourd'hui un « chagrin Mitterrand », il est précis. Je l'ai localisé.

Ce qui m'a révolté, ce n'est pas ce qu'on croit, pas Vichy, Pétain ou ses amis cagoulards, pas que Mitterrand ait si bien connu l'organisateur de la rafle du Vél' d' Hiv', et mieux qu'il ne le dit. Ni même que le jeune Mitterrand ait été ébloui à vie par la trempe de l'aîné. Ni qu'ils aient déjeuné ensemble et bien plus souvent que les dix ou douze fois concédées par Mitterrand. Ce qui m'a bouleversé, c'est très précisément que Mitterrand l'apprenant enfin n'ait pas bougé [1], ait continué à penser, malgré Claude Lanzmann et Raul Hilberg [2], jusqu'au bout que « c'étaient là des faits de guerre bien malheureux et que Bousquet s'était laissé entraîner par des histoires de police qui ne sont jamais claires ».

Qu'il n'ait vu dans l'émotion provoquée par cette amitié avec Bousquet qu'une revendication « catégorielle », celle des Juifs, des intellectuels, de ses ennemis. Qu'il n'ait pensé qu'à lui, toujours lui, *à lui à qui on faisait la chasse*, le monde contre lui, les Juifs contre lui. Lui. Lui. Lui. Qu'il n'ait pas regardé plus loin que lui. Qu'il n'ait pas compris que l'enjeu était ailleurs, dans la France qu'il nous laisserait, dans la France telle qu'elle devrait être. Débarrassée de ses fantômes.

---

1. Ou si peu, avec ces explications mégotées dans ses entretiens avec Wiesel.

2. Auteur d'une œuvre monumentale sur *La Destruction des Juifs d'Europe*, Fayard, 1988. Son apparition dans le film de Claude Lanzmann, *Shoah*, permit de le faire connaître.

L'enjeu ? Comment dire... une certaine idée de la France. Mais au moment où j'écris ces mots – *une certaine idée de la France* –, comme ils semblent dérisoires, inadaptés pour parler de lui. Comme ils sonnent creux avec leur grandiloquence un peu raide, bien trop vertueuse, qui convient mal à l'amoraliste Mitterrand, dont la couleur préférée était le gris. En juin 1994, lors d'une visite dans la maison de Lamartine, nous marchions et nous nous amusions, comme Rimbaud avec les voyelles, à attribuer des couleurs aux pays. Selon lui, le gris disait la France : « Le gris profond des toits qui défilent à la fenêtre du train, le gris heureux de la lavande en Provence, le gris-vert presque marron de la Champagne couleur cadavre de la Grande Guerre... » Le gris France...

Durant des mois, j'ai tenté, au cours des entretiens en vue de ces *Mémoires interrompus* qui méritent leur nom, de le faire sortir de son entêtement à fuir la question Bousquet. Il ne pouvait mourir ainsi et, dans une orgueilleuse espérance, je me convainquais qu'il devait me fournir une raison pour avoir partagé son exil. C'était devenu une question obsédante. Il fallait que je trouve quelque chose qui lui interdise de feinter encore ou d'interrompre un de nos entretiens en prenant son air de crucifié.

J'ai longtemps cherché l'argument implacable, celui qu'il reprendrait à son compte, pour dissiper – à jamais – ce « chagrin Bousquet ». Il devait, selon moi, réunir trois conditions pour être entendu de lui, puis par les lecteurs de notre livre. Que la proposition ne soit pas un reniement pour lui ; qu'elle soit pertinente ; que sa réponse justifie une rectification si tardive.

En tournant autour de la notion de « fascisme français » appliquée à Vichy, cette thèse développée à la fin des années 70 par Zeev Sternhell [1], j'en concluais que le concept était trop flou, trop réducteur pour *dire* l'Etat français de Pétain et même le Mal... Pour reprendre une phraséologie marxiste, cette analyse de Vichy valorisait trop la « superstructure » vichyste, sans nuance, en méconnaissant l'« infrastructure », la machine administrative à tuer, sa logique et ses règles. Au moment où cette idée était en vogue, Lanzmann n'avait pas encore fini *Shoah* et personne ne connaissait Raul Hilberg et son admirable enquête sur *La Destruction des Juifs d'Europe*. En outre, on confondait là les « nazis de gauche de Paris » et les pétainistes. On faisait l'impasse sur l'essentiel, la mécanique institutionnelle qui conduisit à l'extermination de soixante-quinze mille Juifs français. L'antisémitisme d'Etat, les statuts de 1940 et de 1941 furent autant de conditions liminaires, mais sans le concours de Bousquet le « républicain » et de ses semblables, la collaboration des élites françaises et la ponctualité de la SNCF, rien n'aurait été possible.

---

1. En 1978, l'historien Zeev Sternhell démontre le caractère totalitaire du régime de Vichy, enraciné dans une tradition française de révolte contre l'idéologie des Lumières et la modernité (*La Droite révolutionnaire, 1885-1914 : les origines françaises du fascisme*, Gallimard). Depuis, l'historiographie dominante française, dont Pierre Milza et Michel Winock, s'emploie à réfuter cette thèse. Deux ouvrages des années 90 la reprennent : Bernard Comte, *Une utopie combattante : l'école des cadres d'Uriage*, Fayard, 1991 et Jacques Nobécourt, *Le Colonel de La Rocque ou les pièges d'un nationalisme chrétien*, Fayard, 1996.

On apprend avec les travaux de Paxton et Klarsfeld [1] notamment que le plus criminel des Vichy [2] n'était pas celui que l'on croyait. Pas le Vichy maréchaliste, antisémite et maurrassien des débuts ; ni même le dernier Vichy, ouvertement pronazi avec Déat, Doriot et Darnand [3]. L'histoire officielle a occulté cela : Joseph Darnand, si furieusement sanguinaire et antisémite, avait été moins déporteur que René Bousquet, cet assassin de l'âge industriel.

Je tenais mon argument. Il fléchirait ce jour-là – j'en étais convaincu.

---

1. Robert O. Paxton, *Vichy et les Juifs*, Calmann-Lévy, 1981 ; Serge Klarsfeld, *Vichy-Auschwitz*, 2 vol., Fayard, 1983 et 1985.

2. L'historiographie du régime de Vichy est riche en « coupures », distinctions entre les différentes composantes de l'Etat français. Dès les années 50, André Siegfried (*De la IIIe à la IVe République*) et Robert Aron (*Histoire de Vichy*) distinguent le « bon Vichy », celui du maréchal Pétain, et le Vichy de Pierre Laval. Au même moment, Stanley Hoffman parle de dictature « pluraliste », pour lui les coupures chronologiques sont moins importantes que les composantes idéologiques et politiques du régime (*Revue française de sciences politiques*, janvier-mars 1956). Thèse reprise avec des variantes par Henri Michel (*Vichy, année 40*) et Robert O. Paxton (*La France de Vichy 1940-1944*). Les décennies suivantes affinent ou contestent ces distinctions. Pour certains, la coupure d'avril 1942, le retour de Laval aux affaires, demeure, pour d'autres, elle n'oppose que des différences de méthodes. De nouvelles séparations apparaissent : celle du 13 décembre 1940, celle de l'été 1941 avec le discours du « vent mauvais », celle de 1944 avec un nouvel Etat milicien (Michèle Cointet, *Vichy et le fascisme*). Au total, Yves Durand (*Vichy 1940-1944*) en distingue six. Marc-Olivier Baruch privilégie le tournant de novembre 1942 et divise le régime en cinq périodes (*Le Régime de Vichy*).

3. Cf. *supra* p. 74.

Combien de fois lui en ai-je parlé ? Depuis un an, à toute occasion, on y revenait et, malgré la pression de l'opinion, l'intervention de Badinter et de quelques autres, ses colères et nos disputes, il n'avait rien changé sur le fond. Cette fois pourtant j'avais trouvé. Je lui présentais une issue honorable, pensais-je, un peu exalté ce jour d'octobre 1995 en arrivant rue Frédéric-Le Play.

Il m'attendait dans son bureau. Il me reçut sans bouger de son divan de psychanalyste, jambes en l'air, enveloppé de couvertures, avec à portée de main, sur une petite table basse, le nécessaire de ses journées – quelques livres dont ce mémoire de Louis XIV à son fils [1], des courriers et une curieuse médaille juive qui lui avait été décernée par le rabbin Sirat, et dont je me demandais, à chaque visite, si elle était un signe de son ironie ou une preuve de son amitié intacte pour les Juifs – il la conserva jusqu'à la fin je crois.

Quelques méchancetés sur les premiers pas de Jacques Chirac – il désignait d'un geste mutin la fenêtre, la France de Juppé dans la rue, le bruit des embouteillages – et nous nous mîmes au travail.

Je le trouvai disponible et, croyant pouvoir passer les frontières de sa méfiance, je lui reparlai de sa mention bien insuffisante de la « question Bousquet [2] » dans ses entretiens avec Wiesel qui venaient de paraître :

---

1. Louis XIV (roi de France), *Mémoire pour l'instruction du Dauphin*, présenté par Pierre Goubert, Imprimerie Nationale, 1992.

2. François Mitterrand, Elie Wiesel, *Mémoire à deux voix*, Odile Jacob, 1995, p. 102-105.

« Monsieur le Président, parler de faute comme vous l'avez fait avec Wiesel n'est pas suffisant. Par son implication dans les accords Oberg, par sa volonté d'être souverain sur sa police qui effectua elle-même des rafles, Bousquet a commis plus que des " fautes qui ont entraîné des crimes ". Il a commis des crimes, des crimes contre l'humanité : ce n'est pas suffisant ! Il faudrait qu'une vraie prise de position vienne clore cette affaire. Voilà ma proposition. »

Je lui tendis un papier sur lequel j'avais écrit ce texte :

« Seule l'Histoire récente a pu m'instruire sur les agissements de René Bousquet en 1942 dans la préparation de la rafle du Vél' d' Hiv'. Sa volonté de souveraineté sur la police française lui servit de troc contre la participation aux rafles du Vél' d' Hiv'; le rôle de la machine administrative et policière dans les mains du secrétaire général de la police de Vichy n'a pas été examiné comme il se doit à l'occasion du procès de 1949 – qui le condamne puis le relève aussitôt de son indignité nationale. Par ailleurs, seule l'Histoire contemporaine a pu nous renseigner sur la dimension systématique et bureaucratique de la plus importante opération de déportation des Juifs de France. Cela on n'a pu le savoir qu'au début des années 80. »

L'air était pesant dans cette pièce blanche et close, uniquement reliée à la vie par le vacarme des klaxons qui montait du carrefour de La Motte-Picquet. Un silence, son regard perplexe. Pas un mot. Il s'empara de la feuille, s'étendit sur sa couche, sortit son gros stylo – c'était un signe d'intérêt – et se mit à lire : cette fois, il ne s'était pas crispé au nom de Bousquet, ne m'avait pas toisé avec ce regard inquiet et haineux qu'il avait quand je lui en reparlais. Il n'avait rien dit, vissait et dévissait son stylo, semblait s'être mis au travail, annotait un mot puis un autre, hochait la tête. Je retenais mon souffle, espérant pour la première fois avoir trouvé une faille dans ce mur.

La veille, j'en avais rêvé – un hasard singulier m'avait conduit dans la nuit aux abords de la bibliothèque qui porterait son nom. D'une péniche où je me trouvais, j'observais ces quatre tours en construction dont les hauteurs avaient de quoi rassurer le monarque inquiet de sa postérité. La nuit était magnifique. Elle chassait ma tristesse de voir ce livre d'entretiens avec lui s'enliser dans les sables mouvants de son agonie. Et je me dis tout à coup qu'il allait mourir, vite, bientôt. J'ai été envahi d'un frisson, une idée folle m'a traversé l'esprit, elle était en suspension : j'avais une mission, je devais crever l'*abcès Bousquet*, extirper ce dernier fantôme. Je me sentais exalté, un peu fou. Cette fièvre ne m'avait pas quitté ce jour-là. Face à lui j'attendais. J'espérais.

Une fois sa lecture minutieuse achevée, j'avançai prudemment : « Y avez-vous pensé, monsieur le Président, ce sont les hauts fonctionnaires radicaux de la IIIe République, ceux de Laval qui ont été les véritables déporteurs, plus que les fascistes. C'est une vérité récemment mise au jour... »

Il approuva du menton cette information, prenant un air de déférence étonnée, un œil posé sur moi, l'autre sur cette feuille entre ses mains, intrigué par cette bizarrerie historique, bienveillant pour une fois, alors qu'il s'agissait encore de Bousquet · « Je ne savais pas... Vous me l'apprenez. Effectivement, il faut regarder ça.

Il relut le texte à deux reprises et lança un : « Ah, Darnand » avec le même regard brillant et la même intonation que son « Ah, Vichy... [1] ! »

« Darnand, c'était un grand héros de 14-18... Une gueule à moustache, petit, trapu mais une force de la nature... Avec une poignée d'hommes, il avait fait, le 14 juillet 1918, au Mont-sans-Nom une percée incroyable contre les Allemands [2]. C'était un grand héros avant que cela ne tourne mal pour lui [rires]. »

– L'avez-vous rencontré ?

– Oh non, [un effroi dans la voix], vous pensez : à l'époque où il était chef de la police et de la Milice [3], il nous pourchassait, moi et mes amis... ! Mais rendez-vous compte, quel destin ! [Un air de grand dépit.] Ce type, héros de 14-18 qui se retrouve sur le front de l'Est avec l'uniforme SS... On dit qu'il avait voulu rallier de Gaulle en 1942, mais que de Gaulle ayant

---

1. Cf. chapitre 7.

2. Son action la plus remarquable, la capture de vingt-quatre Allemands, qui lui a valu la médaille militaire, remise par le général Pétain en personne, date du 14 juillet 1918 et s'est déroulée en Champagne, à l'est de Reims, au Mont-sans-Nom. Auparavant il a obtenu la croix de guerre en novembre 1917 et quatre citations pour des coups de main contre l'ennemi, sur le front champenois (Cf. Hugues Viel, *Darnand*, Paris, Picollec, 1995).

3. Opérationnelle à partir de janvier 1943 et dirigée par Joseph Darnand, instrument de lutte contre les Juifs, les communistes, les résistants, les démocrates, la Milice s'engagea dans une collaboration sanglante avec l'occupant : assassinats de personnalités (Jean Zay, Georges Mandel), tortures de résistants, institution de cours martiales, destruction des maquis, répression de soulèvements populaires.

repoussé ses avances – Darnand était déjà très engagé dans la Collaboration –, il est allé au bout extrême de sa folie avec la LVF. Vous vous rendez compte : quelle trajectoire et quelle folie ! »

Malgré son intérêt pour le texte, ou plutôt pour un détail de celui-ci, je restais méfiant. Il vagabondait, il risquait encore de m'échapper dans ses réminiscences. Je tentais de le ramener au sujet, à la criminalité comparée de Bousquet et de Darnand.

« Oui, et pourtant, lui et la Milice ont beau avoir traumatisé la France avec leurs attaques des maquis, leurs exactions, leurs exécutions de Juifs, de résistants ou de ministres... Eh bien, monsieur le Président, ils ont moins assassiné que Bousquet. Depuis cinquante ans la légende est trompeuse mais l'histoire est ainsi... »

Je lui réitérai ma proposition de texte – elle s'intégrerait parfaitement dans nos conversations –, il se mit à réfléchir, en marmonnant. Il pesait, évaluait, puis reprit à haute voix : « Darnand ? Bousquet ? Vous y croyez vraiment ? [Une moue méfiante.] Pourtant, dans la Milice, ce n'étaient pas des enfants de chœur. » Et il resta ainsi, silencieux, le regard au plafond, la feuille chiffonnée dans sa main ballante.

Au bout d'un moment, un coup de klaxon, plus brutal que les autres, le fit sursauter. Il reprit le texte, traficota son stylo, cocha un mot, retoucha une phrase. Le silence m'intimidait. S'il se prolongeait, il changerait d'avis. Alors, pensant que la partie était gagnée, je répétai d'une phrase insistante mon argument.

Brusquement il se redressa, comme s'il se tirait d'une torpeur, où son corps, son esprit, sa vigilance s'étaient relâchés. Il jeta son gros stylo sur la table basse et lentement me tendit mon texte en laissant tomber : « Non... Je n'ai pas envie. J'ai tout dit... » Puis, retrouvant son aplomb, il conclut, d'un ton définitif : « Et puis, de toute manière... cette " histoire Bousquet " – qu'on a voulu m'accrocher –, elle ne restera pas. »

Avait-il un instant été tenté par cette « sortie de l'affaire Bousquet » ? Ou s'était-il joué de moi... ? Cette phrase n'était pas improvisée. Elle venait de loin, comme celles des vieillards, qui font des certitudes qui leur restent le sédiment de leurs ressassements. Des phrases-cailloux impénétrables très souvent : celle-ci sonnait comme sa religion ultime. Sur Bousquet, plus rien à faire. Repassant en revue les détails de sa postérité, il avait décidé qu'il ne dirait rien, ne ferait rien car tout finit par se déliter.

Je tentai une protestation, un peu plus véhémente que les autres. Il me rendit le texte, et lâcha : « Tout de même... Il y en a qui sont obsédés. »

Son regard quand il lança cette rafale ; la crispation de sa mâchoire au moment de prononcer cet « obsédés ». La phrase résonne encore en moi. Je m'étais fracassé contre son orgueil.

25

Le premier enterrement *

Il maugréait dans cette petite pièce d'où il sortait peu ; c'était un bureau où il ne travaillait pas, et où s'entassaient des dossiers, du courrier, des reliques ; une chambre improvisée où il n'arrivait pas à dormir, un salon où il recevait à peine. Rue Frédéric-Le Play, on lui avait reconstitué un Elysée en miniature pour le rassurer ; c'était un lieu provisoire où tous, ses secrétaires et ses gendarmes, se mentaient, lui mentaient, et lui inventaient un avenir. Un exil parisien où il faisait toujours trop chaud ou trop froid, et où la lumière était trop blanche, couleur hôpital, derrière ces fenêtres ajourées ; un lieu à part, ni appartement, ni bureau, la salle d'attente de sa fin.

Depuis le discours du nouveau président de la République au Vél' d'Hiv' [1], il était jeté là, sur son divan. Il s'agitait et marmonnait. Lorsque j'arrivais il semblait sortir d'une longue colère – cinq jours depuis cet événement. Je le trouvai dans une position

* *(Rue Frédéric-le Play, 21 juillet 1995.)*

1 Le 16 juillet 1995, Jacques Chirac reconnaît « les fautes commises par l'Etat » dans la déportation des Juifs de France et l'existence d'une « dette imprescriptible » à leur égard.

de désolation, mal couché sur son divan, le corps tourmenté, zigzaguant, recroquevillé. Dès qu'il me vit, il claironna : « Vous avez vu Chirac, c'était son heure de gloire », appuyé par un geste de la main vers la fenêtre qui devait désigner le Vél' d'Hiv' tout proche.

Il était allongé et seule sa main droite, suspendue en l'air, chiffonnait une feuille de papier : « Vous avez vu Chirac... Tout cela est contre moi... ! Vous parlez d'un discours démagogique... Même de Gaulle doit se retourner dans sa tombe. »

Contre lui... Le dimanche 16 juillet à 11 heures, Jacques Chirac, devant le monument [1] du Vél' d'Hiv', parla de Vichy, seulement de Vichy. Il ne prononça pas une fois le nom de François Mitterrand. Personne, parmi les orateurs, ne cita l'ancien président, ne l'attaqua pour la gerbe de l'île d'Yeu, son attachement à Pétain, sa fidélité à Bousquet – ni même ne le remercia pour l'instauration de la journée commémorative [2]. Mais ce jour-là tout accablait Mitterrand. Le discours de son successeur, irréprochable ; l'émotion de la foule, immense cette année,

1. Une statue de bronze de Walter Spitzer, édifiée pour célébrer la mémoire des victimes de la rafle du V'el' d'Hiv', à l'endroit de l'ancien vélodrome, inaugurée le 17 juillet 1994, par François Mitterrand.

2. Le 3 février 1993, un décret institue, chaque année, le dimanche suivant la date du 16 juillet (anniversaire de la rafle du Vél' d'Hiv' de 1942), une « journée nationale commémorative des persécutions racistes et antisémites commises sous l'autorité de fait dite "gouvernement de l'Etat français" (1940-1944) »

les remerciements de Bulawko [1], la fierté historique de Klarsfeld, l'enthousiasme des éditorialistes le lendemain, et même les félicitations des socialistes au nouveau président. On avait entendu Jacques Chirac mais on n'avait vu que lui, le grand absent, le maudit, lui Mitterrand. Dans tous les plis du discours, désigné à chaque phrase. Son fantôme planait sur le Vél' d'Hiv' – où la « guerre de la mémoire » avait commencé, trois ans plus tôt, dans les sifflets du 16 juillet 1992.

Il reprit en pointant la fenêtre, et derrière la tour Eiffel et le Vél' d'Hiv' : « Et Klarsfeld... Ce devait être aussi son jour de gloire... Il triomphe. Chirac lui devait bien ça, depuis le temps qu'il fait campagne pour lui. Il paie sa dette...

– Vous pensez que ce soit la seule explication à la position de Chirac, monsieur le Président ?

– Et comment... ! Pour une fois, Juillet et Garaud [2] ont raison... La première chose condamnable dans Vichy c'est justement d'avoir tiré un trait sur la République. Puis il y a eu après l'instauration de ce régime arbitraire, la législation antisémite... J'ai condamné le régime de Vichy, et la République l'a condamné car Vichy – même si j'y étais – c'est la négation de la

1. Henri Bulawko, président de l'Amicale des anciens déportés juifs de France.

2. Dans *Le Monde* du 22 juillet 1995, Marie-France Garaud et Pierre Juillet écrivent dans un article intitulé, « Non, Vichy n'était pas la France » : « Reconnaître que le " gouvernement de Vichy " a agi et décidé au nom de la France, c'est dire que de Gaulle était un général rebelle et ses compagnons, Français libres et résistants, des aventuriers. [...] La République est libre ou elle n'est pas. Un Etat asservi n'est plus un Etat. »

République, alors je ne vois pas pourquoi la France devrait s'excuser de crimes dans lesquels elle n'a rien à voir collectivement, des crimes commis par des minorités activistes complices des Allemands... La France de l'époque, c'était des millions de braves gens paumés, patriotes et antiallemands... Pas des antisémites... »

Il brandit une petite feuille de papier – qu'il avait préparée visiblement – qu'il triturait depuis mon arrivée, la déplia, mit ses grosses lunettes loupe et lut, ou plutôt fit mine de lire. « La République française en hommage aux victimes des persécutions racistes et antisémites et des crimes contre l'humanité commis sous l'autorité de fait dite " gouvernement de l'Etat français " 1940-1944. N'oublions jamais. » Il connaissait le texte par cœur et l'avait déclamé d'une voix sourde et vaguement solennelle.

« On a l'air d'oublier que c'est moi qui ai fait inscrire cela sur le Vél' d'Hiv' – mais l'a-t-on vraiment lu ? On a l'air d'oublier que c'est moi qui ai décidé de cette journée de commémoration nationale en 93. Lequel de mes prédécesseurs l'avait fait avant... ? »

Je ne lui répondis pas, ce n'était pas une conversation mais un long silence dont des bribes de monologue rompaient la torpeur de juillet. « L'a-t-on vraiment lu ?... » Il pointa son doigt vers moi – je devais être l'incarnation de la meute à l'instant – et scanda de petites phrases hachées, essoufflées, retenues depuis des jours qu'il était là à enrager seul, à ne pas pouvoir leur répondre, se défendre, respirer.

« Est-ce ambigu, ceci... ? Est-ce la manifestation de je ne sais quel pétainisme... ? Est-ce écrit ou n'est-ce pas écrit... ? »

Il se tut après cette tirade saccadée, puis poursuivit, lentement, distinctement, comme apaisé :

« Moi, je suis sur la ligne de tous les présidents de la République : de Gaulle, Pompidou, Giscard. Nous sommes tous d'accord sur l'impossible confusion entre la France et Vichy... Voilà pourquoi je suis opposé à la thèse exprimée par Chirac. Lui, est en rupture avec cette position. »

Il avait dit « nous sommes tous d'accord » avec une telle aisance que je n'en revenais pas. *Nous sommes tous d'accord*... Les anciens présidents, les morts et lui. Il avait même appelé Giscard à la rescousse, et semblait rasséréné de rctrouver de tels compagnons dans sa haute solitude, une lignée dont il était un point d'appui.

Il se renfrogna un moment, vaincu, bougon, puis leva un œil aigu : « On polémique contre moi avec des arguments de mauvaise foi, on fait dans l'à-peu-près historique. On joue sur les mots... On oppose les témoins et les historiens. [Un long silence.] Et surtout, on règle des comptes avec moi... Vous avez remarqué : la haine dans l'air contre moi... » Il me faisait penser à Vittorio Gassman dans *Parfum de femmes*, museau à l'affût. Lui, le *parfum de haine* le fouettait encore.

Il avait raison. La cérémonie du 16 juillet avait été la véritable investiture de Chirac : un règne s'ouvrait ; le sacre de l'Autre était son éclipse à lui ; la fête de Chirac, sa première mort. Seule différence avec Charles Quint [1], François Mitterrand n'avait pas été

1. La légende veut que Charles Quint ait assisté à la répétition de ses obsèques. Cette scène reste une énigme de l'histoire.

l'instigateur de ces obsèques-là, mais il y avait assisté. De la rue Frédéric-Le Play au Vél' d'Hiv', il y a moins d'un arrondissement, les quelques centaines de mètres du Champ-de-Mars, et j'imaginais qu'à l'heure de la cérémonie il était là, seul, et devait penser à eux, à la Chiraquie triomphante, au monde des vivants qui le narguait à deux pas de son exil. Il enrageait contre Chirac, les ministres de droite, les anciens ministres de gauche, les personnalités, les enfants de déportés, les intellectuels et les badauds, venus là comme sur sa tombe.

Ces obsèques, il n'en avait pas choisi le moment, le prétexte ou les acteurs, mais il en avait suivi le défilé, lu le livre de condoléances, entendu les insultes et la clameur. Il avait assisté au banquet de deuil, aux réjouissances, au triomphe de ses ennemis – cette liberté nouvelle, totale désormais, de le haïr. Et tout cela devait résonner jusque chez lui. Il était encore vivant, et les autres là-bas, à deux pas, de l'autre côté du Champ-de-Mars, au Vél' d'Hiv', l'ensevelissaient.

Il en parlait comme si chacun des commentateurs, des écrivains, du moindre jospinien à l'intellectuel le plus obscur, y avait été de sa pelletée. Il étouffait, il suffoquait. Il ne voyait que sa mort. Depuis cinq jours, il tenait les comptes de ce qu'il appelait les « ralliements à Chirac ». La plus insignifiante des déclarations, la moindre des tribunes publiées dans *Le Monde* ou *Libération* le faisaient sursauter. « Rocard et Julliard bien sûr... Jospin malheureusement... Et tous ces jeunes socialistes qui me haïssent... Et les amis de Jospin... »

Il pestait, il grognait, il crachait des mots : « Des suivistes... des suivistes... ceux qui se sont rués pour féliciter Chirac ne sont que des suivistes et des petits-bourgeois conformistes... Regardez Rocard qui rend hommage à Jacques Chirac... Vous prenez ça au sérieux ? Mais il ne s'agit, dans son cas, que de régler des comptes avec moi. »

Et il brandissait à nouveau le texte de 1994 : « Mais l'a-t-il seulement lu... ? », et la feuille toujours en l'air, la pauvre feuille malmenée, il égrenait dans tous les sens le nom de ces assassins du 16 juillet : « Même Jospin qui n'a pas manqué une occasion de m'attaquer une nouvelle fois... Et j'allais oublier mon ami [il prit un accent pointu pour répéter mon ami] Elie Wiesel qui voit dans Chirac un sauveur de la France. »

Avec le peu de forces qui lui restait, il plaidait – vieille habitude vitale –, s'agitait, retrouvait des preuves, énumérait ses gestes d'amitié envers les Juifs. Il se débattait, se trouvait encore des arguments, pointait les défauts dans la cuirasse de Chirac – cette histoire de « responsabilité collective » – mais rien n'y faisait. L'Histoire avançait. Il était devenu le symbole, le Père fautif, le Rescapé du Grand Mensonge, il avait fait obstacle, et « comme on est toujours accablé par ses successeurs » – comme il disait – cette Histoire l'exécutait. Il avait beau cogner, protester, en appeler au monde de la surface, à la raison, à la clémence, à la survie, comme les enterrés vivants on ne pouvait plus l'entendre.

Il se leva pour sa promenade quotidienne et, en sortant de la pièce où nous nous tenions, nous sommes passés par un petit couloir – un sas délimitant les deux parties de l'appartement. Je m'arrêtai un instant devant un grand tableau d'honneur, style IIIe République, accroché au mur : tous les présidents de la République depuis 1871. Un coup d'œil machinal. Pas de Pétain dans la liste – le document républicain n'avait pas prévu sa place. Après François Mitterrand, une case vide : pas de photo de Chirac.

François Mitterrand remarqua que j'avais vu. Il se mit à rire, et s'excusa avec trop de zèle pour être honnête : « Oh, n'y voyez pas de mauvais esprit... On n'a pas eu le temps de la remplir... »

Il soupira, prit une expression embarrassée, quelque chose le chagrinait. Avec un faux air paternel, presque ennuyé pour l'autre, il me confia : « Chirac et moi, nous parlons souvent. Il m'appelle, prend de mes nouvelles, nous discutons... Il a des qualités – c'est indéniable – mais il a un problème : il agit et il réfléchit ensuite. Regardez les essais nucléaires et le Vél d'Hiv'. Il est trop impulsif et ça lui joue des tours... » Il n'était pas tout à fait mort.

Un silence, mais il n'avait pas terminé. Il restait dans le corridor, désolé, cherchant ses mots. A ma grande stupéfaction, il répéta cette phrase – que je l'avais déjà entendu prononcer au moment de sa sortie de l'Elysée et que je mettais alors sur le compte de l'émotion ou de l'amertume : « Vous savez... Avec l'Europe, ce ne sera plus pareil... En fait, je suis *le dernier des grands présidents*... » Il avait dit *le dernier des grands présidents* d'une voix assourdie, confidente, presque banale, comme si, pour rendre le propos moins vertigineux, il avait tenté de l'amortir. D'un geste de la main, il sembla chasser les fantômes qui nous avaient accompagnés.

REMERCIEMENTS

à

Pierre Bergé, pour l'« ami du samedi »
Olivier Orban, mon éditeur et mon ami
Berthe Schwartzenberg
Marie-Caroline Boussard
Emmanuelle Morau
et, bien sûr, Thérèse-Marie Mahé

BIBLIOGRAPHIE

Sur l'Occupation et le régime de Vichy

Etudes

Amouroux, Henri, *La Grande Histoire des Français sous l'Occupation*, 4 vol. collection Bouquins, Paris, Robert Laffont, 1981, 1983, 1998

Andrieu, Claire, *La Banque sous l'occupation : paradoxes de l'histoire d'une profession*, Paris, Presses de la FNSP, 1990

Aron, Robert, *Histoire de Vichy*, Paris, Fayard, 1954

Azéma, Jean Pierre, *De Munich à la Libération*, Paris, Seuil, Points, 1979 ; *1940 : l'année terrible*, Paris, Seuil, 1990

Azéma, Jean Pierre, Wieviorka, Olivier, *Vichy : 1940-1944*, Paris, Perrin, 2000

Azéma, Jean Pierre, Bédarida, François (dir.), *Vichy et les Français*, Paris, Fayard, 1992 ; *La France des années noires*, Paris, Seuil, 1993 ; *Années de tourmente*, dictionnaire critique, Paris, Flammarion, 1995

Baruch, Marc Olivier, *Le régime de Vichy*, Paris, La Découverte, 1996 ; *Servir l'Etat français : l'administration en France de 1940 à 1944*, Paris, Fayard, 1997

Berl, Emmanuel, *La Fin de la IIIe République*, Paris, Gallimard, 1968

Bloch, Marc, *L'Etrange défaite*, Paris, éd. Franc-Tireur, 1946 (Gallimard, Folio, 1990)

BURRIN, Philippe, *La Dérive fasciste : Doriot, Déat, Bergery*, Paris, Seuil, 1986 ; *La France à l'heure allemande*, Paris, Seuil, 1995

COINTET, Jean-Paul, *Pierre Laval*, Paris, Fayard, 1993 ; *La Légion française des combattants : 1940-1944 : la tentation du fascisme*, Paris, Albin Michel, 1995 ; *Histoire de Vichy*, Paris, Plon, 1996 ; *Marcel Déat*, Paris, Perrin, 1998

COINTET-LABRUSSE, Michèle, *Vichy capitale : 1940-1944*, Paris, Perrin, 1993

CONAN, Eric, ROUSSO, Henry, *Vichy un passé qui ne passe pas*, Paris, Fayard, 1994

CONSTANTIN-WEYER, Maurice, *Vichy et son histoire des origines à nos jours*, Paris, Office d'édition du livre d'histoire, 1997

CORDIER, Daniel, *Jean Moulin, l'inconnu du Panthéon*, 3 vol., Paris, Jean-Claude Lattès, 1989-1993 ; *Jean Moulin, La République des catacombes*, Paris, Gallimard, 1999

DELPERRIÉ DE BAYAC, Jacques, *Histoire de la Milice : 1918-1945*, Paris, Fayard, 1969

FERRO, Marc, *Pétain*, Paris, Fayard, 1987

FROMENT, Pascale, *René Bousquet*, Paris, Stock, 1994

HAZERA, Jean-Claude et ROCHEBRUNE, Renaud de, *Les Patrons sous l'Occupation*, Paris, Odile Jacob, 1995

HILBERG, Raul, *La Destruction des Juifs d'Europe*, Paris, Fayard, 1988

JÄCKEL, Eberhard, *La France dans l'Europe de Hitler*, Paris, Fayard, 1968

KASPI, André, *Les Juifs pendant l'Occupation*, Paris, Seuil, 1991

KLARSFELD, Serge, *Vichy-Auschwitz : le rôle de Vichy dans la solution finale*, t.I : *1940-1942*, t.II : *1943*, Paris, Fayard, 1983 et 1985 ; *Le statut des Juifs de Vichy* : documentation, textes rassemblés par les Fils et Filles de déportés juifs de France, Paris, 1990

KUPFERMAN, Fred, *Laval*, Paris, Balland, 1987

LÉVY, Bernard-Henri, *L'Idéologie française*, Paris, Grasset, 1981

LOTTMAN, Herbert R., *Pétain*, Seuil, 1984

MARRUS, Michael, PAXTON, Robert, *Vichy et les Juifs*, Paris, Calmann-Lévy, 1981

MISSIKA, Dominique, *Le Chagrin des innocents : itinéraires d'enfants juifs de 1939 à 1947*, Paris, Grasset, 1998

ORY, Pascal, *La France allemande : paroles du collaborationnisme français (1933-1945)*, Paris, Gallimard, 1977 ; *Les Collaboratateurs : 1940-1945*, Paris, Seuil, 1976

PAXTON, Robert, *La France de Vichy : 1940-1944*, Paris, Seuil, 1973

PÉAN, Pierre, *Vies et morts de Jean Moulin*, Paris, Fayard, 1998

POZNANSKI, Renée, *Etre Juif en France pendant la seconde guerre mondiale*, Paris, Hachette, 1994

RIOUX, Jean Pierre (dir.), *La Vie culturelle sous Vichy*, Bruxelles, Complexe, 1990

ROUQUET, François, *L'Epuration dans l'administration française, agents de l'Etat et collaboration ordinaire*, Paris, Ed. du CNRS, 1993

ROUSSO, Henry, *Pétain et la fin de la collaboration : Sigmaringen : 1944-1945*, Bruxelles, Complexe, 1984 ; *Le Syndrome de Vichy : 1944-198...*, Paris, Seuil, 1987 ; *Vivre sous l'occupation*, Paris, Gallimard, 1992

VEILLON, Dominique, *La Collaboration : textes et débats*, Paris, Hachette, 1984

WEBSTER, Paul, *L'Affaire Pétain*, Paris, éd. du Félin, 1993

WIEVIORKA, Olivier, *Nous entrerons dans la carrière*, Paris, Seuil, 1994

TÉMOIGNAGES

ARBELLOT, Simon, *Eau de Vichy, vin de Malaga : souvenirs d'un consul général*, Paris, éd. du Conquistador, 1952

BARTHÉLEMY, Joseph, *Ministre de la Justice : Vichy : 1941-1943*, Paris, Pygmalion, 1989

BAUDOUIN, Paul, *Neuf mois au gouvernement*, Paris, La Table Ronde, 1948

BÉNOUVILLE, Pierre-Guillain de, *Le sacrifice du matin : récit*, Genève, La Palatine, 1945

BOUTHILLIER Yves, *Le drame de Vichy, t.I, t.II : Finances sous la contrainte*, Paris, Plon, 1951

MARTIN DU GARD, Maurice, *La Chronique de Vichy*, Paris, Flammarion, 1948

MOULIN DE LABARTHÈTE, Henri du, *Le Temps des illusions : souvenirs : juillet 1940-avril 1942*, Genève, Ed. du Cheval ailé, 1946

STRUCKI, Walter, *La Fin du régime de Vichy*, Neuchâtel, éd. de la Baconnière, 1947

ŒUVRES LITTÉRAIRES, ESSAIS

ARON Raymond, *De Gaulle, Israël et les Juifs*, Plon, 1968

BOVE, Emmanuel, *Le Piège*, Paris, P. Trémois, 1945

CÉLINE, Louis Ferdinand, *D'un château, l'autre*, Gallimard, 1957

LAMBRON, Marc, *1941 : roman*, Paris, Grasset, 1997

MODIANO, Patrick, *La Place de l'Etoile », Paris, Gallimard, 1968; Dora Bruder*, Paris, Gallimard, 1997

SEVRAN, Pascal, *Vichy-dancing : roman*, Paris, Albin Michel, rééd. 1999

Sur François Mitterrand

TÉMOIGNAGES

ADLER, Laure, *L'Année des adieux*, Paris, Flammarion, 1995

ATTALI, Jacques, *Verbatim I, II et III*, Paris, Fayard, 1993, 1994, 1995

D'ORMESSON, Jean, *Le rapport Gabriel : roman*, Gallimard, 1999

GOUZE, Roger, *Mitterrand par Mitterrand : l'homme*, l'écrivain, Paris, Cherche-Midi, 1994

SEVRAN, Pascal, *Mitterrand : les autres jours*, Paris, Albin Michel, 1998

VÉDRINE, JEAN (DIR.), *Dossier PG-Rapatriés 1940-1945*, t. I et II, Asnières, Impr. Daniel, 1981

VÉDRINE, Hubert, *Les Mondes de Franìois Mitterrand : à l'Elysée : 1981-1995*, Paris, Fayard, 1996

BIOGRAPHIES, ÉTUDES, ESSAIS

ALEXANDRE, Philippe, *Plaidoyer impossible pour un vieux Président abandonné par les siens*, Paris, Albin Michel, 1994

AZÉROUAL, Yves, DERAI, Yves, *Mitterrand, Israël et les juifs*, Paris, Bibliophane, Laffont, 1990

BALVET, Marie, *Le Roman familial de François Mitterrand*, Paris : Plon, 1994

BARBIER, Christophe, *Les Derniers Jours de François Mitterrand*, Paris, Grasset, 1997

BORZEIX, Jean-Marie, *Mitterrand lui-même*, Stock, 1973

CAYROL, Roland, *François Mitterrand, 1945-1967*, FNSP, 1967

COLOMBANI, Jean-Marie, *Portrait d'un président : le monarque imaginaire*, Paris, Gallimard, 1985; et PORTELLI, Hugues, *Le Double Septennat de François Mitterrand*, Paris, Grasset, 1995

COHEN, Annie, *Histoire d'un portrait*, Arles, Actes Sud, 1992

DANIEL, Jean, *L'ère des ruptures*, Paris, Grasset, 1979; *Les Religions d'un président*, Paris, Grasset, 1988

DEBRAY, Régis, *Loués soient nos seigneurs*, Paris, Gallimard, 1996

DU ROY, Albert, et SCHNEIDER, Robert, *Le roman de la rose : d'Epinay à l'Elysée*, l'aventure des socialistes, Paris, Seuil, 1982

DUHAMEL, Alain, *De Gaulle-Mitterrand, la marque et la trace*, Paris, Flammarion, 1991; *Portrait d'un artiste*, Paris, Flammarion, 1997

DUHAMEL, Eric, *François Mitterrand : l'unité d'un homme*, Paris : Flammarion, 1998

FAUX, Emmanuel, LEGRAND, Thomas, PEREZ, Gilles, *La main droite de Dieu : enquête sur François Mitterrand et l'extrême droite*, Paris, Seuil, 1994

FAVIER, Pierre, MARTIN-ROLAND, Michel, *La décennie Mitterrand*, t.I : *Les ruptures (1981-1984)*, t.II : *Les épreuves (1984-1988)*, t.III : *Les défis (1988-1991)*, t.IV : *Les Déchirements (1991-1995)*, Paris, Seuil, 1990, 1991, 1996, 1999

GENESTAR, Alain, *Les Péchés du prince*, Paris, Grasset, 1992

GIESBERT, Franz-Olivier, *François Mitterrand ou la tentation de l'histoire*, Paris, Seuil, 1977 ; *Le Président*, Paris, Seuil, 1990 ; *François Mitterrand : une vie*, Paris, Seuil, 1996 ; *Le Vieil homme et la mort*, Gallimard, 1996

JULLIARD, Jacques (dir.), *La Mort du roi : autour de François Mitterrand : essai d'ethnographie politique comparée*, Paris, Gallimard, 1999

JULY, Serge, *Les Années Mitterrand*, Paris, Grasset, 1986

LACOUTURE, Jean, *Mitterrand : une histoire* de Français, t. I : *Les Risques de l'escalade*, t.II : *Les Vertiges du sommmet*, Paris, Seuil, 1998

LACOUTURE, Jean, ROTMAN, Patrick, *Mitterrand raconté par... : le roman du pouvoir*, Paris, Seuil, 2000

MOLL, Geneviève, *François Mitterrand : le roman de sa vie*, Paris, Sand, 1995

NAY, Catherine, *Le Noir et le Rouge*, Grasset, 1984 ; *Les Sept Mitterrand : les métamorphoses d'un septennat*, Paris, Grasset, 1988

PÉAN, Pierre, *Une jeunesse française : François Mitterrand 1934-1947*, Fayard, 1994

PLENEL, Edwy, *La Part d'ombre*, Paris, Stock, 1993

RONDEAU, Daniel, *Mitterrand et nous*, Paris, Grasset, 1994

ROUSSEL, Eric, *Mitterrand ou la constance du funambule*, Paris, Jean-Claude Lattès, 1991

SCHNEIDER, Robert, *Les Dernières années*, Paris, Seuil, 1994

SÉGUÉLA, Jacques, *La Parole de Dieu*, Paris, Albin Michel, 1995

STASSE, François, *La Morale de l'histoire : Mitterrand-Mendès France*, Paris, Seuil, 1994

SZAFRAN, Maurice, *Les Juifs dans la politique française*, Paris, Flammrion, 1990

TRANO, Stéphane, *Mitterrand : les amis d'abord*, Paris, l'Archipel, 2000

WEBSTER, Paul, *Mitterrand : l'autre histoire, 1945-1995*, Paris, Ed. du Félin, 1995

Ouvrages de François Mitterrand

Les Prisonniers de guerre devant la politique, Paris, Editions du Rond-Point, 1945
Aux frontières de l'Union française, Paris, Julliard, 1953
Présence française et abandon, Paris, Plon, 1957
La Chine au défi, Paris, Julliard, 1961
Le Coup d'Etat permanent, Paris, Plon, 1964
Ma part de vérité, entretiens avec Alain DUHAMEL, Paris, Fayard, 1969
Un Socialisme du possible, Paris, Le Seuil, 1971
La Rose au poing, Paris, Flammarion, 1973
La Paille et le Grain, Paris, Flammarion, 1975
Politique I, Paris, Fayard, 1977
Politique II, Paris, Fayard, 1981
Ici et maintenant : conversations avec Guy Claisse, Paris, Fayard, 1980
L'Abeille et l'Architecte, Flammarion, Paris, 1978
Mémoires à deux voix, avec Elie WIESEL, Paris, Odile Jacob, 1995
Mémoires interrompus, avec Georges-Marc BENAMOU, Paris, Odile Jacob, 1996
Réflexions sur la politique extérieure de la France, Paris, Fayard, 1996
Onze Discours sur l'Europe 1982-1995, EHESS, Paris, Ed. Vivarium, 1996
De l'Allemagne, de la France, Paris, Odile Jacob, 1996

Dictionnaires, citations, recueils de texte

BOCCARA, Edith, *Mitterrand en toutes lettres*, Paris, Belfond, 1995

COQ, BERTRAND, DU CHATENET, Aymar, *Mitterrand : de A à Z*, Paris, Albin Michel, 1995

Les Forces de l'esprit : messages pour demain, textes réunis par Roland DUMAS, Paris, Fayard, 1998

MARTIN-ROLAND, Michel, *Il faut laisser le temps au temps : les mots de François Mitterrand*, Paris : Ed. Hors-Collection, 1995

MÉRITENS, Patrice de, *Les Mots de François Mitterrand*, Paris, Lafon, 1996

MITTERRAND, François, *Discours : 1981-1995*, réunis par Jean-François BEAU, et Jean-Christophe ULMER, Paris, Europolis, 1995

MITTERRAND, François, *Penséees, répliques et anecdotes*, Paris, Cherche Midi, 1997

MITTERRAND, François, PINGAUD, Bernard, *Mitterrand : l'homme, les idées*, Paris, Flammarion, 1974

PIERRE-BROSSOLETTE, Sylvie, *Paroles de Présidents : carnets secrets*, Paris, Plon, 1996

TABLE

Cet ouvrage a été réalisé par la
SOCIÉTÉ NOUVELLE FIRMIN-DIDOT (Mesnil-sur-l'Estrée)
pour le compte de LA LIBRAIRIE PLON

Achevé d'imprimer en avril 2001

Imprimé en France
Dépôt légal : mars 2001
N° d'édition : 13342 - N° d'impression : 55589